高新技术企业创新效率提升研究

基于组织冗余和知识转移的视角

杨立生　杨梦源　陈　倩　段云龙◎著

经济管理出版社
ECONOMY & MANAGEMENT PUBLISHING HOUSE

图书在版编目（CIP）数据

高新技术企业创新效率提升研究：基于组织冗余和知识转移的视角 ／ 杨立生等著． -- 北京：经济管理出版社，2024． -- ISBN 978-7-5096-9879-2

Ⅰ．F279.244.4

中国国家版本馆CIP数据核字第20248E3Y50号

组稿编辑：陆雅丽
责任编辑：杜　菲
责任印制：许　艳
责任校对：蔡晓臻

出版发行：经济管理出版社
　　　　　（北京市海淀区北蜂窝 8 号中雅大厦 A 座 11 层　100038）
网　　　址：www.E-mp.com.cn
电　　　话：（010）51915602
印　　　刷：唐山昊达印刷有限公司
经　　　销：新华书店
开　　　本：720mm×1000mm/16
印　　　张：20.25
字　　　数：310 千字
版　　　次：2024 年 9 月第 1 版　2024 年 9 月第 1 次印刷
书　　　号：ISBN 978-7-5096-9879-2
定　　　价：98.00 元

前　言

　　我国从 20 世纪 90 年代初开始高新技术企业认定工作。当时，为了建立我国的高新技术产业，促进高新技术企业快速发展，国务院于 1991 年发布《国家高新技术产业开发区高新技术企业认定条件和办法》，授权原国家科委组织开展国家高新技术产业开发区内高新技术企业认定工作，并配套制定了财政、税收、金融、贸易等一系列优惠政策。其后，根据形势的需要，1996 年将高新技术企业认定范围扩展到国家高新技术产业开发区（简称高新区）外。1999 年在中共中央、国务院召开科技大会之后，根据新的形势要求，再次修订了国家高新区内高新技术企业认定标准[①]。

　　我国高新技术企业一般是指在国家颁布的《国家重点支持的高新技术领域》范围内，持续进行研究开发与技术成果转化，形成企业核心自主知识产权，并以此为基础开展经营活动的居民企业，是知识密集、技术密集的经济实体。当前我国高新技术企业的创新投入初具规模，进入快速扩张时期，但繁荣发展表象下呈现一系列粗放模式，如创新效率不高等问题突出。国家统计局数据显示，2020 年，我国高新技术企业创新投入突破 2 万亿元，其中科学研究与试验发展（R&D）研发支出占 GDP 比重 2.40%，研发人员总数达到 509.2 万人，稳居世界第一，但创新产出能力较差，居世界第 14 位，远低于美国、德国等发达国家。国家知识产权局数据显示，2018 年，我国高新技术企业专利申请量世界第一，但科技成果转化率只有 32.3%，约 70% 的专利

---

　　① 高新技术企业认定管理工作问答（FAQ）. https：//fuwu. most. gov. cn/html/bszx/xzqr/20171101/2825. html/.

处于闲置状态，而美国、日本的科技成果转化率分别达到80%、49%。同时，2011~2021年，我国全要素生产率（TFP）增长率持续下降，占比不足0.5%，而美国、日本分别为2.0%、1.86%，TFP增长率较低说明我国高新技术企业创新投入与创新产出严重失衡。高新技术企业创新投入和产出水平是反映我国创新效率的关键指标，是评价创新驱动发展战略执行效果的重要参考。由此可见，我国高新技术企业正面临发展"瓶颈"，重投入轻产出、重数量轻质量、重专利轻应用、重速度轻效率的粗放发展模式引发各种不协调、不平衡问题，高新技术企业创新呈现投入多、产出低的严峻形式，较难实现科技领域"卡脖子"技术的突破，许多"卡脖子"技术仍然掌握在发达国家的跨国企业手中。因此，非常有必要解决我国高新技术企业创新实践呈现的创新效率低下问题，改进创新投入与产出失衡的现状，突破科技领域的"卡脖子"技术，成为摆在高新技术企业面前迫在眉睫的重大科学瓶颈问题。

高新技术企业作为科技和经济紧密结合的主要载体，是我国国民经济的重要组成部分，对于推进创新驱动发展战略、促进我国经济实现高质量发展起着至关重要的作用。高新技术企业创新实践存在的诸多问题导致创新效率普遍低下，因而本书从组织冗余视角分析其对高新技术企业创新效率提升的影响机理，同时整合知识转移和动态环境的影响效应，有助于解决我国高新技术企业创新投入与产出不平衡问题，从而推进创新型国家建设目标的实现。

企业创新效率并非受单一因素的影响，而是受创新过程技术研发及转化两阶段各种要素的共同作用。创新发展过程中均会存在没有被企业充分利用的、暂时闲置的资源，这些资源称为组织冗余或冗余资源，主要由财务、人力、关系网络、器械设备等组成。组织冗余对创新过程技术研发及转化两阶段产生重要影响。为保证创新效率有效提升，高新技术企业需探究创新过程中组织冗余的成因、组成构成及影响因素等，进一步将冗余资源转变为有价值的资源资本，以提升高新技术企业创新效率。

此外，知识转移对高新技术企业创新效率提升也产生重要影响。高新技术企业创新效率提升不仅需要企业资源合理配置，良好的市场环境更需要企业提升知识转移能力，知识转移是将外部知识技术吸收消化转换为自身发展优势的过程，这是一个动态过程，分为知识识别、知识获取、知识吸收、知识转化和知识利用等环节。由于高新技术企业具有知识密集和创新创造等特性，知识转移可有效促进组织内外部知识资源的流动与整合，加快高新技术企业精准获取、高效存储、快速运用到自身的创新发展领域，以此提高企业创新投入与产出水平。知识转移的动态过程在组织冗余与高新技术企业创新效率间存在一系列内部化过程，是组织冗余转变为高新技术企业资源资本的媒介与桥梁，对于高新技术企业创新效率提升具有显著的影响作用。

本书从组织冗余、知识转移和动态环境的视角构建高新技术企业创新效率提升路径并提出政策建议，从而为高新技术企业，尤其是中部、西部地区高新技术企业创新效率提升提供一定的理论依据及政策指导，同时有助于平衡我国创新过程中投入与产出不平衡的问题，为突破我国科技重点领域的"卡脖子"技术瓶颈提供新路径。通过倡导"由不断加大创新投入向提升创新效率转变"的理念，研究高新技术企业创新效率提升机理，构建其创新效率提升的路径并提出政策建议，从而为高新技术企业创新效率提升提供强有力的理论依据和实践指导，更好地为当地政府部门出台高新技术企业创新效率提升的政策提供重要的理论支撑。

本书分为九章。第一章至第三章从背景意义、文献综述和现状分析三个方面为组织冗余与高新技术企业创新效率的研究奠定了坚实的理论基础；第四章至第六章从影响分析、机制分析和路径构建三个方面为组织冗余与高新技术企业创新效率的研究构建了理论框架，明确了高新技术企业创新效率高质量提升路径，丰富了该领域内涵与外延；第七章至第九章通过经典案例分析、评价指标构建等，运用实践经验进一步厘清了组织冗余与高新技术企业创新效率提升的影响因素、作用机制和有效路径，从而得出研究结论和对策建议，为高新技术企业改进创新管理、提升创新效率提供参考和指导，推动其持续发展和竞争力提升。

本书得到国家自然科学基金项目"知识冗余与制造企业绿色创新能力提

升研究：知识耦合与战略柔性的效应”（72364038）、国家自然科学基金项目"组织忘却与高技术企业创新质量提升研究：跨界搜索和知识整合的效应"（72274165）的资助，是项目研究的阶段性成果。

　　本书由杨立生、杨梦源、陈倩、段云龙作为项目负责人组织撰写，多位硕士研究生参与到本书的写作中。具体撰写任务分工如下：第一章由杨立生撰写；第二章、第三章、第七章、第八章由杨梦源撰写；第四章、第五章、第六章由陈倩撰写；第九章由段云龙撰写。云南民族大学企业管理专业硕士研究生巫春凤、李山杉、董先锋、陈梦婷，金融学专业硕士研究生孟莉、李嘉文、杨斯等同学，为本书的成稿收集了大量的资料，同时参与了本书修改、校对、完善资料等工作，在此对他们的付出表示感谢，全书由杨立生、段云龙审定、统稿。

　　在本书撰写过程中得到很多同事和老师的关心和支持，借鉴参考了大量国内外的相关文献和资料，在此表示衷心感谢！本书列出了主要的参考文献，如有遗漏，敬请谅解。由于水平有限、时间仓促，疏漏和错误在所难免，敬请各位专家、读者批评指正。

杨立生

2024 年 4 月 20 日

目　录

第一章 绪 论

第一节 研究背景及研究问题

一、研究背景

党的十九大报告提出，创新是引领发展的第一动力，是建设现代化经济体系的战略支撑。2022 年的《政府工作报告》提出，强化创新引领，增强创新动力，依靠创新提高发展质量。《国家创新驱动发展战略纲要》指出，战略目标分三步走：到 2020 年进入创新型国家行列，到 2030 年跻身创新型国家前列，到 2050 年建成世界科技创新国家，核心在于培育自主创新主体，提升高新技术企业自主创新能力。高新技术企业拥有当代尖端知识，具有高新技术、高投入、高创新和高成长特性，对其他行业有较强的渗透性，是现阶段创新发展的主要载体。国家统计局数据显示，2021 年我国高新技术企业总数为 49.8 万家，同比增长 24%，其研发经费内部支出达到 24393.1 亿元，是 2000 年的 23.8 倍。高新技术企业总产值对 GDP 贡献率由 10.1% 上升至 20.7%，其利润总额从 2000 年的 673 亿元增至 2020 年的 38000 亿元。由此可见，高新技术企业作为科技和经济紧密结合的主要载体，是我国国民经济的重要组成部分，对于推进创新驱动发展战略，促进我国经济实现高质量发展起着至关重要的作用。

当前我国高新技术企业的创新投入初具规模，进入快速扩张时期，但繁荣发展表象下呈现一系列粗放模式。国家统计局数据显示，2020 年我国高新技术企业创新投入突破 2 万亿元，其中科学研究与试验发展（Research & Development，R&D）研发支出占 GDP 的比重为 2.40%，研发人员总数达到 509.2 万人，稳居世界第一，但创新产出能力较差，居世界第 14 位，远低于美国、德国等发达国家。国家知识产权局数据显示，2018 年我国高新技术企业专利申请量世界第一，但科技成果转化率只有 32.3%，约 70% 的专利处于闲置状态，而美国、日本的科技成果转化率分别达到 80%、49%。同时，2011~2021 年，我国全要素生产率（TFP）增长率持续下降，占比不足 0.5%，而美国、日本分别为 2.0%、1.86%，TFP 增长率较低说明我国高新技术企业创新投入与创新产出严重失衡。高新技术企业创新投入和产出水平是反映我国创新效率的关键指标，是评价创新驱动发展战略执行效果的重要参考。由此可见，我国高新技术企业正面临发展瓶颈，重投入轻产出、重数量轻质量、重专利轻应用、重速度轻效率的粗放发展模式将引发各种不协调、不平衡问题。基于此，提升高新技术企业创新效率、改进创新投入与产出失衡问题成为迫在眉睫的重大科学瓶颈问题。

企业创新效率并非受单一因素的影响，而是受创新过程技术研发及转化两阶段各要素的共同作用（Battese & Coelli，1992）。创新发展过程中均存在没有被企业充分利用的、暂时闲置的资源，这些资源被称为组织冗余或冗余资源，主要由财务、人力、关系网络、器械设备等组成。组织冗余对创新过程中的技术研发及技术转化两阶段都产生了重要影响。在技术研发阶段，冗余资源使企业有充足闲置资源进行研发，增加风险探索资本，促进创新效率提升。然而，冗余资源与企业结构不匹配会导致一系列问题，如财务、人力、设备等资源储备与创新战略匹配不足，进而导致企业遭遇瓶颈危机，关系资源缺失会降低市场认可度，从而影响创新效率。在技术转化阶段，现阶段我国高新技术企业科技成果有 70% 闲置，没有得到转化和应用，财力、人力、关系、设备等冗余资源可协助科技成果的安全托管、转化与应用，以此提升创新产出。但人力资源过量也会造成信息管理安全等问题，给企业造成负面影响，从而阻碍企业创新。因此，为保证创新效率有效提升，高新技术企业需探究创新过程中组织冗余成因、构成及影响因素，进一步将冗余资源转变为有价值的资源资本，以提升高新技术企业创新效率。

此外，知识转移对高新技术企业创新效率提升也产生重要影响。知识转移是将外部知识技术吸收、消化、转换为自身发展优势的过程，是一个动态过程，可分为知识识别、知识获取、知识吸收、知识转化和知识利用等环节。由于高新技术企业具有知识密集和创新创造等特性，知识转移可有效促进组织内外部知识资源的流动与整合，加快高新技术企业精准获取、高效存储、快速运用到自身创新发展领域的过程，以此提高企业创新投入与产出水平（Daghfous，2004）。目前学术界对知识转移的作用大多只停留在静态层面，而忽视了知识转移的动态过程。知识转移静态层面主要强调知识转移能力，而知识转移动态层面强调企业根据外部技术知识溢出效应，吸收存储所需知识技术，结合市场发展需求，运用企业自身资源进行创新输出及运用的一系列过程。相较静态研究，动态研究更全面地分析创新投入与产出各个过程中知识转移的关联性、重塑性及发展性。基于此，知识转移动态过程在组织冗余与创新效率之间存在一系列内部化连接，是冗余资源转变为高新技术企业资源资本的媒介与桥梁，对于高新技术企业创新效率提升具有显著的影响效应。

同时，高新技术企业创新效率与动态环境变化密切相关，动态环境包括环境的动态性及适宜性。由于创新效率是高新技术企业所有经营领域共同作用的结果，需要整合、吸收、转化多元化的专业知识技术，环境动态性的变化幅度及复杂性会影响企业冗余资源的利用效率，决定成本损耗程度。环境的适宜性也决定企业获取、吸收、转化、运用内外部知识资源能力的强弱，决定市场支持度与认可度，进一步影响创新效率。环境动态性及环境适宜性均会影响企业发展理念、资源的利用效率及自主创新意识，因而把动态环境整合来研究组织冗余、知识转移与高新技术企业创新效率的关联，提出高新技术企业创新效率提升路径，具有非常重要的理论意义和实践意义。

基于此，以加快建设创新型国家为目标，以创新驱动战略为引领，以创新发展中的主要载体——高新技术企业为研究对象，运用创新管理理论、知识管理理论、新资源基础理论和资源约束理论，从组织冗余视角深入分析高新技术企业创新效率提升的影响因素、作用机制和有效路径，有助于构建高新技术企业创新效率理论框架，提升高新技术企业创新效率，加快实现建设创新型国家的目标。

二、研究问题

（一）关于理论层面主要解决的问题

一是如何深入研究高新技术企业创新效率的概念、内涵、测度指标体系和测度模型？该问题的有效解决有助于厘清创新投入与创新产出之间的关系问题，完善创新效率测度指标体系及测度模型，对于进一步丰富和完善创新管理理论，助力实现高新技术企业高质量创新具有积极作用。二是如何提出组织冗余是企业可持续创新过程中的核心要素，分析其对高新技术企业创新效率的影响机理，从而构建组织冗余对创新效率的提升路径？该问题的有效解决有利于进一步拓展资源利用理论、丰富和完善知识管理理论。三是如何从知识转移和动态环境视角分析高新技术企业创新效率提升，构建基于知识转移与动态环境相结合的高新技术企业创新效率提升模型？该问题的有效解决有助于厘清知识转移动态过程及环境影响效应对高新技术企业创新效率的作用机理，可以进一步补充和完善知识管理理论和创新管理理论互动理论。

（二）关于实践层面主要解决的问题

一是如何构建高新技术企业创新效率提升路径并提出政策建议？该问题的有效解决可以为高新技术企业，尤其是中部、西部地区高新技术企业创新发展提供一定的理论指导及政策参考，有助于平衡我国创新过程中投入与产出不平均的问题。二是如何构建冗余资源、知识转移、动态环境与企业创新效率匹配适应机制？该问题的有效解决可以为企业高层管理部门进一步支持高新技术企业建设和发展提供实践方案及理论指导，提出符合我国高新技术企业发展的建设性意见，从而加快推进创新驱动发展战略。三是如何研究高新技术企业创新效率？该问题的有效解决强调创新投入与产出对等的重要性，使我国高新技术企业意识到当前创新投入与创新产出的严重失衡局面，从而采取有针对性的对策措施。

第二节　研究意义与研究目标

一、理论价值

深入研究高新技术企业创新效率的概念、内涵、测度指标体系和测度模型，对于进一步补充和完善创新管理理论具有重要的理论价值。基于创新管理理论，结合当前对创新效率概念的研究，认为创新效率是企业创新过程多投入与多产出的价值综合体，本书提出改进的创新效率测度模型。从企业技术知识、创新资源、经济效益、研发产出、绿色产出五个方面对创新投入与产出进行综合测度，构建高新技术企业创新效率测度指标体系，初步建立创新效率的理论框架，有助于厘清创新投入与创新产出间的逻辑联系，对于进一步补充和完善创新管理理论，实现高新技术企业高质量创新具有重要的理论价值。

从组织冗余的视角分析其对高新技术企业创新效率提升的影响机理，对于进一步丰富和完善资源利用理论和创新管理的相互作用机理具有重要的理论价值。组织冗余是企业可持续创新过程中的核心要素，企业创新实践过程可分为技术研发和技术转化两个阶段，由于高新技术产品本身价值链条较长，组织冗余对创新过程技术研发及转化两阶段均产生重要影响。因此，为保证创新效率有效提升，高新技术企业需探究创新过程中组织冗余成因、构成及影响因素，进一步将冗余资源转变为有价值的资源资本，从而构建组织冗余对创新效率的提升路径，对于进一步拓展资源利用理论，丰富和完善知识管理理论具有重要的理论价值。

从知识转移、动态环境的视角分析其对高新技术企业创新效率的影响机理，对于进一步拓展和完善知识管理理论与创新管理理论的相互作用机理具有重要的理论价值。基于组织冗余与高新技术企业创新效率的关联，从知识转移和动态环境的视角分析其对高新技术企业创新效率提升的影响机理，构建基于组织冗余、知识转移与动态环境的高新技术企业创新效率提升路径，有助于厘清知识转移及动态环境对高新技术企业创新效率提升的影响机理，对于进一步补充和完善知识管理理论与创新管理理论的相互作用机理具有重要的理论价值。

二、实践意义

从组织冗余、知识转移和动态环境视角，运用系统动力学和 QCA 方法构建高新技术企业创新效率提升路径，从而为突破科学瓶颈提供理论依据和政策参考。高新技术企业创新效率的提升对创新型国家建设至关重要，研究高新技术企业创新效率，强调创新投入与产出对等的重要性，有助于平衡我国创新过程中投入与产出不平均的问题，为解决我国高新技术企业创新效率低下的现状提供方法和思路，从而采取有针对性的对策措施，具有重要的实践意义。

构建冗余资源、知识转移、动态环境与企业创新效率匹配适应机制，为企业高层管理部门进一步支持高新技术企业建设和发展提供实践方案及理论指导。从提升企业资源整合和创新能力、充分利用组织冗余资源、积极进行外部知识获取与知识的内化和应用、提升企业环境适应性等方面提出企业层面的政策建议，尤其为中部、西部地区高新技术企业创新发展提供一定的理论指导及政策参考，提出符合我国高新技术企业发展的建设性意见，从而加快推进创新驱动发展战略，具有重要的实践意义。

构建高新技术企业创新效率提升路径，为政府部门制定企业创新效率提升的政策提供理论依据。政府部门在制定创新效率提升政策时可借鉴的理论并不多，之前政策倡导企业不断加大创新投入推进数字化转型，而目前应该解决的问题是高新技术企业创新投入与创新产出失衡，因此政府出台的政策应该从加大创新投入向提升创新效率转变，从而有效平衡创新投入与产出的问题。本书从完善国内专利和知识产权保护制度、促进企业间的知识转移和流动、保持政策的连贯性与一致性、降低政策环境和市场环境的动荡性等方面提出政府层面的政策建议，为高新技术企业创新效率提升提供新的理念和方向，从而更好地推动创新驱动发展战略，促进我国由"创新大国"向"创新强国"转变，加快实现创新型国家的建设目标，具有重大的实践意义。

构建的理论机理及本书提出的政策建议能为我国其他行业企业提供参考和借鉴。高新技术企业对我国其他企业发展具有渗透性与引领性，本书构建的理论机理及给出的政策建议可供我国其他行业企业参考借鉴，从组织冗余、知识转移的视角加快提升企业创新效率，改变创新投入与产出模式，从而加快提升企业创新效率，实现科技自立自强，对于加快实现创新型国家的建设目标，具有重要的实践意义。

三、研究目标

根据《国家创新驱动发展战略纲要》规划，要加快建设创新型强国，高新技术企业掌握尖端技术是创新发展的主力军，创新效率对于高新技术企业的创新能力及发展起到关键提升作用，但我国经济发展正处于转型阶段，需要从创新低质量向高质量发展，脱离只注重数量和效益的困境。因此从组织冗余、知识转移视角深入分析高新技术企业创新效率提升的影响因素、作用机制和有效路径，并构建了高新技术企业创新效率理论框架，有助于提升高新技术企业创新效率。具体而言，本书预计将达到以下四个研究目标：

（一）构建高新技术企业创新效率的测度模型

当前我国经济发展出现高投入低产出的不均衡局面，较大原因在于创新效率度量研究不成熟，创新效率度量方式的单一导致我国企业出现较为严重的高投入低产出局面，降低高新技术企业发展积极性，削弱其自主创新意识，因此本书深入探究创新效率的概念、评价方法、指标体系构建，改进创新效率的测度方式，基于现有创新效率研究成果，提出创新驱动与绿色发展相结合的 DEA-RAM-SFA 模型，将传统 DEA 模型与 RAM 模型融合，结合 SFA 模型构建技术知识投入、创新资源投入、经济效益产出、研发产出和绿色产出的最优实践边界的模型，厘清高新技术企业创新效率的影响因素。

（二）构建组织冗余、知识转移、动态环境与高新技术企业创新效率的影响机理模型

我国正处于经济转型阶段，高新技术企业作为创新发展的重要载体，成为当前研究热点，但关于组织冗余、知识转移、动态环境及创新效率理论研究较少，因此本书基于现有关于组织冗余、知识转移及动态环境的概念、内涵、类型特征的研究，选择合适的组织冗余维度，揭示不同维度的组织冗余对高新技术企业创新质量的作用机制，探索知识转移及动态环境对其的中介及调节效应，揭示不同的知识转移能力与动态环境对高新技术企业创新效率的影响机理。

（三）构建高新技术企业创新效率提升路径

构建高新技术企业创新效率提升路径，对于改变我国高新技术企业创新能力不强、创新质量不高、创新效率低下的问题，提升高新技术企业创新效率，为我国科技重点领域"卡脖子"技术突破提供新的方向和思路。基于本书构建的组织冗余、知识转移、动态环境与高新技术企业创新效率间的理论模型及实证研究结果，首先运用 QCA 方法分析核心影响因素和边缘影响因素，并根据核心和边缘因素的不同组合得到多样化的组态方案；其次采取系

统动力学方法对各个复杂组态进行验证；最后根据仿真结果构建高新技术企业创新效率提升路径。

（四）针对高新技术企业创新效率提升路径，提出有针对性的政策建议

我国高新技术企业因自身实力的不同，发展速度及内外部环境不同，导致企业间发展存在差异，企业管理者在制定创新效率提升政策时可借鉴的理论针对性不强，同时政府有关部门在制定相关政策时可借鉴的理论也不多，难以推动当地的高新技术企业实现突破性创新并提升其创新效率。基于此，本书从组织冗余、知识转移、动态环境的视角，分析高新技术企业创新效率提升的理论机理，根据创新效率路径发展变化趋势，提出有针对性的政策建议。一方面，为高新技术企业创新效率提升提供强有力的理论指导和实践方案；另一方面，为政府部门出台高新技术企业创新效率提升的政策提供重要的理论支撑。

第三节　组织冗余对高新技术企业创新效率提升的研究框架

一、研究内容

本书以创新发展中的主要载体——高新技术企业为研究对象，运用创新管理理论、知识管理理论、新资源基础理论和资源约束理论，从组织冗余视角深入分析高新技术企业创新效率提升的影响因素、作用机制和有效路径，为提升高新技术企业创新效率提供可行性对策建议。具体章节安排如下：

第一章为绪论，包括研究背景、研究意义和研究目标、研究框架三个部分。首先，分析当前高新技术企业创新效率提升的现实背景和理论背景；其次，明确创新发展的问题和中国高新技术企业创新效率提升研究的紧迫性，

并提出本书的研究意义和研究目标；最后，构建本书的研究框架。

第二章为国内外相关文献研究，主要分为六个部分：①组织冗余研究述评，分析组织冗余的概念、分类、评价方法与指标测度。②高新技术企业创新效率研究述评，对高新技术企业创新效率的研究进行分析，主要涉及高新技术企业创新效率的概念、高新技术企业创新效率的评价方法与指标测度，并从企业资源视角、知识管理视角、外部环境视角来整理影响高新技术企业创新效率的因素。③组织冗余与高新技术企业创新效率的研究，对当前组织冗余与企业创新效率关系的研究进行整理，分为组织冗余与企业创新效率的正相关关系研究、组织冗余与企业创新效率的负相关关系研究以及组织冗余与企业创新效率的非线性关系研究。④知识转移对组织冗余与高新技术企业创新效率的研究述评，整理当前学者对知识转移在创新过程中的影响研究，并从组织冗余与知识转移的关系研究、知识转移对高新技术企业创新效率的关系研究以及知识转移对组织冗余与高新技术企业创新效率的中介效应研究三个方面进行分析。⑤动态环境对组织冗余与高新技术企业创新效率的研究述评，首先明确动态环境的概念定义；其次分析动态环境对组织冗余、知识转移与创新效率的调节作用。从环境动态性和环境适宜性两个方面分析动态环境对组织冗余、知识转移与创新效率的调节作用。⑥主要对组织冗余、知识转移、动态环境与高新技术企业创新效率关系的相关理论和研究现状进行总结和述评。

第三章为高新技术企业创新效率提升分析。本章内容包括高新技术企业定义的内涵与基本概况、高新技术企业创新发展的趋势分析、高新技术企业创新效率提升的优势、高新技术企业创新效率提升的困境，以及总结与述评。由于高新技术企业每年的认定和申报情况不同，所以本书主要从高新技术企业定义内涵和基本概况出发进行研究，从一般意义上总结高新技术企业创新发展的趋势，高新技术企业创新效率提升对于企业发展的优势和重要性，对促进企业实现科技自立自强，加快实现创新型国家的建设目标均具有重要的实践意义，最后总结高新技术企业创新效率提升所面临的困境。

第四章为组织冗余对高新技术企业创新效率提升的影响分析。本章内容包括组织冗余与高新技术企业创新效率的正向关系机理分析、组织冗余与高新技术企业创新效率的负向关系机理分析、组织冗余与高新技术企业创新效率的非线性关系机理分析，以及总结与述评。通过对组织冗余与高新技术企业创新效率的关系机理分析，构建组织冗余与高新技术企业创新效率提升的理论框架。

第五章为组织冗余对高新技术企业创新效率提升的机制分析。本章内容包括知识转移定义的内涵、维度划分，动态能力定义的内涵、维度划分，知识转移对组织冗余与高新技术企业创新效率的作用机制分析，动态环境对组织冗余与高新技术企业创新效率的作用机制分析，以及总结与评述。本章引入组织冗余、知识转移、动态环境三个重要概念，对其进行维度划分，分析其与高新技术企业创新效率的关系机理。在知识转移对组织冗余与高新技术企业创新效率的作用机制分析方面，主要基于知识转移的过程视角，将知识转移划分为知识获取、知识内化、知识运用三个维度，深入解释高新技术企业进行知识转移的全貌，进一步基于知识转移的过程划分分析知识转移的各个阶段在提升高新技术企业创新效率中的内在机理以及分析知识转移的中介效应。最后，基于外部环境变化特征视角，从环境动态性和环境适宜性两个维度分析动态环境在知识转移与创新效率中的调节效应机制。

第六章为组织冗余对高新技术企业创新效率提升的路径构建。本章内容包括优化资源配置与协同合作，提升组织冗余对企业创新的赋能；强化灵活人才管理与培养，加速组织冗余对企业创新的赋能；鼓励创新文化与积极失败，促进组织冗余对企业创新的赋能；引入灵活的管理模式与流程创新，释放组织冗余对企业创新的赋能。

第七章为组织冗余对高新技术企业创新效率提升的典型案例。本章内容包括组织冗余对高新技术企业创新效率提升的国外优秀案例、组织冗余对高新技术企业创新效率提升的国内优秀案例，以及总结与评述。通过对国外优秀案例，以及国内优秀案例分析，总结国内外高新技术企业创新效率提升的相同点和不同点，借鉴国外高新技术企业创新效率提升的有效措施，整理国内高新技术企业创新效率提升的高效举措和存在的问题，以期对提升我国高新技术企业创新效率提供一定的参考。

第八章为高新技术企业创新效率评价研究。本章内容包括高新技术企业创新效率评价的目标、高新技术企业创新效率评价的原则、高新技术企业创新效率评价指标体系的构建。

第九章为研究结论与对策建议。根据全书内容得出研究结论和对策建议，进一步为高新技术企业改进创新管理、提升创新效率提供参考和指导，推动其持续发展和竞争力的不断提升。

二、研究框架

本书以加快建设创新型国家为目标，以创新驱动战略为引领，以创新发展中的主要载体——高新技术企业为研究对象，运用创新管理理论、知识管理理论、新资源基础理论和资源约束理论，从组织冗余视角深入分析高新技术企业创新效率提升的影响因素、作用机制和有效路径，有助于构建高新技术企业创新效率理论框架，提升高新技术企业创新效率，加快实现建设创新型国家的目标。本书共九章。前三章从背景意义、文献综述和现状分析等方面为组织冗余与高新技术企业创新效率的研究奠定了坚实的理论基础；中间三章从影响分析、机制分析和路径构建三方面，为组织冗余与高新技术企业创新效率的研究构建了理论框架，明确了高新技术企业创新效率高质量提升路径，丰富了该领域内涵与外延；最后三章通过经典案例分析、评价指标构建等，运用实践经验进一步厘清了组织冗余与高新技术企业创新效率提升的影响因素、作用机制和有效路径，从而得出研究结论和对策建议，进一步为高新技术企业改进创新管理、提升创新效率提供参考和指导，推动其持续发展和竞争力提升。具体研究框架如图1-1所示。

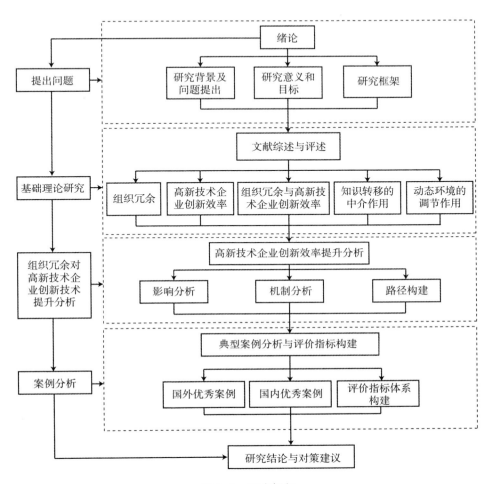

图 1-1 研究框架

第二章 国内外相关文献研究

第一节 组织冗余的研究与述评

一、组织冗余概念的研究

组织冗余概念最早由 Cyert 和 March 在 1963 年提出，他们认为组织冗余是超出企业所需的闲置、未被使用的资源，是已有资源与实际运行所需资源的差额。Bourgeois（1981）通过研究组织冗余的功能价值及测量方法，提出组织冗余是企业遭遇困境时的缓冲物，能有效避免内部冲击及外界压力，有助于使内部启动战略保护、战略变革计划。Sharfman 等（1988）从企业的部门、整体和行业三个层面对冗余进行深层研究，根据不同特性将冗余进行分类。

关于组织冗余的概念主要分为两个派别：①代理理论。代理理论认为冗余是有害的，应该保持最小冗余值。组织冗余是高层管理者决策行为的结果，是所得权与经营权的分离，利益冲突迫使信息不对称，从而产生了冗余。Jensen 和 Meckling（1976）在代理理论的框架内定义了冗余资源：冗余是企业生产效率低下的代名词，它作为超出企业实际需要的资源并不能应用到组织中而是被身为代理人的管理者所掌握，最终变为代理人攫取私利的工具。

Cheng 和 Kesner（1997）认为，冗余是个体行为的结果，产能过剩会增加企业运营成本，因此需要减少或消除冗余，减少不必要的人力、设备等。游夏蕾和贾生华（2020）认为企业持有过多的冗余资源是一种组织低效率的表现，会降低企业对于新技术、新挑战的冒险进而不利于企业的成长，并且代理人会利用冗余资源贪图享乐不思进取，做出不利于企业成长的行动和决策。Tan 和 Peng（2003）认为，面对诸多的冗余资源，代理人会更多地站在自己利益的角度。②组织理论。组织理论认为冗余是一种优势。企业的结构是一个分级控制系统，并不总是处于理想或更有效的状态。因此，消耗剩余资源可以帮助企业生存和发展，减少经济时间，降低成本，最终获得竞争优势（Singh，1986；Sharfman et al.，1988；Voss et al.，2008）。组织冗余是在组织运作中没有被充分利用的资源，部分学者对现阶段企业发展状况进行研究，发现冗余是有利的（Kim et al.，1998；李晓翔和刘春林，2010）。结合企业前期、中期及后期发展阶段及企业类型进行判断，不能片面支持代理理论或者组织理论。

二、组织冗余类型的研究

当前关于组织冗余类型的研究主要有资源流动性视角、资源利害性视角及资源归属性等方面。

（一）资源流动性视角

Singh（1986）根据资源存在状态将组织冗余分为未吸收冗余与已吸收冗余，前者是指企业暂未使用、留存在企业内部能够灵活配置到任意活动中的、具有较高流动性特征的资源；后者则是指沉淀于企业内部并已投入企业经营管理中的灵活性、流动性较差的资源。Hrebiniak 和 Joyce（1985）认为冗余资源有高流动性和低流动性之分，前者具有高度的灵活性，因为它们不涉及特定主题，能够满足企业多样化的资源需求；后者被用于特定目的，可以满足公司的特定资源需求。两者都能及时满足企业的研发和创新资源需求，提升企业的创新能力。Sharfman 等（1988）根据组织资源的流动性和灵活性，同样将冗余分为高流动性和低流动性，认为高流动性冗余资源相对低流动性冗余资源适用范围更广、适用情景更多。李晓翔和刘春林（2010）认为，高流动性冗余资源具有高流动性与高弹性的特点，是企业能够快速调动来面对紧急事态的可利用资源。李林杰和张晓慧（2019）认为，低流动性冗余资源具有低流动性、低灵活性、面向特定管理及生产制造主体的特点，其中特定主体包括但不限于员工薪酬、组织管理运营成本、生产制造中或已完成的商品、高级技能人员、使用率较低的生产设备等；高流动性冗余资源属于短期性质，可能在当年被消耗，一定程度上体现了企业的偿债能力。李晓翔和霍国庆（2015）根据流动性特征，认为冗余可分为非沉积冗余和沉积冗余，非沉积冗余呈现高流动性、低排他性，沉积冗余呈现低流动性、高排他性。

（二）资源利害性视角

郭立新和陈传明（2010）根据企业最小需要投入资源，将企业发展过程分为两个阶段，小于企业最小资源需求的称为有害冗余，大于企业最小资源需求的称为有利冗余。李晓翔和霍国庆（2015）基于组织理论与代理理论，将冗余资源按创新前期、中期及后期阶段划分，处于创新前期时，冗余资源有助于企业发展；处于创新中期时，冗余资源对企业创新效果达到最大化；处于创新后期时，冗余过度积累会对企业造成负担，属于有害冗余。

（三）资源归属性视角

Sharfman 等（1988）将冗余资源分为沉淀性冗余资源与非沉淀性冗余资源，并从这两个维度来研究其对创新绩效的影响。方润生和李雄治（2005）将冗余资源分为分散式冗余和组合式冗余，这取决于冗余控制是由组织单独执行还是由整个组织执行。Voss 等（2008）将冗余分为财务资源冗余、人力资源冗余、客户关系冗余及过程运作冗余四种。陈晓红等（2012）从资源的使用范围划分了冗余，包括财务冗余、人力冗余与生产冗余等。

综合而言，根据现有的研究，本书沿用较多学者采用的资源流动性视角，将组织冗余划分为可利用冗余和潜在冗余，同时组织冗余不仅应该按照特征进行划分，还要考虑组织冗余结构对组织发展的影响、不同冗余比例对组织产生的正面或负面影响。

三、组织冗余的相关研究

（一）组织冗余与创新绩效

Voss 等（2008）在 AMJ 上发表了该领域的经典文献，分别提出了企业财务冗余、顾客关系冗余、运营冗余以及企业人力资源冗余与探索性创新和开发性创新之间的矛盾性假设，证实了财务冗余并不能作用于两种创新、顾客关系冗余能够对探索性创新产生积极影响、运营冗余能促进探索性创新但抑制开发性创新、人力资源冗余负面作用于开发性创新。作者的研究为之后的学者展开研究提供了全新的思路。郭立新和陈传明（2010）发现，我国大部分制造业企业的组织冗余阻碍了技术创新，两者的关系正处在 U 形关系中的第一阶段，这是因为我国制造业企业的组织冗余总体处在较低的水平并且有利冗余相较于有害冗余更少，因此冗余资源暂未给企业创新带来积极效用。Bruneel 等（2010）发现财务冗余高的企业有利于经理层抛开商业压力与大学等研究机构共同开展探索性研究，而财务冗余低的企业总是选择在正常的管理会计范围内与大学等研究机构开展专注于产品开发下游的合作。Leyva-de 等（2019）证实了冗余资源能够缓冲企业投资失败带来的损失，为企业提供了开发新市场或新产品的资本，促使管理层追求更高风险项目，最终提升企业创新绩效。翟华云等（2020）以 2007~2017 年上市的国有企业为研究样本，研究发现当企业的冗余资源越多，越能缓解环境变化。此外，部分学者认为企业多余的资源可以帮助企业在战略制定、创新项目开展上起到一定的支撑作用（Wu et al.，2010），所以企业冗余对企业创新发展有着非常积极的推动作用。张彧和韩宝山（2020）认为，冗余过低导致企业无法激励管理者开展创新，冗余过高又会带来高昂的运转费用，因此冗余与创新之间呈现倒 U 形关系，但作者最终只证实了两者之间的积极效应，这可能是因为我国企业尚且处在冗余水平较低的阶段。

（二）组织冗余与企业绩效

解维敏和魏化倩（2016）认为，无论是已吸收冗余还是未吸收冗余，只要企业能够有效地利用，对于企业的发展都有非常积极的推动作用。Carnes 等（2019）证实了冗余与企业绩效之间的正相关关系，并且组织冗余的存在会通过加深企业的竞争行为对绩效产生积极作用。Bao 等（2020）发现，为特定目的存在的低自由裁量权冗余由于灵活性与应用场景的限制并不能对长期绩效产生影响，只有高自由裁量权冗余才能提高企业长期绩效。Guo 和 Chen（2010）认为，冗余为中小企业提供更多内部资源用于识别和获取能够提高企业绩效的外部知识和机会，并且由于中小企业体量小，不可能存在过度冗余的情况，所以在中小企业中冗余与企业绩效是完全的积极关系。Bao 等（2020）分类研究了不同组织冗余对企业绩效的影响，发现低自由裁量权组织冗余与组织绩效正相关。张新昌等（2021）也发现，组织冗余能够通过缓解资源困境并帮助企业应对外部环境的冲击来提高企业绩效。除了直接研究两者之间的关系，也有学者将不同的情境因素纳入研究框架。Vanacker 等（2017）认为，保持冗余需要花费成本，过高的冗余导致资源的浪费和管理者的过度自信，过低的冗余又无法帮助企业抵御危机，因此组织冗余与企业绩效之间是倒 U 形关系。当然，学术界也不乏研究者认为组织冗余带来企业运营管理的低效率，导致部分资源为管理层所用，从而对企业绩效的提升产生阻碍。

第二节 高新技术企业创新效率的研究与评述

技术创新是企业的灵魂，是企业赖以生存和发展的源泉，更是一个国家经济发展的重要力量，是增强我国综合国力的重要途径。高新技术产业是全球科技竞争的重要阵地，是提高我国创新水平的关键内在推动力。2021年我国高新技术企业的认定条件主要包括：①公司的注册成立时间要求在一年以上；②企业要对其获得的产品、核心技术以及知识产权有所有权；③企业的产品（服务）和核心技术要在《国家重点支持的高新技术领域》的规定范围内；④保证企业的科技研发人员不低于当年职工总数的1/10；⑤根据企业销售收入等级，对企业近三年的研发支出进行了规定，且企业在中国境内发生的研发费用总额占全部研发开发费用总额的比例不得低于60%；⑥近一年高新技术产品（服务）的收入不得低于企业同期总收入的60%；⑦企业创新能力评估合格；⑧近一年内无违法乱纪行为。

目前对高新技术企业的研究主要集中于高新技术企业的概念、类型、创新效率的评价方法与指标测度以及影响因素等方面。

一、高新技术企业创新效率概念的研究

关于高新技术企业创新效率概念研究，主要集中于高新技术企业、创新效率的研究。

（一）高新技术企业概念及类型的研究

一般来说，凭借先进科技或发明在新领域中发展的企业，或是在原有领域中产生革新的企业，统称为高新技术企业。并且不同学者对高新技术企业有着不同的界定，高新技术企业是知识和技术密集型企业，当其突破了高难度创新技术，获得的创新产出会提高自身乃至整个社会的经济效益。高新技术企业创新过程时间长，需要投入大量的专用资金（Lundvall，1998），具有高风险性以及外部性等特征（Belloc，2012）。Chang等（2009）认为，发明专利的数量体现企业技术含量的高低，高新技术企业一般拥有较多发明专利。关于高新技术企业类型研究，按照国家统计局的标准，我国高新技术企业领域可划分为生物制药、航空航天、电子及通信设备、医疗器械及仪器仪表制

造、电子计算机及办公设备等相关产业。

（二）创新效率概念的研究

创新效率是创新领域的一个重要研究课题，涉及创新资源的利用程度。企业创新效率是指企业在创新活动过程中形成的资源配置状态，企业创新的有效性关系到公司价值和经营业绩的提高。企业通常寻求有效创新，有效创新是指当企业将资本投资于净现值（NPV）大于零的创新项目时，投资创新的边际成本等于其边际收入，投资回报率最高，从而使公司价值最大化。创新效率在高新技术企业中尤为重要，研究影响创新效率的因素有助于促进高新技术企业的创新发展。Battese 和 Coelli（1992）指出，创新效率是指生产者以低于生产最低投入成本获得的最大生产能力。Chang 等（2009）认为，创新效率是指企业在现有技术、规模经济和市场价格条件下的能力，以及实际生产接近领先的程度。Luo 等（2019）认为，高新技术企业创新效率呈现逐步提升的状态：战略性新兴产业的增长进一步推动了技术进步，提高了技术研发效率，最终提高了创新效率。高新技术企业是利用先进的知识和技术进行研发，并实现自身发展效益的行业，是直接影响我国实现高质量发展的重要因素。

二、高新技术企业创新效率测度指标体系的研究

高新技术企业创新效率是多投入、多产出的创新过程，国内外对于创新效率评价指标主要集中于投入与产出指标的研究。

（一）投入指标

对于高新技术企业而言，拥有专业知识技能的人才是企业发展的关键因素。此外，企业开展创新活动，研发资金也是必不可少的内容，同时，对相关设备、材料、物资进行管理，使其物尽其用，也能提高创新效率。因此可以选取人力、财力及物力三个方面作为投入指标。郑坚和丁云龙（2007）在构建高技术产业技术创新效率评价指标体系的过程中选取科学家和工程师人

数、从业人员年平均数和 R&D 人员全时当量作为人员投入变量。谢伟等（2008）认为，我国高新技术企业的自主创新需依赖技术引进，模仿学习再创新，因此，技术购买、引进、改造和吸收消化经费支出可作为创新投入指标。谢子远（2011）选取研发费用、科技活动人员数作为投入指标。吴永林和赵佳菲（2011）分析了北京高新技术企业技术创新活动效率及变化，选取 R&D 活动人员折合全时当量、科技活动内部经费支出等作为投入指标。熊飞等（2012）选取企业总资产、新产品收入占总收入比例等指标对北京丰台科技园高新技术企业创新效率进行评价。

（二）产出指标

选取产出指标既要考虑知识产出因素也要考虑经济产出因素，衡量创新过程产出时要兼具研发产出和经济效益产出，众多学者采用发明专利授权量测度研发产出，但在衡量经济效益时只利用当年销售收入同比上年的增加值进行测度，忽略创新成果转化收益。因此，Griliches（1992）认为，需要进一步使用新产品产值、销售收入及技术市场成交额进行测度。郑坚和丁云龙（2007）将专利申请数和有效发明专利数作为专利数量指标。王双盈（2009）以专利申请数、新产品收益等作为产出指标。谢子远（2011）以高新区生产总值（GDP）和技术收入作为产出指标。熊婵等（2014）则在研究我国高科技创业企业运营效率时增加了品牌资产指标作为产出指标。Lindomar 等（2017）将创新效率分为 RIS 诊断、准备、执行、监测和控制五个阶段。

因此，高新技术企业创新效率投入指标主要有人力投入中的研发人员，物力投入中的固定资产投资，财力投入中的经费支出，技术改进、技术改造、消化吸收等费用；创新效率产出指标涉及研发产出中的专利授权量等，经济效益产出涉及总产值、利润等，技术进步指标涉及新产品市场成交额、新产品产值等。

三、高新技术企业创新效率测度方法的研究

创新效率测度主要采用非参数 DEA 方法和随机前沿 SFA 方法两种。

（一）非参数 DEA 方法

DEA 方法的理论基础是数学规划，它能够对技术、配置及规模效率进行测算。韩兵等（2018）运用动态两阶段 DEA 模型对高新技术企业创新效率进行评价，分析各企业技术研发及技术转化的效率。Sueyoshi 等（2017）从环境评估的角度，利用 DEA 方法构建生态技术创新与高新技术企业创新效率研究模型。Li 等（2018）通过 DEA 方法并利用环境因素，对西安 2006～2015 年的科技创新效率情况进行测算。Ahmet（2022）利用 DEA 方法对全球各国创新效率进行了研究。由于创新过程具有复杂性，传统 DEA 模型仅仅描述创新系统的有效性，忽略内部子系统间存在的差异性、多样性及关联性等，因此，非参数 DEA 模型需根据子系统关系特征不断优化。

（二）随机前沿 SFA 方法

SFA 分析是参数方法，能够对技术、配置及规模效率进行测算，还可以分析 DEA 方法所不能解决的创新效率过程中的随机误差问题。肖文和林高榜（2014）运用随机前沿 SFA 方法测算 36 个行业的创新效率，发现行业整体创新效率在 0.5～0.6。

综合而言，二者需要结合不同条件及需求进行方法选择，本书拟采用这两种测度方法，分别对创新效率进行建模，并将测度结果进行对比，以进一步探索哪种方法能更准确判断高新技术企业的发展状况。

四、高新技术企业创新效率影响因素的研究

学术界对创新效率的影响因素研究主要包括企业资源、知识管理、外部环境三个视角。

（一）企业资源视角

Tan 和 Tan（2003）将企业资源分为已吸收冗余资源和未吸收冗余资源两种，后者都能够给企业提供缓冲作用，而前者的机器设备等创新利用率低。Chiara（2015）将企业资源分为沉淀冗余与非沉淀冗余，前者流动性低，后者流动性高。

（二）知识管理视角

Arrow（1962）认为，知识在产业或企业内部的流通速度受其在特定地区聚集行为的影响，可以提高研发活动以促进技术创新效率的提高。Cassiman 和 Veugelens（2002）认为，企业吸收外部知识源，充分利用好知识溢出效应，能提高创新效率。Chen（2011）指出，企业过度依赖内部知识已无法满足竞争需求，需要转移外部异质性知识才能拓宽市场、更新技术知识领域。陈晓静和芮明杰（2007）认为，在公司知识场景中，影响隐性知识创新的主要因素包括公司学习文化、领导行为、激励机制、公司知识库、知识管理和组织结构六个方面，并通过对上海等地企业高层的调查研究证明了其研究结论。郭伟等（2010）从区域性企业知识创新的角度出发，认为社会资本、区域基础环境、结构资本、关系资本、认知资本、区域外社会资本、战略资源、政策激励和区域文化九个因素对高新区企业的知识创新能力有重要影响。

（三）动态环境视角

Freeman（1982）认为，外部环境影响企业的技术创新，并且对创新活动的成功概率起着重要作用。Frosch（1996）认为，当外部环境不稳定时，企业难以判断市场发展趋势、顾客喜好等，因此不利于企业经营。邹国庆和倪昌红（2010）发现，宏观与微观制度环境变化如市场化程度、公司治理水平，都会对企业资源产生影响。Haschka 等（2020）利用贝叶斯随机前沿方法研究发现，对创新效率的追求是出于对落后于竞争对手的恐惧。

第三节 组织冗余与高新技术企业
创新效率的研究与述评

高新技术企业需要大量的知识、人力、财力、技术及设备等资源，但大部分企业利用率有限，不可避免地产生闲置资源，这就形成组织冗余资源。冗余资源是企业重要的组成部分，对创新投入和产出产生重要影响，资源的投入总量及合理利用决定了创新潜力。提升知识转移能力，提高异质性知识技术利用率就能促使企业高效创新。当前关于组织冗余的研究主要集中于其概念、分类，与创新效率、知识转移关联的研究。

一、组织冗余正向促进创新效率

Child（1972）基于企业战略的角度对组织冗余进行了较为积极的解释，认为冗余资源是组织盈余的一种状态，是企业实际绩效超出预期的一种表现。Jia（1991）认为，潜在冗余资源对企业创新活动有正向影响。Tan 和 Peng（2003）认为组织冗余可减少企业内外部矛盾冲突，有效应对外界变化，因此对创新活动具有支持作用。李晓翔和霍国庆（2013）通过对科技型中小企业进行问卷调查，得出了沉淀冗余与产品创新间存在显著正相关关系的结论。Troilo 等（2014）利用多重调查数据验证了高科技企业冗余资源与突破式创新的正向关系，并且知识搜索行为在其中起到了调节作用。王亚妮和程新生（2014）通过理论和实证分析发现，环境不确定性可以显著调节组织冗余与企业创新之间的关系。Mousa 和 Chowdhury（2014）研究发现，CEO 的任期和薪酬也会调节组织冗余与企业创新关系。组织行为理论认为，组织冗余为企业创新提供额外可使用的资源（Laffranchinl & Braun，2014），管理者可以更自由地决定是否应该开展新项目。在企业面对环境剧烈变化时，组织冗余可以保护企业技术核心免受影响（Josep et al.，2018），从而提高创新效率。赵亚普和李立（2015）通过对苏州工业园区高新技术企业的调研，发现组织冗余对产品创新效率产生积极的影响。李晓翔和霍国庆（2015）提出，沉淀冗余指企业具有丰富的人力资源、生产设备等，难以充分利用到创新研发上，因此，只能专注当下产品创新，提高原有产品服务质量。同时，组织冗余与企业创新质量也存在较为显著的影响，当组织冗余为企业创新提供了额外可使用的资源，就能够为企业低效率起到缓冲的作用（Laffranchini & Braun，2014；Soetanto & Jack，2016），可支撑管理层的战略举措，提升创新效果。高新技术企业在提升创新质量过程中需要大量的知识、信息、知识产权等外部资源，同时还需从企业内部寻找和挖掘有利于创新的组织冗余（Pan et al.，2018）。冗余资源常常被学者和实务界认为是创新的催化剂，它能够为企业提供探索解决方案和机会所需的额外资源。Wang 和 Lam（2019）认为，组织冗余是影响学习成果转化为绩效的重要因素。张彧和韩宝山（2020）基于权变视角，利用沪深 A 股制造业上市公司 2006~2018 年的研发数据，分析检验了组织冗余对企业创新的影响，并界定了其边界条件，得出组织冗余对企业创新投入具有显著的正向影响。张翔宇（2022）拓展了冗余资源与创新绩效在中小企业情境下的相关研究，得出非沉淀性冗余与创新绩效的正相关关系。李季鹏和徐榕徽（2023）基于 2012~2021 年我国沪深 A 股上市公司的面板数据，通过实证研究得出组织冗余可以缓解创新活动的资源约束，发挥部分中介效应。

二、组织冗余负向影响创新效率

代理理论学者持有与之相悖的观点，认为冗余资源是企业的一种附加开支（Leibenstein，1969），这些研究者将组织内部的代理关系作为根本出发点，认为企业是一系列合同的集合体，包括所有者与经营者之间的代理关系，并将冗余资源归咎于经理层的自利行为，其存在不仅是在职消费和盲目扩张等的动机，同时也衍生了一系列问题，进而在一定程度上抑制了企业创新的投资决策和效率。Jensen 和 Meckling（1976）把冗余资源理解为企业中没有得到充分利用的一部分资源，因此认为冗余资源是企业效率低下的体现。Leibenstein（1980）也认为，冗余资源是企业浪费或低效率的体现，并指出在既定的生产技术水平下，最高产出与冗余资源导致的实际产出之间存在较大差距。Cheng 和 Kesner（1997）则提出，冗余资源即是企业中的闲置资源，其存在会增加企业成本、降低企业的运营效率。Davis 和 Stout（1992）研究发现，冗余资源不利于企业绩效的提高，因为管理者对冗余资源会以个人偏好随意配置和使用，冗余的财务资源还可以帮助企业偿付收购行为之后的债务，进而不利于组织绩效水平的提升。Tan 和 Peng（2003）认为，冗余会使企业代理人与委托人目标不一致，代理人会利用冗余满足自己目标追求，忽视企业整体创新效率及质量追求，从而对创新效率产生负面影响。Mishina 等（2004）提出，冗余资源的积累造成了组织运营成本的提升，降低了企业在行业中的竞争力，抑制企业创新活动的强度。Fama（1980）认为，冗余资源是企业实际管理者追求自身利益的结果，因此会导致盲目投资等一系列代理问题，从而影响企业创新活动的正常开展，有损于企业的健康发展。戴维奇（2012）认为，过多财务冗余会干扰管理者的决策，出现个人利益至上心理，干扰企业创新成长，不利于创新效率的提升。代理理论认为，组织冗余是资源的浪费，是低效率的根源，管理者可以利用组织冗余进行低风险活动，抑制管理者的冒险精神和创新（Huang & Li，2012；Suzuki，2018）。组织冗余会导致组织惰性，使管理者缺乏紧迫感（Kraatz & Zajac，2001）。过多的组织冗余使管理者不愿意学习新知识来更新其现有的能力，从而抑制企业创新。

三、组织冗余与创新效率呈非线性关系

Hong 和 Shin 对韩国制造企业 1992~2009 年的样板数据进行实证研究后发现，由于组织产生自我满足和自我惰性，组织冗余在一定程度内对企业创

新具有正向影响，但是到达一个临界点后，组织冗余又会负向影响企业的创新活动。组织冗余不足的企业，其创新活动的发展速度较低。Nohria 和 Gulati（1997）对日本和欧洲跨国子公司进行问卷调查，发现存在一个最优值，当组织冗余小于最优值时，创新投入随着最优值的增加而增加，反之则减少。Bourgeois（1981）基于组织理论和代理理论，认为冗余资源与创新活动之间可能存在一种非线性的关系。蒋春燕和赵曙明（2004）实证分析了冗余资源和企业绩效的 S 形关系。Herold 等（2006）通过研究证实冗余资源和研发创新之间呈倒 U 形关系，适当数量的冗余资源有利于创新，过多或过少都不利于创新。Voss 等（2008）的研究在本领域极具代表性，认为不同性质的冗余对创新的影响有差异。钟和平等（2009）发现，人力资源冗余与技术创新之间存在非线性关系，随着人力资源冗余的增加，企业创新投入先增加再减少随后又增加。邹国庆和倪昌红（2010）以经济转型时期的中国企业为研究样本，证实冗余资源与企业绩效之间呈倒 U 形关系；郭立新和陈传明（2010）对高新技术制造业 1999~2006 年数据实证分析发现，组织冗余两阶段与技术创新效率呈 U 形关系，第一阶段有害冗余负向影响创新效率，当冗余资源大于企业最小资源需求会转化为有利冗余，促进创新效率的提升。Bradley（2010）认为，在动态环境中组织冗余为创新活动提供灵活性。王艳等（2011）通过分析深市上市高新技术企业发现，组织冗余与企业研发创新效率呈倒 U 形关系，冗余到达一定程度会促进研发投入，专注创新效率，但冗余过高或者过低时将会抑制研发投入，阻碍创新效率的提升。蒋春燕和赵曙明（2004）通过研究转型期企业冗余与绩效的关系，提出组织冗余与创新绩效呈倒 S 形关系，冗余到达一定程度会促进创新绩效，有充足财力、物力、人力专注到产品服务、经营、过程质量中，最终促进创新效率的提升，冗余增加到达一定限度会负向影响绩效，并间接影响创新效率。李康林（2014）提出，冗余资源对企业的作用并非仅仅是简单地促进或者抑制，还可能存在正 U 形关系、倒 U 形关系以及转置的 S 形关系。王亚妮和程新生（2014）基于中国制造业上市公司的数据，研究沉淀性冗余资源和企业创新之间的关系，发现沉淀性冗余资源与企业创新呈 U 形关系，即沉淀性冗余资源只有达到临界值后，才能对企业创新有显著的促进作用。徐向艺等（2020）通过实证研究得出可开发冗余、潜在冗余与创新投入之间呈倒 U 形关系。张翔宇（2022）研究结果证实了中小企业的沉淀性冗余与创新绩效的倒 U 形关系。刘永松等（2023）基于组织冗余的三个维度，分别探讨可利用冗余、可恢复冗余、潜在冗余与创新质量的关系，并以 230 家中国高新技术企业为样本进行实证检验，发现随着可利用冗余和潜在冗余的增加，高新技术企业创新质量呈现先降后升的趋势，相反，随着可恢复冗余的增加，高新技术企业创新质量呈现先升后降的趋势。杨豪和杨杰（2023）选取中国 2013～2020 年 357 家上市公司的面板数据，使用面板门槛回归模型实证检验了在中国经济发展新常态背景下企业创新绩效与组织冗余之间的非线性关系，结果表明企业创新绩效与组织冗余之间呈 U 形关系。

综合而言，由于各领域之间发展速度、资源需求、市场需求不一，学者产生不同的结论。近年来，高新技术企业发展迅猛，在国家政策导向下，高投入模式必然会产生冗余资源，高新技术企业的冗余资源对高质量发展产生较大的影响，而本书主要对高新技术企业的冗余资源进行研究，可在一定程度上补充高新技术企业资源创新理论。

第四节 知识转移对组织冗余与高新技术企业创新效率的研究与述评

一、组织冗余与知识转移的关系研究

组织冗余与知识转移有着紧密的关联。Cyert 和 March（1963）指出，组织冗余出现的信息不对称会导致知识转移行为的出现。Chen 和 Miller

（2007）提出，组织冗余与知识转移相互影响、相互促进，冗余资源过剩会促使企业进一步搜索新技术产品，充分利用闲置资源，同时知识转移又将会重点关注冗余的利用，促进新一轮的冗余与知识搜索。李晓翔和霍国庆（2013）认为，组织冗余容易催生跨界技术搜索、认知搜索，但冗余资源与跨界地域搜索产生的创新效果并不显著，原因在于知识转移能力不足，因此需加强搜索后知识转移能力的提升。Li 等（2008）指出，知识转移能够帮助企业获得丰富的技术知识，开拓新市场，增加产品服务的吸引力，但转移需要成本，闲置的冗余资源在不影响正常运营情况下能够提供经费、人才资源及设备以供知识转移消耗，因此组织冗余正向影响知识转移能力的发展。Simonin（2004）认为，企业资源冗余度越高，隶属于不同企业的小组成员所构成的知识团体所拥有的知识在结构层次上的拟合度和相似度也就越高，从而有利于提升沟通和知识共享中的效率，促进对彼此所拥有的知识经验相互利用的程度，因此组织冗余有利于降低企业知识获取成本，从而提升企业间的知识转移成效。Howells（2006）认为，知识转移是社会化、外化、结合化及内化组成的知识螺旋过程，该过程需要消耗资源，组织冗余刚好能补给，当技术知识前期搜索后，后期的消化及吸收整合也需要相应的人力完成，因此冗余资源具有正向影响。方润生和李雄治（2005）认为，分散冗余和组合冗余是企业冗余资源的两种形态。从知识管理角度而言，由于分散冗余一般具有显性化特征，通常处于闲置状态，因而易于被合作企业管理层识别，可通过组合创新来加以利用。关于分散冗余的存量、分布及其利用手段的知识相对明确，可归为显性知识的范畴。组合冗余则由于已被吸收到组织系统和具体生产流程中，难以被合作企业管理层准确地识别，需要在不断加深认识的基础上加以利用，所以组合冗余相关知识更多体现的是一种隐性知识的特征，可以将其归为隐性知识的范畴，因此组织冗余能够通过直接作用于知识属性进而影响企业间知识转移的成效。

基于此，组织冗余是企业未充分使用的资源，知识转移能够将资源充分利用，并应用于企业发展过程中，但冗余资源与知识转移能力并非存在正向或者负向的作用关系，两者之间存在资源与能力匹配机制，一定量的冗余资源决定着一定程度的知识转移能力及效果，过少资源或过多资源都会对知识转移能力造成不同程度的影响。两者之间存在匹配的非线性关系，需进一步探索。

二、知识转移对高新技术企业创新效率的关系研究

有效的知识转移是组织创新的前提，通过跨组织知识转移，组织可以自由分享知识，建立组织创新知识基础，从而提高企业创新效率。知识转移对创新产生的作用是学者关注的焦点，本书主要从知识转移的不同维度和不同情境两方面出发研究知识转移对企业创新效率的关系。

（一）基于知识转移的不同维度

Hamdoun等（2018）强调了知识的传播、吸收、转化与利用在企业创新中的重要作用，并通过问卷调查与实证分析方法进一步证实了改善知识转移是提高企业创新效率的一种重要方式。蒋天颖等（2013）与张红兵（2015）基于获取、消化、吸收和利用四个维度探究知识转移对企业创新的作用机制，并聚焦集群和联盟企业，实证后发现知识转移可以明显促进企业创新效率的提升。包凤耐（2020）认为，知识转移能够给企业获取外部知识创造渠道，并同时实现对所获知识资源的消化吸收与转化应用，以提高企业知识存量与知识质量，促进企业创新绩效提升。Hong（2018）以制造业为研究对象，发现企业内外部知识转移对创新效率存在明显的正向影响。王婷和杨建君（2018）分析了组织控制协同、知识转移与新产品创新力之间的作用关系，认为显性知识转移与隐性知识转移均会对新产品的创新力产生积极的推动作用。

（二）基于知识转移的不同情境因素

知识转移是企业竞争优势的来源，企业存在不同的学习和能力差距，可以通过知识转移来填补。黄艳等（2017）分析了科技型中小企业创新网络中

知识转移对企业创新的影响机制，发现隐性知识的分享、转移、利用能够促进新创意的诞生，有助于激进式创新；显性知识转移能够将不同领域的需求进行分享与交换，有助于协作式创新。郭韬等（2017）基于526份中国企业调研数据的实证研究，认为企业应通过创新网络知识转移增加自身的知识存量，克服知识资源的局限，并积极开展双元创新，整合知识资源、激发知识功能，从而提升企业创新质量。李子叶和冯根福（2013）以知识转移机制为基础，在研究知识转移与企业创新之间的作用关系时发现，强制性与非强制性知识转移都能够对企业创新效率产生正向作用。刘追等（2016）基于员工个体情境，实证发现科技型员工的知识转移可以正向推动员工创新绩效，有利于提升企业的创新效率。徐国军和杨建军（2019）研究发现，知识接收企业能够借助知识转移不断扩充知识存量与多样性，去除惯性思维约束，增强解决困境的创新能力，利于企业创新发展，提升创新效率。然而从知识转移中不同知识内容视角去探讨知识转移与创新效率两者关系的相关研究仍存在不足，需进一步探索。

三、知识转移对组织冗余与高新技术企业创新效率的中介效应研究

企业知识存量及资源投入量决定知识转移能力的强弱，知识转移的获取和消化功能可帮助企业获取竞争优势，知识转移是企业创新活动成功的关键过程之一，是企业获取外部优势知识资源的重要途径，知识转移在组织冗余与创新效率间具有重要的中介作用。Zahra 和 George（2002）指出，知识转移有利于闲置资源的有效转换与利用，促进创新和研发效率提升。孙世强和陶秋燕（2020）指出，知识转移具有累积性，高新技术企业创新就是知识、技术等资源累积的过程，所以知识转移是高新技术企业进行创新活动的基础。徐燕红（2023）认为，由于服务与技术创新是将知识吸收、接纳、重组并将其投入实际应用的过程中，是知识转移同化环节的重要环节，所以企业服务

与技术创新的过程伴随着企业对多领域知识的接收同化，知识转移能力越强的企业越能够实现服务与技术创新效益的提升，促进企业的创新效益。李金生和李晏墅（2012）认为，高新技术企业从自主研发创新到实现产业化效益的过程就是知识转移，它包括知识学习、积累和运用三个部分。Nonaka 等（2006）将知识分为显性知识和隐性知识，隐性知识存在于高新技术企业行动及经验中，不利于知识整合，需要进一步对组织已有人力、物力、财力资源的充分利用，以加快知识转移，形成显性知识才能利于企业创新发展，降低成本损耗，提升创新效率。张梦晓和高良谋（2012）认为，企业通过知识转移不仅可以扩充原有知识库的知识存量，提高知识利用率，不断创造出新的技术知识和产品，减少技术研发的不确定性和风险性，降低技术研发成本；还可以与其他企业交流学习来弥补自身的知识漏洞，缩小企业间的知识差距，强化自身的核心知识能力，提高企业技术创新能力和创新效率。田虹等（2022）基于顾客知识内涵对顾客知识转移进行研究，发现企业通过顾客参与获取异质性知识，可以补充和更新现有知识库，并通过知识转移过程加速利用顾客知识，提升自身创新质量与创新速度。赵增耀等（2015）基于灰色关联理论，对 2006~2015 年高新技术企业数据实证研究，发现企业拥有与技术产品协同发展的知识创新能力能促进绩效提升，同时需要不断更新同质性及异质性知识，加强已有冗余资源的利用，降低能耗，提高知识转移效率，提升创新产出，增加竞争优势。

综上所述，学术界对知识转移的作用只是单纯研究其是否具有中介效应，而忽视该中介效应如何运作，而本书基于现有文献提出资源与能力匹配机制，认为知识转移在组织冗余与创新质量间存在非线性中介效应的作用，组织冗余与创新质量的非线性关系是由于知识转移的非线性中介传导作用而产生。该观点具有一定创新性，是对我国高新技术企业经济转型阶段的预判，需要进一步探索。

第五节 动态环境对组织冗余与高新技术企业创新效率的研究与述评

一、动态环境的定义

企业外部环境是对组织和整个组织有潜在影响的组织边界以外的所有要素之和（马浩，2019），是在企业范围之外的，对企业产生潜在或实际影响的所有因素（贾兴平和刘益，2014）。企业外部环境是企业之外的所有要素，其对于企业的影响巨大，但是外部环境因素需要通过企业自身进行转化以发挥其积极作用，它包括市场环境、技术环境、自然环境、文化环境、政策环境等（陈春花，2016）。

动态环境是指环境的动态性特点，是企业战略管理对企业环境研究的一个层面。Duncan（1972）首次对环境的这种动态性特点进行界定，他在研究环境不确定性时指出，环境既有复杂的一面，又有动态的一面，动态环境是指在一定时期内企业外部环境发生着持续性变化且会对企业产生一定影响，这种持续的环境变化体现在顾客、上游企业、行业竞争、宏观政策以及技术等层面上。Dess 和 Beard（1984）认为，动态环境体现在企业外部环境的变化趋势难以确定，并且其变化速度快、影响范围广，几乎涉及所有企业。Jalworski（1993）认为，动态环境的主要特征在于无法通过技术进行预测，包括市场需求的变动、客户喜好的改变以及行业进入门槛的调整等，它是总体外部环境发生变化的过程。Koschatzky（2002）分析环境构成要素后指出，环境动态性是环境要素的变化速度、变化幅度和变化频率，及其不可预见的程度。

在环境测量方面，有学者采用 Dess 和 Beard（1984）的环境适宜性、动态性、复杂性的三维度模型，也有学者采用动态性和敌对性两个维度。敌对性反映了企业环境资源有限、竞争激烈的特点；动态性反映了企业环境变化的不可预测性和不确定性。基于此，本书选择动态性和适宜性两维度环境测量模型，探索动态环境对组织冗余、知识转移与创新效率的关系。

二、动态环境对组织冗余、知识转移与创新效率的调节作用

动态环境是指企业所处环境的状态，可表现为动态性及适宜性两种，环境动态性及适宜性不仅会影响闲置资源的存储及利用率，同时对知识转移产生了重要影响。

（一）环境动态性的调节效应

环境动态性表示环境变化的复杂程度、变化的速度和幅度，意味着企业处于复杂多变的外部环境中，通常表现为客户、竞争、技术等的动态变化。环境动态性包括内部与外部因素，如赵文（2015）提出，企业内部环境的动态性源于企业现有知识体系、优势资源、特有技术、产品或服务、组织结构以及组织战略等方面的变化，外部环境动态性则源于现有竞争者和潜在竞争者的威胁、消费者需求变化的威胁、国家政策以及法律法规的干预等。阎婧等（2016）认为，环境动态性主要表现在两个方面：一是市场环境中各因素变化导致的不确定性，如竞争者威胁、消费者需求变化等；二是现有技术贬值和新兴技术产生带来的威胁，上述不确定性会使企业生产经营活动方式和获益水平受到明显影响。环境动态性的内外部因素对冗余资源的存储与利用及创新发展都产生重要的影响。陈国权和王晓辉（2011）对环境动态性、探索式学习、利用式学习和组织绩效间的关系进行了实证研究，指出环境动态性对探索式学习或利用式学习与组织绩效间的关系具有负调节作用。余浩等（2013）从技术和市场两个层面对产品新颖度与创新绩效进行研究，实证分析指出技术动态性对开展技术新颖度的产品创新绩效具有调节作用，而市场动态性对开展市场新颖度的产品创新绩效则无调节作用。尹惠斌等（2014）

认为，技术和政策维度的环境动态性正向调节探索性学习与突破性创新绩效间的关系，竞争维度环境动态性具有倒 U 形调节效应，但需求维度的环境动态性调节效应不显著。吴松强等（2017）基于知识特征视角，实证研究指出环境动态性在知识模糊性、知识复杂性和企业创新绩效三者关系之间起着正向调节作用。杜俊义等（2017）深入研究了中小企业动态能力与企业创新绩效之间的关系，基于动态能力、环境动态性和创新绩效构建理论模型，实证分析指出环境动态性在中小企业动态能力和创新绩效之间存在调节作用。Dutton（2010）基于信息获取视角，认为信息的获取、处理与组织的环境感知能力有关，组织如果具有良好的环境感知能力有利于企业实施技术创新，环境感知能力强的企业更能够更快抓住机会，在技术和市场环境的快速变化中进行创新。张克英和蒋森（2023）研究认为，环境动态性越强，企业感受到的竞争压力越大，因而越倾向于调动各方面的组织资源进行优化，促进商业模式的创新。Frosch（1996）研究认为，环境动态性越高，会给企业带来越多不确定性，同时能提供潜在创新机会，对组织资源的再利用及知识转移能力提升有显著作用，以促进创新效率提升。Jansen 等（2005）研究环境因素与创新之间的关系，指出环境动态性越高，企业的创新水平就越强；在环境竞争强度高的情况下，企业的创新活动结果是难以预测的，因为在同一市场上的企业创新行为会受到竞争对手行为的显著影响；当外部环境的竞争强度相对较低时，企业可以根据现阶段的运营程序对企业行为的结果进行预测，从而能合理地调配资源；随着环境竞争强度的提高，企业要想在市场上有竞争能力，就要在现有运营程序的基础上做出调整或改善，而这种调整或改善行为除了需要创新意识或动机，更需要一定的冗余资源作为支持和保障。赵亚普等（2014）认为，环境动态性会促使组织将多余的资源投入新技术的创新之中，以获取这种信息优势，而如果满足于现状，保存大量资源则会带来较高的机会成本，使企业错失发展机会，因此，在动态环境下，组织冗余对企业创新的推动作用将会增强。Ngamkroeckjoti 和 Speece（2008）认为，动态环境中有效产品创新的实现，需要在组织内部实现知识资源的有效共享和整合，知识资源在组织内部的持续演化为企业创新活动提供了强有力的支持。当企业感知到环境动态性的压力时，更会倾向于主动采取措施以提高知识资源在组织内部及组织联盟间的共享与转移创新，营造良好的创新氛围。

（二）环境适宜性的调节效应

环境适宜性表示内外部资源、市场支持程度可加快异质性资源吸收与产业结构升级，知识内化利用率，提高市场认可度，减少成本消耗，提高创新效率。外部环境如果能够提供丰富的资源，企业获得和选择相应资源的压力将会降低，通过对这些资源进行整合开发，形成自己独特的资源优势，加快战略差异化、市场差异化以及产品差异化的步伐，获得高于行业平均收益的超额回报。当外部环境敌对性或威胁性较大时，企业会充分开发整合这些冗余资源，并进行创新活动，提高市场竞争能力和绩效。在资源受限的环境中，企业会通过对内部冗余资源探索性创新利用，进行新产品的开发、设计，为企业带来新的发展机会和较高的收益，环境适宜性越高，不确定越低，企业能够准确评估市场变化，减少超额利润的产生。邹国庆和倪昌红（2010）认为，外部制度环境适宜性会对组织冗余利用率产生影响，同时影响资源利用效率，最终对创新投入与产出产生影响。张晓昱等（2014）以中国制造业企业为例探究了环境适宜性对于组织冗余和企业绩效的调节作用。Frosch（1996）认为，市场内外部政策及战略支持会提升企业产品研发效率、缩短产品生产周期并提升市场认可度，环境适宜性能有效提升知识转移效率，加快创新进程。Nonaka（2006）认为，企业直接识别获取利用隐性知识存在一定难度，环境适宜性能加快组织运营进程，有效提供人力、物力、财力资源支撑，降低成本损耗，形成显性知识，利于进一步识别获取利用，提升创新效率。由此可见，动态环境的调节作用存在于多个变量关系之间，本书将动态环境视为调节变量，认为环境动态性及环境适宜性均会影响企业发展理念，影响资源的利用效率及自主创新意识，从而加入动态环境作为调节变量，研究组织冗余、知识转移与高新技术企业创新间的关系更具有一定理论意义。

第六节　总结与评述

本章对组织冗余、知识转移、动态环境与高新技术企业创新效率关系的相关理论和研究现状进行了梳理。通过对各变量间的关系整理可知，已有的相关研究成果较为丰富。首先，对组织冗余的概念、类型和相关研究进行了梳理与评述。在明确组织冗余概念的基础上对组织冗余与企业创新效率关系的研究进行了综述。其次，对高新技术企业创新效率的概念、测度指标体系和方法及影响因素进行梳理和评述。再次，对知识转移的概念、类型和相关研究进行了梳理和评述。在明确知识转移概念的基础上对高新技术企业创新效率的影响研究进行了综述。最后，在动态环境方面，国内外的学者已经就动态环境对组织冗余、知识转移与高新技术企业创新效率之间关系的作用机制和影响结果进行了讨论，为本书研究提供了一定的理论基础，同时，现有成果还存在进一步发展的空间，本书对未来研究展望如下：

一、高新技术企业创新效率的研究有待进一步深化与延伸

目前对高新技术企业的研究主要集中于高新技术企业的概念、类型，创新效率的测度方法与指标及影响因素，知识管理与创新效率的关系等方面。当前我国高新技术企业发展快速，企业数量增加明显，高新技术企业总产值在 GDP 中占比逐年增长，创新资源投入比例得以极大提升，但是创新产出却与投入不成正比。因此，现有研究焦点应多关注创新投入与创新产出之间关系，即创新效率，根据创新驱动发展战略及创新型国家建设的目标，创新效率对于高新技术企业的创新能力及发展起到关键提升作用。同时国外学者分别从宏观和微观角度研究创新效率，研究方法也更为丰富，但我国对于创新效率的研究多使用省级数据或者区域数据，对于企业层面研究较少，特别是

专门针对高新技术企业的研究更是少之又少。因此，未来研究重点应着眼于高新技术企业创新效率。

二、企业创新效率测度的研究有待进一步拓展

目前关于创新效率的研究还不成熟，因此未来研究重点有以下三个方面：①创新效率的概念需要进一步整合。当前，创新效率并非简单地投入与产出的关系，创新效率还存在多投入、多产出的复杂关系，质量创新仅是创新质量的组成部分。创新效率主要以投入与产出视角概念界定为主，投入视角主要是系统性的，产出视角需要全面考虑，现有相关概念界定过于关注单一投入与产出而忽视多投入与多产出，因此未来创新效率的概念界定及测度模型需要从多投入多产出视角进行整合与完善。②创新效率影响因素的研究。当前研究过于关注企业外部环境因素而忽视企业内部资源管理，只考察内部或者外部因素，则对影响因素的研究较为局限，因此组织冗余资源、企业知识转移能力等因素对创新效率的影响有待进一步探讨。同时，大部分研究将组织冗余作为自变量对创新过程进行探索，过度关注创新效率的单一影响，忽视了知识转移可能存在的影响。③创新效率测度的研究。目前的研究仅关注单一投入与产出，而创新过程是复杂的，具有多投入与多产出的动态过程，以往研究多采用授权专利数量、研发经费等测量创新效率，忽视各领域创新质量效果总和，同时传统 DEA 模型并不能准确衡量效率，需要结合内部子系统之间的差异性、重要性等特征分阶段进行优化，而 SFA 模型需考虑创新过程中产生的误差及子系统间特征关系进行优化，同时部分对高新技术企业的研究数据来源于《中国高技术产业统计年鉴》，实际上并非所有的高新技术企业都能被认定为高新技术企业，从严格意义上来说，两者还是存在一定差异的。因此，未来研究重点是将创新效率的度量方式优化，形成更为严谨的测度方法。

三、组织冗余与创新效率关系研究有进一步的研究空间

当前学者对组织冗余与创新效率有一定研究，未来研究重点有以下两个方面：①组织冗余类型的研究。闲置资源是组织冗余资源界定的重点，冗余主要分为已吸收冗余和未吸收冗余、沉淀冗余或非沉淀冗余等。同时，企业各类组织冗余又可细分为人力资源冗余、财力资源冗余、客户关系冗余等，为进一步明确各类冗余特征及关系，提高冗余资源的利用效率，帮助企业寻找到有价值的资源满足自身发展，同时不同背景下和不同划分方式都会对最终探讨结果有影响，所以对情境因素的分析成为研究组织冗余必不可少的因素，组织冗余需要对多种资源进一步细化。②组织冗余与创新效率的研究。目前学术界将组织冗余关注点集中在创新绩效上，忽视创新效率的提升。创新效率是企业各个领域创新的总和，用于衡量创新过程投入与产出是否成正比。并且在中国，现代企业制度建立比西方晚，两者之间的关系与国外是否一致需探讨。因此，未来的研究需要对组织冗余与创新效率关系进行深入探讨。

四、知识转移与组织冗余、创新效率关系研究还需深入

当前知识转移与组织冗余、创新效率有一定研究，未来的研究重点有以下三个方面：①知识转移的类型的研究。现有研究根据知识转移的内容对知识转移进行维度划分较为缺乏，未能深入探讨组织冗余的不同维度对知识转移的不同子维度的作用机制。在知识转移与创新效率关系的研究中，学者主要从知识转移的定义、类型两个方面对知识转移的维度进行划分，基于不同知识内容的维度对知识转移与创新效率两者关系进行探讨的研究存在不足。因此，未来的研究需对知识转移内容的维度划分进行进一步分析。②知识转移的度量还需要深入研究。知识转移的度量有主观和客观之分，但知识转移能力是一个动态过程，可以划分为多个维度。各个维度难易程度不一，如知

识获取易测量，但吸收能力不易测量。未来需要不断完善知识转移能力的度量方式。③知识转移影响组织冗余与创新效率的研究较少。综观国内外组织冗余、知识转移、创新效率的研究发现，大部分研究是基于组织冗余与创新效率、知识转移与创新效率的直接探索，关于组织冗余与创新效率的研究也主要分析了两个变量之间的相互作用及存在的调节及中介效应，较少探讨知识转移在组织冗余与创新效率中的调节或中介作用。知识转移是提高企业创新速度的有效手段，知识的传递、吸收、转化与应用对企业创新十分关键。较好的知识转移能力会提高资源利用效率，促进企业异质性、同质性资源吸收利用，促进高质量发展。我国经济正处于转型期，知识转移能力对创新效率的发展影响至关重要。因此，知识转移能如何影响企业组织冗余和创新效率关系，值得进一步分析探讨。

五、动态环境对组织冗余、知识转移与创新效率关系研究还需深入

当前动态环境对组织冗余、知识转移及创新效率有一定研究，未来研究重点有以下两个方面：①动态环境维度及类型划分还需深入研究。现有研究仅把动态环境视为一个整体，但动态环境不同维度的作用结果会有明显的区别。如果把动态环境简单地视为一个整体，会导致忽视了动态环境的内在特质的区别。动态环境表示环境的变化速度和幅度，可分为环境动态性、环境适宜性及环境动荡性等多个维度。各个维度影响程度不同，度量方式不同，因此未来需要不断完善动态环境的维度分类及属性测度。②动态环境对组织冗余、知识转移与创新效率研究较少。现有研究缺乏将动态环境对组织冗余与创新效率之间作用过程影响的研究。动态环境意味着企业处于复杂多变的外部环境中，这种不确定性的环境会使企业生产经营活动方式和获益水平受到明显影响。然而，现有文献在研究组织冗余与创新效率作用机理时，较少考虑到企业外部环境因素的影响。同时关于动

态环境作为调节变量对组织冗余、知识转移与创新效率关系的研究也较少，动态环境中存在的动荡性、动态性及适宜性对企业冗余资源的利用、知识转移效率及创新效率均产生重要影响。因此，动态环境对组织冗余、知识转移及创新效率调节作用需进一步探究。

第三章　高新技术企业
创新效率提升分析

第一节　高新技术企业定义与基本情况

一、高新技术企业定义

我国的高新技术企业通常是在《国家重点支持的高新技术领域》的规定范围内，不断地进行研发和技术成果转化，形成企业核心自主知识产权，并以此为基础开展经营活动的居民企业，属于知识密集、技术密集的经济实体。本书从高新技术产业的定义出发，以 2008 年《高新技术企业认定管理办法》为依据，对高新技术企业这一概念进行了界定。高新技术产业是以高新技术为基础，从事一种或多种高新技术及其产品的研究、开发、生产和技术服务的企业集合，这种产业所拥有的关键技术往往开发难度很大，但一旦开发成功，却具有高于一般的经济效益和社会效益。改革开放之后，我国已经形成了一批具有强大竞争力和创新活力的企业，它们的发展对我国科技成果的转化起到了巨大的推动作用，加速了高新技术产业化的进程，还推动了传统行业的技术迭代和更新改造。

高新技术企业以高新技术活动为主导，以技术创新为核心，以科学管理为基础，以市场为导向，并能够不断重新创造和优化产品、工艺、服务和管理方式，促进高新技术的研发和应用，提高竞争力和创新能力，实现经济高效发展的企业。高新技术企业认定要求及条件如表 3-1 所示。改革开放以来，我国已经成长起来一批竞争力强、有创新活力的企业群体，这些企业的发展极大地促进了我国科技成果的转化，加快了高新技术产业化的步伐，带动了传统产业的技术迭代与更新改造。由于我国高新技术企业发展起步较晚，受到外部关键技术封锁和自身创新能力不足的双重制约，企业往往处于价值链低端位置。伴随着国际科技竞争的日益激烈，自主创新能力在国家核心竞争力中扮演着越来越重要的角色。为了适应新的形势发展，2008 年 4 月，我国科技部推出《高新技术企业认定管理办法》，随后，科技部、财政部、税务总局联合发布了相关的工作指引，自此形成了一套系统的、完整的、科学的高新技术企业认定政策。截至 2021 年底，全国累计高新技术企业有324112 家。

表 3-1　高新技术企业认定要求及条件

项目	具体要求
定义	在国家颁布的《国家重点支持的高新技术领域》范围内，持续进行研究开发与技术成果转化，形成企业核心自主知识产权，并以此为基础开展经营活动的居民企业，是知识密集、技术密集的经济实体
重点支持领域	电子信息、生物与新医药、航空航天、新材料、高技术服务、新能源与节能、资源与环境、先进制造与自动化
注册时间	申请时须注册成立一年以上
核心技术知识产权	（1）对主要产品（服务）的核心技术拥有自主知识产权的所有权 （2）需要拥有：①发明专利、植物新品种、国家新药、国家级农作物品种、国家一级中药保护品种、集成电路布图设计专有权 1 件以上；②实用型专利 8 件以上；③非简单改变产品图案和形状的外观设计专利或软件著作权 8 件以上 （3）对产品发挥核心支持作用的技术属于《国家重点支持的高新技术领域目录 2016》规定范围

项目	具体要求
科研人员比例	从事研发及技术创新活动的科技人员占企业当年职工总数的比例不低于 10%
研发费用比例	（1）如果年销售收入小于 5000 万元，比例不低于 5%；如果年销售收入在 0.5 亿~2 亿元，比例不低于 4%；如果年销售收入在 2 亿元以上，比例不低于 3% （2）在境内发生的研发费用总额占比不低于 60%
高新产品收入比例	高新技术产品（服务）收入占企业总收入比不低于 60%
其他	创新能力评价指标；一年内无重大事故或违法行为

高新技术企业的特征有四个：一是其与普通企业有很大的区别，高新技术企业往往是在取得了一定的科研成果之后，才成立了自己的企业，并将其技术商品化，这就使许多高新技术企业成为高新技术产业发展的先行者。二是民营高新技术企业多为中小微企业，或正处在发展初期的新创企业。它具有更大的灵活性，使用新技术、新发明，能够迅速地制造出新的产品。在创业初期，许多风险投资人都乐于对这样未成熟的企业进行投资。三是科技创新是高新技术企业生存的必要条件，离开了科技创新，高新技术企业也就丧失了生存的根本。因而，高新技术企业更多的产生于科技发达的国家和地区，完善的科学与教育体制，实行科学与技术人才的自主选择，为高新技术企业的发展创造了有利的条件。四是高新技术企业具有高速成长的显著特征。如果一家企业能够研发出符合市场需求的新产品，那么高新技术产品就可以利用它的新颖性和高科技的特点快速地占据市场，从而取得巨大的经济效益，并且在短短几年的时间里，就从一家小型的公司发展成为一家拥有越来越完善的组织和管理体系的大公司。

对于企业来说，国家高新技术企业的认定不仅是要对企业的多个指标进行一系列的审查，还要对各方面的综合能力进行考量，具体包括技术水平、管理水平、服务水平、人员构成、经营业绩、资产状况等因素。所以，通过对高新技术企业的认定，不仅可以有力地证明企业的综合实力达到了要求，而且还可以从社会影响力和市场竞争力两个角度进行有效地提高。我国认定高科技企业的条件主要包括研发活动的连续性、拥有自主知识产权的所有权以及以此为基础进行经营活动的商业模式。高新技术企业需要利用科研开发和技术成果转化的方式，在核心自主知识产权的基础上开展并主导其经营活动。同时，这类企业需要对应《国家重点支持的高新技术领域》目录中的重要科技领域，这些领域包括电子信息技术、生物与新医药技术、航空航天技术、新材料技术、高技术服务业、新能源及节能技术、资源与环境技术以及先进制造与自动化。

（1）电子信息技术包括软件技术、微电子技术、计算机及网络技术、通信技术、广播电视技术、新型电子元器件、信息安全技术、智能交通技术。

（2）生物与新医药技术包括医药生物技术；中药、天然药物；化学药物；新剂型及制剂技术；医疗仪器技术、设备与医学专用软件；轻工和化工生物技术。

（3）航空航天技术包括民用飞机技术；空中管制系统；新一代民用航空运行保障系统；卫星通信应用系统；卫星导航应用服务系统。

（4）新材料技术包括金属材料；无机非金属材料；高分子材料；生物医用材料；精细化学品。

（5）高技术服务业包括共性技术；现代物流；集成电路；业务流程外包（BPO）；文化创意产业支撑技术；公共服务；技术咨询服务；精密复杂模具设计；生物医药技术；工业设计。

（6）新能源及节能技术包括可再生清洁能源技术；风能；生物质能；地热能利用；核能及氢能；新型高效能量转换与储存技术；高效节能技术。

（7）资源与环境技术包括水污染控制技术；大气污染控制技术；固体废弃物的处理与综合利用技术；环境监测技术；生态环境建设与保护技术；清洁生产与循环经济技术；资源高效开发与综合利用技术。

（8）先进制造与自动化包括工业生产过程控制系统；安全生产技术；高

性能、智能化仪器仪表；先进制造工艺与装备；新型机械；电力系统与设备；汽车及轨道车辆相关技术；高技术船舶与海洋工程装备设计制造技术；传统文化产业改造技术。

二、高新技术企业的基本情况

2008 年，科技部授予的高新技术企业为 51476 家，此后，高新技术企业数量快速增长，截至 2021 年底，我国高新技术企业取得了可喜的成绩，各项经济指标增长迅速。全国高新技术企业数量达到了 324112 家。从历年认定高新技术企业的数量来看，呈现出前期先略微下降然后快速增加的特点。2020～2021 年，科技部认定的高新技术企业就有 54216 家。2021 年全国高新技术企业全年工业总产值为 47.86 万亿元，同比增加 11.15 亿元；营业总收入为 65.05 亿元，同比增加 12.96 亿元；净利润为 4.48 万亿元，同比增加 9656.1 亿元；上缴税额为 2.28 亿元，同比增加 4447.2 亿元。

分区域来看，国家高新技术企业分布差距明显，经济发达省份数量优势明显。2021 年，全国高新技术企业有 324112 家，以企业规模合计为基数统计，如图 3－1 所示，全国现有高新技术企业数量占比依次为广东（18.35%）、江苏（11.53%）、浙江（8.73%）、北京（7.74%）、山东（6.29%）、上海（5.92%）、湖北（4.42%）、安徽（3.49%）、河北（3.38%）、湖南（3.37%）、四川（3.13%）、天津（2.81%）、福建（2.74%）、辽宁（2.69%）、河南（2.57%）、陕西（2.56%）、江西（2.01%）、重庆（1.56%）、山西（1.11%）、广西（1.01%）、吉林（0.88%）、黑龙江（0.86%）、云南（0.63%）、贵州（0.56%）、甘肃（0.42%）、内蒙古（0.38%）、海南（0.36%）、新疆（0.29%）、宁夏（0.11%）、青海（0.07%）、西藏（0.03%）。

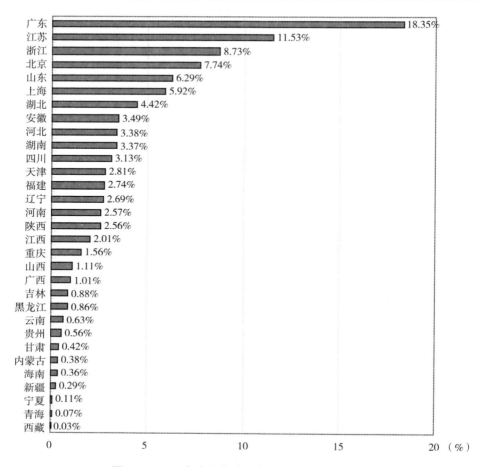

图 3-1　2021 年全国各地区高新技术企业数量占比

　　我国高新技术企业在地域分布上出现不均衡的情况，主要分布在沿海以及中部地区，西南、西北地区的企业相对较少。沿海地区因经济发展较快，政策引导力度大，往往能够吸引更多的资金和人才聚集，而融资能力的提升又反哺企业提高自身的科技实力。

　　其中，广东省有 59475 家高新企业，遥遥领先于其他省市，排名第二的为江苏省，其高新企业为数量 37368 家。高新技术企业超过万家的省份也主要分布在沿海地区，排名前五的地区占据着全国 52.64% 的高新技术企业，这也与其经济发展水平处于全国领先相契合。

如图 3-2 所示，全国高新技术企业领域占比依次为电子信息（28.14%）、先进制造与自动化（26.97%）、新材料（13.99%）、高技术服务（12.66%）、生物与新医药（7.73%）、资源与环境（5.44%）、新能源与节能（4.39%）、航空航天（0.67%）。具体来看，截至 2021 年 3 月，全国有效期内高新技术企业达到 27.76 万家。其中，电子信息领域企业有 7.81 万家；先进制造与自动化领域企业有 7.49 万家、新材料领域企业有 3.88 万家。这三个领域占据全部高新技术企业的 69.1%，其余行业仅占据着 30.9% 的比例。

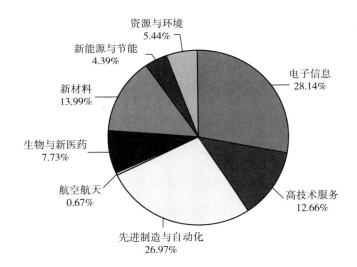

图 3-2 截至 2021 年 3 月全国高新技术企业各领域占比

如图 3-3 所示，全国高新技术企业规模占比依次为销售收入<2000 万元（58.85%）、2000 万元<销售收入≤5000 万元（18.36%）、5000 万元<销售收入≤10000 万元（10.31%）、10000 万元<销售收入≤20000 万元（6.07%）、20000 万元<销售收入≤40000 万元（2.95%）、40000 万元<销售收入（3.46%）。具体来看，截至 2021 年 3 月，全国高新技术企业中注册资金在 0

~2000 万元的企业有 16.34 万家，将近六成的高新技术企业注册资金在 2000 万元以下；2000 万~5000 万元的高新技术企业有 5.1 万家，5000 万~10000 万元的高新技术企业有 2.86 万家，10000 万元以上的企业有 3.46 万家。

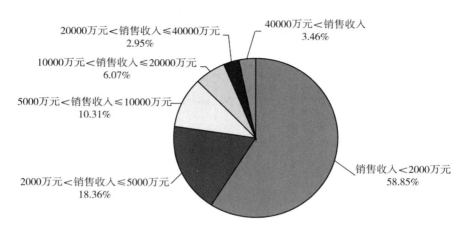

图 3-3　截至 2021 年 3 月全国高新技术企业规模大小占比

如图 3-4 所示，高新技术企业数量结构按企业注册类型划分为私营企业（52.56%）、有限责任公司（32.57%）、股份有限公司（6.11%）、外商投资企业（2.35%）、港澳台投资企业（2.31%）、其他（4.09%）。具体来看，截至 2021 年 3 月，私营企业已成为我国高新技术企业发展的重要主体，企业数量达 17.04 万家；其次是有限责任公司，数量达 10.56 万家；股份有限公司数量达 1.98 万家；外商投资企业和港澳台投资企业数量分别为 0.76 万家。

如图 3-5 所示，高新技术企业收入结构主要是产品销售收入（80.37%）、技术收入（13.24%）、商品销售收入（1.60%）、其他（4.79%）。具体来看，截至 2021 年 3 月，全国高新技术企业实现的产品销售收入最多，达 52.27 万亿元；其次是技术收入，达 8.61 万亿元；最后是商品销售收入，达 1.04 万亿元。

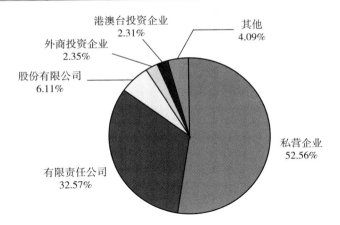

图 3-4　截至 2021 年 3 月中国高新技术企业数量结构（按企业注册类型）

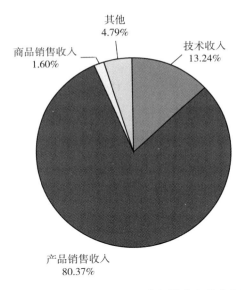

图 3-5　截至 2021 年 3 月中国高新技术企业收入情况

我国认定的高新技术企业所从事的技术领域涵盖了电子信息技术、生物与新医药技术、航空航天技术、新材料技术、高技术服务业、新能源及节能技术、资源与环境技术及先进制造与自动化八大领域。中国电子信息产业已经形成了一批具有较大影响力的产业基地和产业集聚区。如图 3-6 所示，从高技术制造业企业数量来看，全国高新技术企业中高技术产业制造业有42282家，有20592家企业属电子及通信设备制造业，占全国高新技术企业的48.7%，比重最大；其次是医药制造业的13.51%以及医疗器械设备及仪器仪表制造业的29.16%，这三个领域企业数量占比较大。从高技术制造业营业收入情况来看，截至2021年，高技术产业制造业企业数量达到4.22万家，共实现营业收入11.36万亿元，较上年有所增长。分行业类别来看，电子及通信设备制造业的企业数量和营业收入规模均名列前茅，2万多家企业共实现营业收入7.14万亿元；医药制造业的营业收入规模位列第二，5712家企业共实现了1.84万亿元；医疗仪器设备及仪器仪表制造业企业数量达到1.2万家，相较2019年，增加了3628家企业。

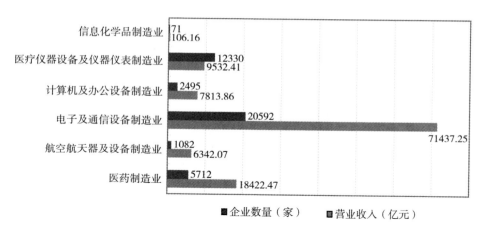

图 3-6　截至 2021 年中国高技术制造业企业数量及营业收入情况

如图3-7所示，从高技术制造业工业总产值来看，电子及通信设备制造业、医药制造业、医疗仪器设备及仪器仪表制造业分别排在前三，其中电子及通信设备制造业尤为突出。三产业创造的工业产值占总体工业产值的比例分别为62.11%、17.67%、8.43%。从高技术制造业净利润来看，2021年，高技术制造业利润较上年增长48.4%，两年平均增长31.4%，增速分别高于规模以上工业平均水平 14.1 个和 13.2 个百分点，占规模以上工业利润的比重较 2020 年、2019 年分别提高 2.1 个和 4.2 个百分点，展现较强发展活力。医药制造业、电子及通信设备制造业利润增势强劲，较 2020 年分别增长 77.9%、44.0%，对高技术制造业利润增长贡献较大；航空航天器及设备制造业、信息化学品制造业利润增长较快，分别为 76.2%、52.6%。

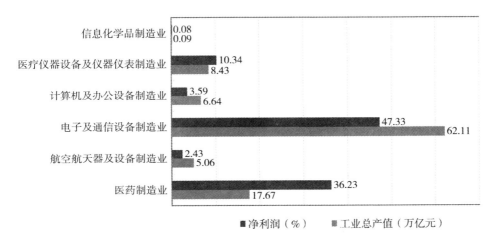

图 3-7　2021 年中国高技术制造业净利润及工业总产值情况

在创新投入方面，高新技术企业 R&D 活动及新产品研究开发是重中之重，高新技术企业的竞争就是新产品的竞争、科技的竞争，所以一定要大力发展 R&D 和新产品的开发，并且投入大量的经费。如图 3-8 和图 3-9 所示，2021 年，我国高新技术企业在研究开发及 R&D 活动两方面的投入都很大。从研究开发人员数量来看，排名前三的地区为广东（18.77%）、北京（11.07%）、江苏（9.9%）。从研究开发经费内部支出来看，排名前三的地区为广东（18.07%）、北京（13.59%）、江苏（10.36%）。从 R&D 人员数量来看，排名前三的地区为广东（21.47%）、江苏（12.98%）、浙江（9.69%）。从 R&D 经费内部支出来看，排名前三的地区为广东（22.23%）、江苏（12.91%）、北京（10.11%）。

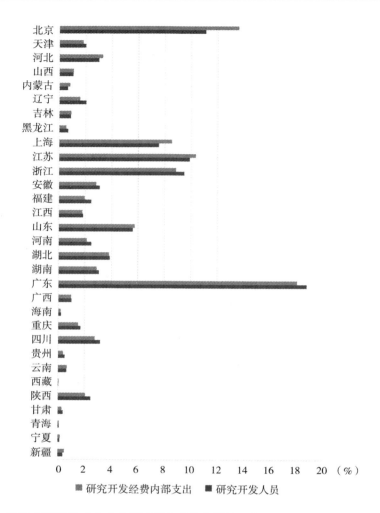

图 3-8　2021 年高新技术企业各地区研究开发人员及研究开发经费内部支出占比

2021 年，全国共投入研究与试验发展（R&D）经费 27956.3 亿元，其中，高技术制造业研究与试验发展（R&D）经费 5684.6 亿元，投入强度（与营业收入之比）为 2.71%，比 2020 年提高 0.05 个百分点。在规模以上工业企业中，研究与试验发展（R&D）经费投入超过千亿元的行业大类有 5个，这 5 个行业的经费占全部规模以上工业企业研究与试验发展（R&D）经

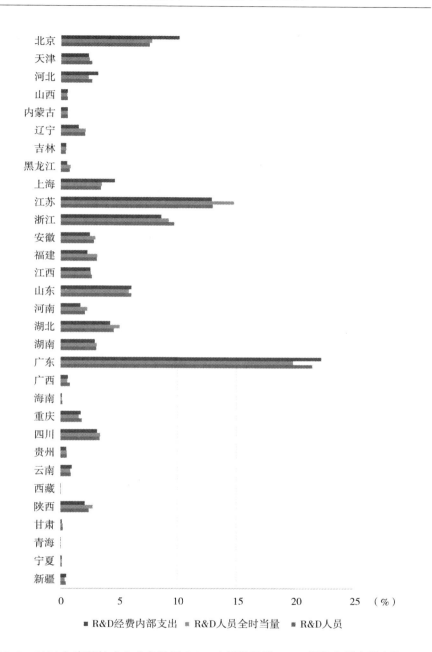

北京
天津
河北
山西
内蒙古
辽宁
吉林
黑龙江
上海
江苏
浙江
安徽
福建
江西
山东
河南
湖北
湖南
广东
广西
海南
重庆
四川
贵州
云南
西藏
陕西
甘肃
青海
宁夏
新疆

0　　　　5　　　　10　　　　15　　　　20　　　　25　（%）

■ R&D经费内部支出　■ R&D人员全时当量　■ R&D人员

图 3-9　2021 年高新技术企业各地区 R&D 人员数量及 R&D 经费内部支出占比

费的比重为51.2%。如图3-10所示，从研发经费投入来看，计算机通信和其他电子设备制造业研发经费投入最多；其次是电气机械和器材制造业汽车制造业；医药制造业研发经费投入最少。从投入强度来看，医药制造业投入强度最高；其次是专用设备制造业、计算机通信和其他电子设备制造业；汽车制造业投入强度最弱。

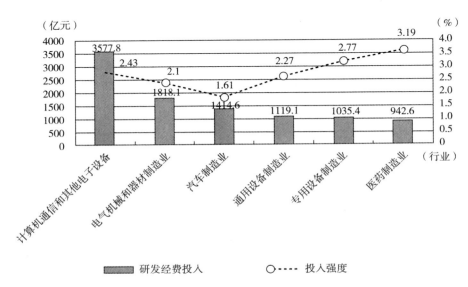

图 3-10　2021 年制造业中研发经费投入前六的经费投入和投入强度

以医药制造业为例，其研究与试验发展（R&D）经费投入和投入强度分别增加了 157.8 亿元和增长了 0.06%，增长速度大大超过了其他制造业，新冠疫情刺激了医药研发和医疗器械革新以及医疗设备的更新。在药物研发方面，受到新冠疫情的影响，研制疫苗、治疗药物等赛道持续火热，企业为了提高自身竞争力，便争先投入大量经费研发新产品和创新药。在医疗器械革新方面，在新冠疫情之初，国内和国际上对防疫用品的需求急剧上升，且长期处于短缺状态。之后，伴随着健康防护意识的提高，人们对口罩等防护用品的防护等级以及新冠病毒快速检测技术的效率及便利程度也有了更高的要求，所以，各大企业开始加大对医疗器械革新的投资。

在创新产出方面，截至 2021 年末，我国高新技术企业拥有有效发明专利 121.3 万件，占国内企业总数的 63.6%，这表明了我国市场主体的创新创造能力持续提升。2021 年，高新技术企业达到了 324112 家，其上缴税额从 2012 年的 0.8 万亿元上升到了 2.3 万亿元。同时，在全国范围内，拥有有效发明专利的企业已达 29.8 万家，比上年增加了 5.2 万家。国内企业共有 190.8 万项发明专利，较上年同期增加了 22.6%，比全国平均值提高了 5 个百分点。此外，我国国内发明专利有效量增长最快的 3 个领域分别是信息技术管理方法、计算机技术和医疗技术，与上年同期相比，分别增长了 100.3%、32.7% 和 28.7%。这表明在关键核心技术领域，专利储备在持续增强，从而可以更好地支撑产业升级，为老百姓的生命健康和日常生活服务。

第二节　高新技术企业创新发展的趋势分析

我国政府在建立国家技术创新体系中起着主导作用，而高新技术企业在整个体系中是必不可少的一部分。国家技术创新体系对全国的高新技术企业创新技术水平的提升起着指引性的作用，把控宏观形势，合理分配资源，促进创新主体之间的合作联动，提升整个系统的创新水平。创新主体主要包括高校、企业和政府，而高新技术企业在这个组成体系中扮演着核心的角色，从技术研究开发阶段到技术成果转化都离不开高新技术企业的参与。在当前国内外新形势下，高新技术企业为我国综合国力的提升起到关键的作用，从而提高国际竞争力。

如图 3-11 和图 3-12 所示，从专利申请的数量来看，发明专利、实用新型专利、外观设计专利的申请数总体上呈现逐年增加的态势。2009 年，企业专利申请数为 976686 件，其中发明专利申请数为 314573 件，占比为

32.21%；实用新型专利申请数为 310771 件，占比为 31.82%；外观设计专利申请数为 351342 件，占比为 35.97%。截至 2021 年，企业专利申请数为 5243592 件，其中，发明专利申请数为 1585663 件，占比为 30.24%；实用新型专利申请数为 2852219 件，占比为 54.39%；外观设计专利申请数为 805710 件，占比为 15.37%。从上述数据占比可以看出，外观专利在申请总数的占比呈现出持续下降的特点；发明专利与实用新型则表现出相反的趋势，前者在前期占比增加至 2015 年的高点后有所回落，但没有明显下降的趋势，并在 2015 年达到最高，占比为 39.37%；实用新型则是在 2009 年开始逐年增加，在 2021 年增加至 56.35%。这主要是由于我国对于发明专利保护力度较大，实用新型由于不需要缴纳年费且保护期限较短所致。而发明专利需要每年缴纳年费，并且保护期限较短，导致发明专利在申请总数中的占比持续下降。

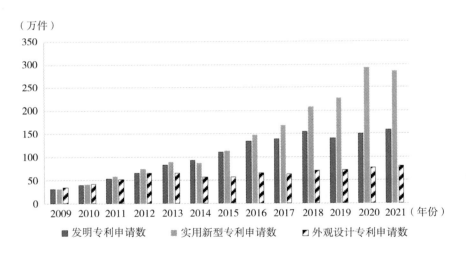

图 3-11　2009~2021 年专利申请数量

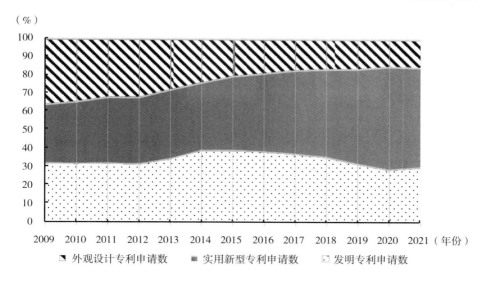

（％）

图 3-12　2009~2021 年专利申请数量分布情况

如图 3-13 和图 3-14 所示，从专利授权数来看，与实用新型专利申请一样，其授权数总体呈现出占比增加的趋势。2009 年，企业专利申请授权数共为 581992 件，其中发明专利申请授权数为 128489 件，占比为 22.08%；实用新型专利申请授权数为 203802 件，占比为 35.02%；外观设计专利申请授权数为 249701 件，占比为 42.9%。截至 2021 年底，企业专利申请授权数共为 4601457 件，其中发明专利申请授权数为 695946 件，占比为 15.12%；实用新型专利申请授权数为 3119990 件，占比为 67.8%；外观设计专利申请授权数为 785521 件，占比为 17.07%。从占比来看，发明专利在专利申请授权总数的占比相对稳定，与之对应的是外观专利的占比逐年降低。

我国高新技术企业的营业收入、工业总产值、净利润、出口创汇额在不同时期的差别较大。这一方面是由于我国高新技术企业数量的增加，导致了高新技术企业营业收入、工业总产值、净利润和出口创汇额在不同时期的变化；另一方面市场环境和经营状况也导致了高新技术企业净利润和出口创汇额在不同时期的变化。2021 年，高新技术企业共有 32.4 万家，营业收入为

（万件）

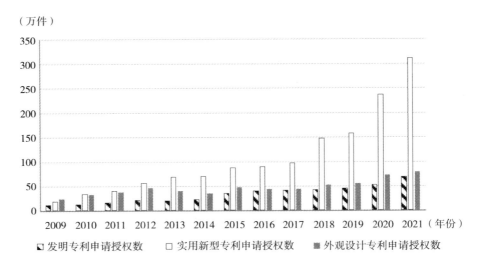

图 3-13　2009~2021 年专利申请授权数

（%）

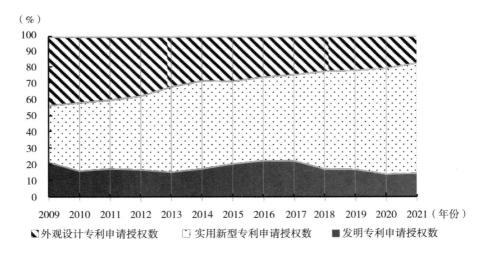

图 3-14　2009~2021 年专利授权数量分布情况

47.86 万亿元；工业总产值为 47.86 万亿元；净利润达 4.48 万亿元；出口创汇达 10718.6 亿美元。

如图 3-15 所示，2009~2021 年，我国高新技术企业数量实现了大幅增长，从 2009 年的 25368 家增加到 2021 年的 324112 家，增长了 11.78 倍。
2008 年国际金融危机爆发，国家出台了一系列政策刺激经济，对高新技术企业的扶持力度也逐步加大，2009 年国家出台了《高新技术企业认定管理办法》，标志着我国开始了对高新技术企业的认定。在政策刺激下，我国经济快速恢复，国家高新技术企业数量出现了快速增长，增速从 2009 年的 -50.7% 到 2010 年的 25.50%，2010 年，高新技术企业的数量一直保持正增长；2018 年，高新技术企业增速达到了 31.90%。

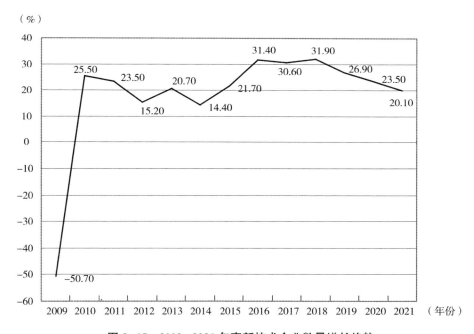

图 3-15　2009~2021 年高新技术企业数量增长趋势

如图 3-16 所示，2009~2021 年，高新技术企业的工业总产值从 9.33 万亿元增加到了 47.86 万亿元，营业收入从 8.62 万亿元增加到 65.05 万亿元，净利润从 0.63 万亿元增加到了 4.48 万亿元。其中，高新技术企业的工业总产值在 2015 年出现了小幅下降之后一直维持着正增长；但自 2016 年开始，高新技术企业的工业总产值呈现出较快的增长趋势。

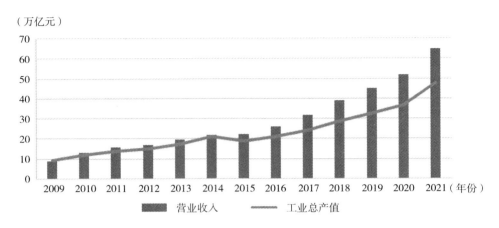

（万亿元）

图 3-16　2009~2021 年高新技术企业主营经营指标增长情况

　　如图 3-17 所示，高新技术企业的净利润在 2012 年出现略微下降，之后的净利润也保持着正增长，这表明随着高新技术企业规模的不断扩大和效益的提升，企业的盈利能力不断增强，这也为企业的可持续发展提供了有力保障。另外，高新技术企业的营业收入呈逐年递增态势，这也反映了中国高新技术企业的市场竞争力和市场需求的不断增强。总体来看，中国高新技术企业在十多年来取得了长足的发展，营业收入、工业总产值和净利润均呈现出稳步增长的趋势。这表明中国在推动科技创新方面取得了积极进展，同时也为中国经济的持续发展注入了新的动力。

　　根据《高新技术企业认定管理办法》的规定，高新技术企业需要具备一定的科技人员比例，这是一家企业是否符合高新技术企业标准的重要标准之一。如图 3-18 所示，我国高新技术企业的从业人员数量逐年增长。从 2009年的 1003.3 万人增加到 2021 年的 4259.1 万人，增长了 3.25 倍，这表明中国的高新技术企业在不断发展壮大，同时也表明该领域对人才的需求不断增加，随着中国经济的发展和科技的进步，越来越多的高素质人才加入高新技术企业的行列，这也为企业的创新和发展提供了有力保障。

　　高新技术企业的出口创汇是在国际市场竞争力的体现，也是其成长和发

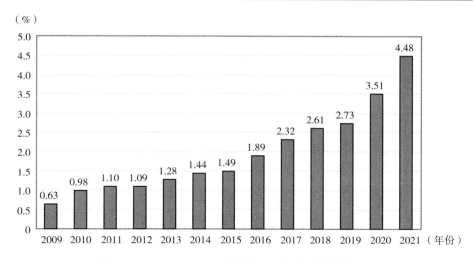

图 3-17　2009~2021 年高新技术企业净利润增长情况

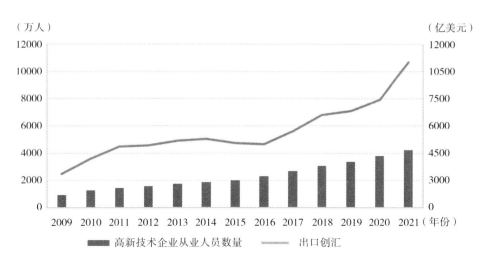

图 3-18　2009~2021 年高新技术企业从业人员数量及出口创汇情况

展的重要支撑。如图 3-18 所示，我国高新技术企业出口创汇额在 2009~2021
年呈现持续增长的态势。从 2009 年的 2492.5 亿美元增长到 2021 年的
10718.6 亿美元，增长了 3.3 倍。这种增长趋势既反映了中国高新技术企业
的快速发展和国际化进程，以及中国在科技创新方面的不断进步，也反映了

中国政府长期以来对高新技术企业的政策支持和鼓励取得了显著的成果，政府对高新技术企业的扶持不仅体现在各种财政补贴和税收优惠上，还体现在各种创新政策的推动上，如鼓励企业加大科研投入、鼓励科技创新和知识产权保护等。

高新技术企业的创新活动，根本是一个以市场为导向的知识创造、转移和扩散的过程，它包含了从研究到开发、再到产品实现、市场推广等一系列复杂的经济活动，主要目的是提高企业的核心竞争力，提高企业的利润。创新投资效率会受创新投入和产出的影响，高新技术企业的创新投入与产出能够很好地反映出高新技术企业整体发展水平。

随着中国经济的快速发展，国家对科技创新的支持力度不断加大，用于R&D经费支出以及投入强度逐年增加。由图3-19可见，中国R&D经费支出快速增长：2009年中国R&D经费支出5802亿元，之后年份呈稳步上升趋势，2021年R&D经费支出达27956亿元，是2009年的4.82倍；R&D强度（R&D经费与GDP的比值）也呈现快速上升态势：2009年中国R&D经费占国内生产总值比重为1.7%，2021年的R&D经费占国内生产总值比重为2.43%，比2009年提高0.73个百分点，2014~2021年连续5年超过2%，不断创历史新高，表明国家对科技创新的重视和支持力度不断加大。

研发活动的经费与人员持续增长，科学研究与开发机构R&D人员数和研发经费发生了巨大的变化。如图3-20所示，从科学研究与开发机构R&D人员数来看，从2009年的32.3万人增长到2021年的52.9万人，科学研究与开发机构R&D人员数增长了63.8%，表明在此期间，科研机构对人才的需求不断增加，吸引了更多的人参与到研发活动中来。从科学研究与开发机构的研发R&D经费支出来看，从2009年的996亿元增长到2021年的3717.9亿元，增长了2.73倍。这说明政府和企业对科技创新的投入不断增加，对研发活动的支持力度也在持续加大。整体上看，研究机构研发经费和人员呈现上升趋势，表明政府和企业对科技创新的重视程度在不断加强，同时也反映出科技发展对于国家和社会的重要性。

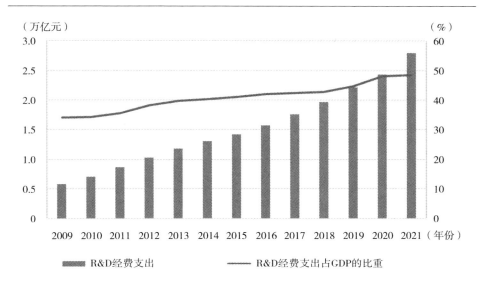

图 3-19 2009~2021 年 R&D 经费支出及 R&D 经费支出占 GDP 比重

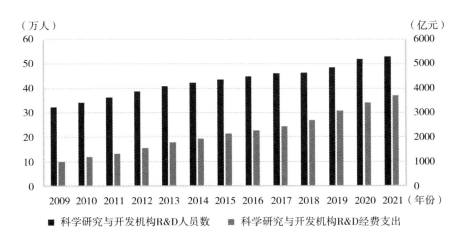

图 3-20 2009~2021 年科学研究与开发机构 R&D 人员数及 R&D 经费支出

如图 3-21 所示，按活动类型分，基础研究经费从 2009 年的 270.29 亿元增长到 2021 年的 1817.03 亿元，增长了 6.72 倍，从占比 4.66% 增长到 6.5%。应用研究经费从 2009 年的 730.79 亿元增长到 2021 年的 3145.4 亿元，增长了 4.3 倍，从占比 12.6% 增长到 11.25%。试验发展经费从 2009 年的

4801.03 亿元增长到 2021 年的 22995.9 亿元，增长了 4.79 倍。可以看出，三种活动类型的经费都显著增加，其中基础研究经费的增长幅度最大。这种增长趋势反映了中国政府和企业对科技创新的重视，以及对基础研究领域的投资增加。同时，试验发展经费的增加也表明了企业和技术转化机构在产品研发和市场推广方面的投入也在不断增长。总的来说，这些数据反映了中国在科技创新方面的持续发展和进步。

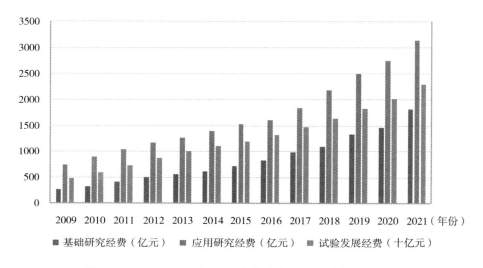

图 3-21　2009~2021 年 R&D 经费支出 （按活动类型划分）

如图 3-22 和图 3-23 所示，随着研发活动的不断加强，专利和论文的产出也呈现出显著的增长趋势。2009 年，科学研究与开发机构专利申请数为 15773 件，其中发明专利申请 12361 件；2021 年，研究机构的专利申请数为 81879 件，其中发明专利申请 64132 件，比 2009 年分别增长 4.191 倍和 4.188 倍。从 2009 年的 138119 篇科技论文到 2021 年的 195668 篇科技论文，增长了 0.42 倍，这表明在科研活动中，研究人员在发表论文方面也有所增加。

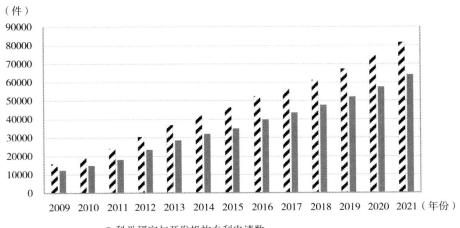

图 3-22　2009～2021 年科学研究与开发机构专利申请数及机构发明专利申请数

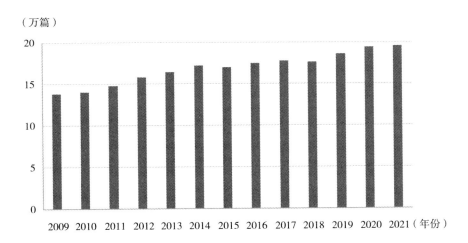

图 3-23　2009～2021 年科学研究与开发机构发表科技论文篇数

第三节　高新技术企业创新效率提升的优势

一、企业的创新过程

企业的创新过程可以简单分为四个阶段，分别是：新的创新思想出现；产品、技术研发；成果转化；新产品、新工艺、新服务等商业价值实现。

在创新的整个过程中，会有诸多要素交织在一起共同作用，使创新过程得以循环周转。而创新效率对诸多要素都会发生作用，从而影响整个创新过程的进度。马克思主义政治经济学中的扩大再生产理论，是指资本家将企业生产所获得的剩余价值重新投入企业的生产之中，以扩大企业生产，所获得的剩余价值越多，企业生产规模就会越大，且资本周转越快，扩大再生产的循环周期就会越短，在一定时间内带来的剩余价值就会越多。将扩大再生产理论应用到企业的创新过程中，就是将新产品、新工艺、新服务等在实现商业价值时所获得的经济效益，重新投入新一轮的创新过程中，以确保创新能够继续进行下去。企业的创新效率越高，创新周期越短，所获得的经济效益也就越多，就更能保证创新能够继续有效地进行下去。

二、高新技术企业创新效率内涵

在经济学中，效率问题也可以理解为资源的合理分配问题，所以，效率通常是指资源的投入和产出的比率，而创新效率是指创新的投入和产出的比率。技术效率通常是进行创新效率研究的核心内容，如果没有特别说明，效率就等同于技术效率，创新效率即为技术创新效率。对于高新技术企业来说，其发展的上限和未来的前途取决于其创新效率。

自改革开放以来，我国的综合国力有了很大的提高，特别是高新技术产业的发展，对我国的经济转型和产业升级产生了巨大的影响，再加上全社会对高新技术产业的高度关注，使高新技术产业的发展更加积极。此外，高新技术企业技术创新效率的高低，也会对我国经济的发展产生很大的影响，所以，它也成为衡量我国科技水平和经济发展状况的一个重要指标。因此，要想推动高新技术产业的发展，就必须提高高新技术企业的创新效率。

三、创新效率提升的优势

对于一般的高新技术企业而言，由于技术创新的滞后，很有可能会造成生产率的降低，从而使公司的营利能力降低，如果企业的资金链出现了问题，无法继续运营，那么就会有被行业淘汰的危险。因此，企业想要生存和持续成长，就必须要提升技术创新能力，也必须提升技术创新效率。对高新技术企业来说，提升创新效率具有重要的意义，它可以通过引进新的技术，对生产方式进行改进，并对生产力进行提高，进而对劳动力的效率和生产力进行提升。下面将对创新效率提升的九大优势进行分析：

（一）劳动生产率的提高

具有较高的创新效率，随着创新过程的持续推进，企业就会持续地获得专利之类的知识产权，从而形成一定的技术存量。而这又会反过来影响到公司的创新过程，降低新技术研发的成本，使公司的创新效率得到进一步提升，它们之间相辅相成，呈现一种螺旋上升的趋势。高新技术企业一般都拥有先进的技术和专业知识，具有较强的适应能力。这将使高新技术企业既在新兴行业中拥有较强的竞争优势，又能更好地服务顾客。同时，通过运用高新技术，可以使企业的生产效率、产品品质得到提升，进而增强其竞争能力。技术创新能够使企业实现自动化、数字化，从而使其在生产、经营、管理等方面都有较大的提升。例如，将智能制造技术与物联网技术相结合，就能够使生产线变得更加自动化、智能化，从而提高生产效率与质量控制的水平；运用数据分析与人工智能技术，可改善企业决策流程，提高企业的管理效率与决策准确性。企业创新效率的提高能够降低工人对劳动的依赖性，从而提高企业的劳动生产率。例如，自动化的设备能够解决许多原先需要人力参与的生产流程，自动执行代替了许多人力参与的过程，降低了人为失误的概率。同时，因为自动化生产的高效率，降低了雇员的疲劳感，逐步提升了雇员的工作热情，从而在整体上促进了企业生产率的提升。

（二）成市的降低

技术创新指企业对已有的各种资源、生产条件、组织架构与经营管理展开重新整合的过程，目的是构建有效的生产经营管理体系，进而达到企业利润最大化。技术创新需要投入一定的研究与开发成本，在产品的生产和运营过程中，高新技术企业需要利用新技术来实现规模经济性，提高经济收益，通常技术创新的投资成本较低，往往能取得事半功倍的效果。高投入意味着高的创新成本，而创新成本也是影响产品价格高低的一个重要因素。如果产品的价格太高，远超过了消费者所能接受的范围，那么就很容易造成产品的市场占有率下降，甚至出现市场需求的空白，使创新成本覆水难收，给企业带来无法弥补的损失。高新技术企业提升创新效率能够降低创新成本，也就是在减少创新资源投入的前提下，能够得到更多的创新产出，进而降低产品的价格，扩大产品的受众范围，获取额外的利润，促进高新技术企业的创新过程能够顺利地进行。

高新技术企业因在技术创新、产品质量等方面的独特优势，往往能对其成本进行有效的控制。降低生产成本，减少成品库存，节约人力和物力，这些优点使高新技术企业在市场上的投资价值更大。此外，科技创新可以强化管理效率和控制质量，为企业提供有效的生产工具和技术，推动流程的优化，从而极大地降低了生产、管理等环节的时间成本。例如，利用数字化的协作平台，员工可以实现跨时空、跨地域的信息交流，极大地缩短了产品的生产周期。同时，管理者利用先进的数据分析手段，能够更快地发现市场需求的变化，从而更好地了解企业的生产效率，为企业制订生产计划及发展策略，提升企业的经营效率。创新效率的提升还会让企业的创新能力进一步提升，从而提升企业的适应能力和核心竞争能力。在面对日益变化、错综复杂的竞争环境时，企业更具有柔性、较强的灵活性、便捷性和竞争能力，一方面，可以确保企业不会在受到外部环境的冲击时变得脆弱不堪；另一方面，还可以帮助企业抓住稍纵即逝的市场机会，并掌握新技术和前沿技术，处于更有利的创新地位，推动企业更快更好的发展。

（三）资源的可持续利用

技术创新有助于企业根据实际情况对有限资源进行有效的配置，创造出更好的生产效率，在技术上取得突破，从而提高企业的核心竞争力，实现企业的可持续发展。例如，采用较少的原料及燃料，降低生产成本，提高生产效率。此外，一些新的环境保护技术还能使环境污染与废弃物得到循环使用，从而避免了资源的浪费与经济上的损失。

此外，创新效率的提高还表明企业对创新资源进行了更加合理的配置，从而减少了不必要的浪费，进一步提升了企业的营销能力，促进了高新技术产品的品牌效应的产生，推动高新技术企业成为品牌。品牌效应还会增加受众对企业的信任度，让他们的产品在市场上获得更多的宣传和认可，同时受众对产品的黏性也会更高。这一积极的市场效应还会反过来作用于企业，将其转化为企业内在的创新动力，通过推动创新过程，有助于企业全方位能力的提升。

（四）保持核心竞争力

创新既是企业获取竞争优势的决定性要素，也是推进事物发展的基本前提。随着国际市场竞争的加剧，高新技术企业在日趋激烈的国际市场上求得生存和发展，就必须确立自己的核心竞争力，实现可持续发展。技术创新培育了高新技术企业的核心能力，而这些能力是在企业长期发展的过程中逐步形成的，如果一家企业失去了核心竞争力，那么它将会受到很大的损失甚至导致企业破产。企业通过技术创新的方式来建立自己的核心竞争力，通过保持核心竞争力来提升自己的竞争能力，使自己在市场上占有更强的位置，获得更多的市场资源，由此给企业带来巨大的经济利益。所以，企业需要以技术创新提升创新效率来推动公司的发展，技术创新是企业长期生存和发展的源泉，也是实现可持续发展的根本途径。

企业间的竞争主要有两类：一类是构建成本优势和打价格战，其核心理念是通过降低成本来获得竞争优势。价格竞争策略的基本思想是：采用技术创新或者减少生产过程中的耗费、获得更便宜的原材料、建立更加合理的销售渠道，这样就可以减少产品的生产成本，占据更大的市场份额，进而控制产品的销售定价，将大部分的竞争对手逐出共同的市场。另一类是差异化竞争，即创造出一种能引起顾客注意并能引起他们购买欲望的产品，以获得在市场上的竞争优势。产品的差异性在于其技术特性、功能特性、品质特性、品牌形象等。科技的进步对于改善产品的制造方式与工艺有着重要的影响。一方面，科技进步可以提高资源的使用效率，减少资源的使用；另一方面，引进先进的生产设备和生产技术使生产成本大大降低。成本与产品的差异化始终是企业竞争的关键，技术的创新能降低产品的成本，新的技术也能促进企业的产品差异化，只要企业能有效地运用自己的技术，就一定能在市场上战胜对手，取得领先地位。无论采取什么样的竞争方式，关键都取决于企业自身的技术发展。当然，技术发展是一项高投入、高风险的工作，所以，在技术发展的过程中，还需要建立一个良好的市场环境以及政策环境，这样才能将企业的创新动力完全激发出来，从而创造出最大的价值。

（五）市场拓展的优势

企业的技术创新能够增加其市场份额。通过技术创新，高新技术企业能改善其产品的质量与性能，扩大其市场份额。高新技术企业拥有自身技术创新的核心技术优势，能够推出更具有市场竞争力的产品。高新技术企业根据市场的需要，不断地对产品进行改进与创新，充分运用互联网等新兴渠道加强宣传与推广，使高新技术企业能够在激烈的市场竞争中处于有利的位置，进而赢得更多的市场份额。由于研究和开发的不断投入，高新技术企业的技术实力一直处于领先地位，能更快地对市场做出反应，从而提升产品的竞争力。高新技术企业由于其在技术上的突破与创新，可以带来新的商业机会与收益。同时，技术创新也促进了高新技术企业经营模式的转型。在技术创新的驱动下，企业可以采取共享经济、平台经济等新型经营方式来优化资源配置，从而实现价值最大化。这些新的经营模式可以帮助企业更好地适应消费者的需要，提高市场占有率与利润。

（六）人才引进的优势

高新技术企业是一个知识密集型的企业，它需要足够的人才来推动发展，而高新技术企业更高的创新效率能够吸引到更多的高素质的人才。首先，高新技术企业以其高工资、高福利、高科技和高知名度等优势，吸引了大量的科技人员。其次，高新技术企业重视对人才的培养，并提供了广阔的晋升空间与发展机遇，提供了一个良好的发展平台，进而激发人才最大潜能，为企业发展提供了坚实的后盾。

（七）提升企业形象和声誉的优势

提高高新技术企业的创新效率，可以提升企业形象与声誉。高新技术企业一般具有技术创新、研发实力强、市场前景好等特征，拥有更大的发展潜力和利润空间，这为企业的融资、上市等提供了更多的选择和机会，也可以吸引投资者、客户和合作伙伴的关注。进行技术创新，既能增加企业的经济效益，又能推动企业的持续发展。提高企业的形象与信誉，有助于企业在市场中树立起自己的品牌优势，增加在社会上的知名度，吸引更多的顾客，获取更多的商业机会，促进企业的发展，让企业在激烈的市场竞争中脱颖而出。

高新技术企业的成功对于提高一国的国际竞争力起着重要作用，它们在世界范围内展现出了自己国家的科技水平和创新能力。高新技术企业与国外企业进行合作，共享知识和技术，在国内科技领域中的地位得到了进一步的提升。高新技术企业发展壮大，不仅可以吸引外资，而且可以促进各国间的科技、经济等方面的交流，因此，技术创新能够提升企业的社会影响力。企业进行技术创新能够提升企业的社会形象，增强企业的社会影响力，从而推动企业与社会的和谐发展。

（八）有效推动经济增长

高新技术企业创新效率提升为经济发展做出了重大贡献。由于高新技术企业具有持续的创新精神，运用先进的技术和新颖的产品以适应市场的需要，可以吸引投资、创造就业，并为国家提供更多税收收入。同时，高新技术企业还能带动其他行业的技术升级和效率提升，从而推动整体经济的发展。随着信息技术、新材料技术、先进制造技术、生物技术等新兴技术的不断涌现与发展，高科技产业在经济发展中的地位变得越来越重要。技术创新对经济发展的促进作用主要表现在提高生产效率、创造新产业、推动产业升级三个主要方面。

1. 技术创新提升了高新技术企业的生产效率

技术创新可以提高产品的生产率，降低产品的成本，从而使产品的价格更具竞争性，从而促进市场的发展，这是经济发展的关键。以智能制造为例，智能制造是提高制造业竞争力、实现高质量、低成本、高效率的根本途径。在生产过程中，利用数字化设计、数字化工艺、数字化控制、数字化管理等技术，可以使生产效率和产品质量得到极大的提升，从带动企业的生产和经营效率得到提升，增强市场活力和竞争力。

2. 科技创新推动新兴产业的产生

新产业的崛起离不开新技术的应用，新材料、新能源、互联网、人工智能等都离不开科技创新。随着新技术的持续出现和发展，新产业随之出现，给经济发展带来了新的动能和机遇。例如，移动支付、电子商务等技术创新推动了新零售时代的到来，为消费者提供了更加便捷、快速、个性化的消费体验，推动了消费市场的发展。技术创新能够为社会带来新的产业机遇，改善产业结构以适应新的经济发展需求。以人工智能为例，人工智能研究的深入和广泛应用，让其成为新产业、新业态、新模式。从智能客服、智能家居到无人驾驶车辆、智能工厂，人工智能带来的经济收益和社会效益都不可小觑。

3. 技术创新推动产业升级

科技创新对于产业升级有着显著的作用。在我国经济高速增长的过程中，一些传统产业陷入了困境。而新产业的发展需要科技创新的支持。在产业结构转型的背景下，我国越来越重视科技创新，加快技术更新换代、促进产业升级。传统产业的转型升级需要从产品结构、技术水平、管理模式、服务模式等方面进行改善。科技创新可以为传统产业带来新的生产模式、新的技术和新的思路，实现产业升级。例如，利用互联网技术实现传统产业的"互联网+"转型，将传统产业从线下走向线上，实现企业的跨界拓展和资源整合。技术创新能够促进传统产业升级改造，使其更加具备市场竞争力。以新能源汽车为例，汽车行业是我国传统优势产业之一，随着世界汽车行业进入深度竞争期，新能源汽车的兴起为国内汽车市场注入了新的生产力和竞争力。

（九）能够带来社会福利

高新技术企业致力于解决当今社会的重要问题，并提供人们所需的各种创新产品和服务。例如，医疗技术公司的发展可以改善人们的健康状况，降低医疗成本。智能科技企业提供的新型设备和应用可以提高人们的生活质量，增加便利性和安全性。通过推动科学创新，高新技术企业对社会福利做出了重要贡献。与许多传统行业相比，高新技术企业更注重可持续发展。它们致力于开发和应用更环保的技术和解决方案，减少对资源的消耗和环境的影响。这些企业推动了可再生能源、清洁技术和可持续城市发展的进步。通过在环保方面的创新，高新技术企业为未来的可持续发展提供了更好的机会。

科技创新有力提升城市发展的智能化水平。在城市化进程中，城市智能化已成为城市发展的方向。科技创新为智慧城市建设提供了大量的技术支持，通过大数据、人工智能、智能传感等科技手段，实现城市数据的大量采集、整合和分析，从而让城市运作更具有智能化和高效率。

科技创新加速城市交通的发展。在城市化进程中，城市交通成为城市发展的关键点之一。科技创新带来的城市轨道交通、高速公路等，为城市交通的基础建设提供了重要支持，不断提升着城市交通的运行效率和安全性。

总之，高新技术企业创新效率提升影响是多方面且深远的，当前这并不仅仅是在工业和制造业的领域，而在社会和经济系统中，科技创新几乎在所有领域都转化为了机遇。未来需要端正态度，积极面对新机遇和新挑战，在各个领域中努力创新和发展，迎接智能时代的挑战。创新效率的提高使企业发展实现螺旋式上升，焕发生机，一个生机盎然、创新动能强劲的企业也会吸引更多的优势资源。在企业、社会、国家等层面上又会推动企业创新效率不断提高。可以说，高新技术企业的创新效率和企业发展过程相辅相成，两者呈现双螺旋发展样态，保证企业稳中向前，持续创新且不断发展。

第四节 高新技术企业创新效率提升的困境

随着市场经济的持续发展和科学技术的不断进步，高新技术企业也呈现出了蓬勃发展的态势。然而，在科学技术快速发展中，一些高新技术企业却没有跟上科技进步的步伐，它们在企业创新方面还存在着一定的局限。创新效率是推动高新技术企业发展的最直接因素，反映了一家企业创新发展的能力，而高新技术企业的创新效率会因为企业的异质性和创新环境差异而表现出较大的差异，这就要求企业根据自己的实际状况，不断地进行创新环境的优化。

中国企业的研发投入已由单纯追求数量向质量与数量并重的方向发展，当前存在的高新技术企业创新效率提升困难主要是受到成本、公司治理结构和行业因素的制约。

成本管理和公司治理是中国高新技术企业生存和发展的重要基础，企业容易因研发高新技术的投资高、周期长，陷入无法持续经营的困境，研发的高风险性使企业不得不在成本与收益之间衡量。高新技术企业所面对的是一个具有高度不确定性和竞争性的市场，而一个稳定的公司治理结构可以使高新技术企业集中精力进行创新。

一、高新技术企业创新效率提升的制约因素

（一）成本约束

高新技术企业创新效率提升的成本约束主要体现在劳动力成本和融资成本约束两个方面。

1. 劳动力成本

高新技术企业初期需要投入大量资金，但在科技成果市场化的阶段，投入的资源相对较少，导致技术创新的惠及范围有限。此外，我国大部分高新技术企业对技术创新的依赖程度很高，但技术创新的效率不高。我国属于人口大国，在劳动力密集型企业盛行的时期，由于人口的优势，企业生产的成本在国际上拥有很大的优势。然而，由于经济全球化所导致的产业结构和经济增长方式的变化，使我国正在逐步丧失这种竞争优势。因此，要想在全球范围内获得竞争优势，就需要大力发展高新技术产业，并对高新技术企业进行引导与鼓励。

人力资源是高新技术企业创新资源投入的重要组成成分，员工的协作决定着对其他资源的利用能力和利用效果。同时，员工是智慧的结合体，许多创新思想源自员工，作为企业创新活动的最终代理人，员工的知识积累和努力程度直接影响高新技术企业创新进程和创新效率。然而，随着人力资源质量不断提高，劳动力成本逐年攀升。

一方面，创新人才应用不到位，劳动力成本上升拉大企业间技术差距。无论是企业创新环境优化，还是企业的创新行为都需要以人才为基础，对创新型人才的充分利用能充分带动企业的发展，促进企业的创新。但是，在我国仍然存在一些高新技术企业在人才的运用和培养方面不到位，没有充分发

挥人才在企业创新中的作用，阻碍了高新技术企业的创新行为。这种现象出现在一些规模较小的高新技术企业中，他们对人才的重视和激励不到位，影响了企业的发展。此外，高新技术企业创新活动具有高投入、高风险并存的特征，能承担高工资的企业一般经营管理能力、研发能力和债务偿还能力均较强，通过高工资激发员工积极性和创造力，促进员工高效协作，增加离职的机会成本，实现创新能力、创新效率双重提升。然而，对于经营能力弱、研发水平低的企业，劳动力成本的提升成为企业成本压力，在面临资金约束情况下，企业的融资约束效应将放大，影响企业创新过程，导致技术差距拉大。

另一方面，劳动力成本上升可能改变企业最优生产方式，扩大生产可能性的边界。在劳动力成本提升、可替代性较强时，企业倾向于以资本要素替代人力资本，以更新生产设备等方式获得较高的生产效率，但这将以损失人力资本为代价。在智力资本、知识资源越来越重要的今天，从长期来看，高新技术企业面临人力资本质量提升和技术升级的需要，仅通过利用设备中的先进技术实现技术替代，并不能从根本上缓解危机。企业只有将劳动力成本不断上升的压力转化为创新的动力，增加创新性投入、加强研发能力、提高创新效率，实现向资本或技术密集型企业转型升级，提高核心竞争力。

2. 融资成本

高新技术企业的研发周期长，在创新过程中需要持续稳定的创新投资。但当企业出现资金紧缺等流动性风险，寻求外部融资时，资金的使用成本高，挤占了有限的研发资金。企业融资成本高，主要有以下三方面的原因：

（1）高新技术企业创新存在严重的信息不对称，这使企业很难获得外部的融资支持，创新支持也有待提升。强化高新技术企业的创新力度能更好地协调企业发展与企业创新之间的关系，以创新带动企业发展。高新技术企业需要大量的资金来支撑技术创新和产品研发，但由于高新技术企业初创阶段，难以获得银行贷款和投资公司的资助，资金问题成了高新技术企业的瓶颈，尤其是在一些小型企业中，他们在缺乏资金的基础上进行创新，限制了企业的创新效率。资金的支持在企业创新中尤为重要，尤其是在高新技术企业中，加强企业的创新支持力度能更好地促进企业创新。

（2）中国金融市场虽然经过金融改革，有了长足进展，但依然滞缓于经济发展，高新技术企业融资渠道匮乏，外部融资以银行为主导，然而银行偏好发展稳定的大型企业和国有企业，使中小企业及创业型企业难以获得融资支持，导致融资成本上升。

（3）融资困难与信用风险高，加大了高新技术企业的融资成本。投资成本高导致企业难以在长周期内保持稳定的研发资金投入，并且研发投入水平较低，这不利于企业创新，企业创新效率下降。

（二）公司治理结构

高新技术企业对自身的企业定位不明确，导致了企业创新方向不明确。随着我国科学技术的不断发展，科学技术发展层面和发展方向也有所不同，高新技术企业所能利用到的创新源泉自然有所不同，此时，许多高新技术企业因为对企业自身的发展方向不明确，抑或是对科技掌握不到位，从而导致企业创新出现了盲目的状态，这种盲目状态严重阻碍了企业的发展和进步。同时企业内部的治理结构对企业提升创新效率有重要作用。从企业权利结构来看，高管持股和股权制衡度都会对企业创新效率产生影响；从分配结构来看，高管薪酬作为一种短期激励也会对提升企业创新效率发挥作用。

1. 高管持股

高管是高新技术企业经营发展的核心，是影响企业是否开展创新、创新项目选择以及如何创新的最重要因素，高管的研发决策直接影响企业的创新发展。从长期激励的角度来看，高管的智力资本是企业的专门性资本，其人力资本价值的发挥依赖于长期的激励，从而有效缓解企业经营权与管理权分离导致的利益不对称问题，促使企业的人力资本超前于物质资本发展，扩大知识资本、智力资本对研发创新的影响力，提高创新效率。

从管理人员与权益所有者利益联结的角度看，高管持股有助于双方建立稳定的合作关系，促使高管积极投身于企业发展和创新活动中，避免机会主义倾向。高管如果能将自己的利益与公司的利益绑定在一起，有助于锁定高管注意力，以公司的长期发展为先导，把握市场动向，抓住发展时机，及时开展战略规划并准确判断研发的可行性和未来收益，高效实施新技术的研发项目，重视研发投入和高质创新成果，提升企业创新效率。

此外，高管持股也能增加股东对管理人员的信任度，有助于股东支持高管的管理方式和对公司未来的规划，给予精神上的激励，降低代理成本，提高公司整体协调性和创新能力。然而，值得注意的是，对高管的股权激励只是企业管理中的一方面，高管持股是否能发挥作用还取决于公司整体的人力资本、知识资本、物质资本积累，同时受到政策环境、融资环境的约束。

2. 股权制衡度

股权制衡度是指企业的控制权由几位大股东共同拥有，通过相互牵制和监督，抑制任何一方可能出现的掠夺和掏空行为。具体而言，股权制衡有利于促进企业股东参与到企业管理过程中，加强制衡力度，通过互相监督抑制机会主义行为，同时有助于吸引风险投资，还有助于企业降低被兼并、收购的风险，从而保障企业稳定发展和创新的可持续性。合理的股权制衡度以市场作为检验，企业的股权结构越能适应市场的发展，就越合理。

对高新技术企业而言，合理的股权结构应该不仅能约束大股东的行为、保持独立董事的独立性、降低中小股东利益受损的风险，而且能同时调解非股权结构因素，保证企业创新的持续性和稳定性，促进企业创新能力的提高和创新战略目标的实现，提高创新效率。当股权过度分散时，将使公司股东对管理层的监督出现真空，管理层的寻租行为得不到有效控制，极大地影响企业的创新投资，降低创新效率；当股权过于集中时将导致企业决策不民主，导致风险提高，创新成功的概率降低，创新效率下降。股权过于集中或过于分散都不利于企业创新效率的提高。

3. 高管薪酬

相对于股权激励，高管薪酬可以被认为是一种短期激励方式，体现了对高管短期失误、失败的宽容，但它能有效抑制高管对创新长期投入的高风险规避行为。如果企业创新效率稳定或不断提高，持续的创新成果产出将激发高管将更多资源投入于创新过程，而不会过度担忧研发的高风险和研发失败为自身形象或利益带来的损害，此时，较高的薪酬水平将加强这一循环过程，通过增加创新投入、高效管理，引致更多产出，从而加速创新过程，提高创新效率。

如果企业创新效率不稳定，较高的高管薪酬能在一定程度上体现企业对高管能力和特质的认可，缓解高管的后顾之忧，从而将精力集中于创新过程，完善创新管理，实现更高层次的研发产出，提高创新效率。从另一个角度来说，高管薪酬水平较高将引发股东对企业经营的干预，以确保高薪酬促进高管努力、专注于企业发展的有效性。

高管薪酬知情权迫使股东参与到企业经营过程，监督高管管理工作，一方面，能加强双方的沟通，降低双方信息不对称，避免股东为获利退出投资，同时避免高管为牟取私利发生机会主义行为；另一方面，股东的干预有助于高管在信息互通的情况下开展高风险、高收益创新活动，提高创新效率。当然，高额的高管薪酬回报可能在一定程度上挤压企业可运转的资金，导致研发投入资金减少，影响创新效率的变化。

（三）行业因素

1. 行业竞争程度

行业竞争程度作为高新技术企业发展的重要外部环境，在市场竞争处于不同状态时对企业的创新效率有较大差异。在市场处于垄断状态时，少数企业占据技术前沿地位，且规模庞大，是市场的主导者，当市场有技术先进的新企业出现时，被兼并和收购的可能性极高，很难在行业中以独立的形式存活，这将降低行业整体技术进步和效率提升的概率，不利于高新技术企业研究与开发高新技术，获得持续的发展。

随着高新技术企业的快速发展，在市场处于过度竞争状态时，产品同质化现象频繁出现，创新能力和市场拓展成为企业发展的瓶颈。企业承受来自人才、技术、资金的压力过大，使企业的创新过程受到强烈干扰，不稳定性和对未来的不可预见性导致企业以渐进性创新为主，以求稳妥，保证自己不因研发失败带来的巨大亏空而被挤出市场。在这种情况下，颠覆性的突破性技术很难出现，随着行业竞争的越发激烈，企业的盈利很难再获得增长，而维持既定创新和生产水平不足以支撑企业继续与同行业其他企业竞争，这时企业的发展将陷入停滞状态，创新效率不再增长。

当行业竞争以价格竞争为主时，恶性的"价格战"将一再压缩企业的利润空间，逼迫企业在成本线上下煎熬，维持正常生产已是极限，企业将无暇开展创新活动，创新的停止使企业逐步丧失竞争力，导致创新效率倒退。只有行业竞争处于适当状态时，适度的压力促使企业正确面对竞争，通过制度创新、技术创新推动企业管理效率、技术创新效率的提升。

2. 行业市场需求

供给与需求是市场发展的重要力量，没有市场需求，企业的供给将无处可去。特定企业处于特定的行业环境中，当行业市场需求呈稳定或高速增长态势时，行业的发展前景明朗，企业预期高产出将进一步获得利润，对行业发展持乐观态度。

在这一情况下，高新技术企业在加强生产活动的同时加大创新投入力度，促进生产率、创新效率同时提高，两者互相作用将形成稳定的螺旋上升结构，共同促进企业核心竞争力的提高，持续创造高额利润。而当行业市场需求呈现倒退趋势时，高新技术企业因无法对未来做出乐观判断，其创新动力转为对未来的隐忧，这将影响企业创新效率。

二、高新技术企业优化创新环境的必要性

对高新技术企业的创新环境进行优化，不仅可以促进企业自身的发展，还可以促进整个高新技术行业的发展，进而促进企业与市场经济融合，促进

企业与国家科技发展的结合。对于高新技术企业来说，有必要对其创新环境进行优化，企业要持续地推动其优化过程及持续的升级，与市场经济环境相适应，并积极地面对国内外的竞争与挑战。

（一）高新技术企业创新环境的营造是企业发展的基础

高新技术企业要实现可持续发展，就必须与市场经济环境相结合，对企业进行持续的改革，强化企业创新的力度，以此来推动企业的可持续发展。科技是高新技术企业的生命之源，高新技术企业要想取得长足的发展，就必须要持续地引入科技来推动企业发展。所以，企业要想取得长远的发展，就需要从自身的实际出发，为其创造一个更好的创新环境。

（二）优化高新技术企业创新环境是提升企业竞争力的必要条件

当前，差别产品是企业在市场经济中取得成功的重要因素，差别产品出现的前提就是创新，强化企业创新，例如，以高新材料为主的高新技术企业，在发展的过程中需要对高新材料展开持续的创新，使企业研发的高新材料具有代表性和前瞻性，得到社会各界的广泛认可，这样的企业才能在市场竞争中取胜。高科技企业要想提高其竞争能力，就必须要有一个良好的创新环境作为支撑。

（三）优化高新技术企业创新环境的对策

要对高新技术企业的创新环境进行优化，就必须将企业自身的发展规划作为前提，并与国内外先进的科学技术相结合，将企业文化的创新与企业管理的创新有机地结合起来，在企业的管理过程中，营造出一种良好的创新氛围，以此来推动高新技术企业的发展与进步，为高新技术企业的创新打下良好的基础。

1. 以创新为基础建立企业文化

企业文化是精神力量，可以推动一家高新技术企业的发展。那么，在创建创新型企业文化的基础上来推动企业创新环境的优化，将会取得事半功倍的效果。用创新的概念来构建企业文化，并持续推动企业文化和创新理念的融合，这为高新技术企业的创新环境提供了一个良好的基础，从而推动高新技术企业创新文化的优化。

2. 强化企业创新环境的管理

对高新技术企业的创新环境进行优化不是一件一蹴而就的事情，而是一个漫长的过程。从高新技术企业本身着手，必须要制定出一套科学、合理的优化方案，才能让高新技术企业的创新环境更加完善。然而，对于高新技术企业而言，这并不代表着企业创新环境优化的结束，它仅仅是企业创新环境优化的开始。高新技术企业要制定合理的管理方案，对企业创新环境优化过程中出现的问题进行总结，从问题的角度着手，持续地改善企业创新环境，最终确保企业创新环境的优化。因此，对高新技术企业而言，要持续地推动对企业创新环境的管理，提高企业创新环境的管理质量，确保创新环境的优化过程趋向于合理化，并与企业的创新目标保持一致，与企业的发展方向保持一致，用管理来推动企业创新环境的优化和升级。

3. 建立良好的激励制度

企业激励制度可以激发企业员工的工作热情，体现出企业员工的价值。制定一个合理的激励制度，不仅可以避免高新技术企业人才的流失，还可以有效地促进高新技术企业在对员工创新能力进行培养方面占据优势，为高新技术企业优化企业创新环境提供保障。因此，在航天航空、电子、材料等不同类型的高新技术企业都把激励制度当成了企业管理的一个重要环节，努力用一套合理的激励制度来推动企业的发展。

4. 加强企业对创新环境优化的投入

我国有着无数大大小小的高新技术企业。然而，不管它们以什么样的规模存在，想要对创新环境进行优化，就一定要制订合理的资金投入计划，以强大的资金支持来推动企业的发展。企业要建立一个合理的人才管理体系，推动高新技术企业人才结构的优化和升级，为企业优化创新环境打下坚实的基础。

第五节　总结与述评

首先，本章从高新技术产业的定义出发，对高新技术企业这一概念进行了界定。中国的高新技术企业是以高新技术为基础，从事一种或多种高新技术及其产品的研究、开发、生产和技术服务的企业集合。这些企业需满足注册时间、核心技术知识产权、科研人员比例、研发费用比例和高新产品收入比例等要求，其核心技术和产品属于《国家重点支持的高新技术领域目录》规定范围。中国发布了《高新技术企业认定管理办法》，旨在鼓励企业加强技术创新和知识产权的研发，以适应新的形势发展。高科技企业的认定条件包括研发活动的连续性、拥有自主知识产权的所有权以及以此为基础进行经营活动的商业模式。

这些企业通常以高新技术商品化为主要特点，具有高速成长的显著特征。国家高新技术企业的认定需要综合考量技术、管理、服务、人员、经营业绩和资产状况等因素。中国的高新技术企业主要涉及电子信息技术、生物与新医药技术、航空航天技术、新材料技术、高技术服务业、新能源及节能技术、资源与环境技术以及先进制造与自动化等领域。其中，电子及通信设备制造业的企业数量和营收规模均名列前茅，医药制造业和医疗仪器设备及仪器仪表制造业的营收规模也较大。高技术制造业的工业总产值和净利润均呈现快速增长趋势，其中电子及通信设备制造业的工业产值占比最大，对高技术制造业的利润增长贡献较大。

其次，介绍了中国高新技术企业创新发展的趋势和现状，包括专利申请、创新投入、工业总产值、从业人员等方面。国家技术创新体系对高新技术企业创新技术水平的提升起着指引性的作用，2009~2021 年，高新技术企业专利申请数量逐年增加，其中，发明专利申请数占比最高，其次是实用新型专利申请数，最后是外观设计专利申请数。在专利授权方面，实用新型专利申请授权数占比增加，发明专利申请授权数占比保持在 20% 左右，外观设计专利申请授权数占比下降。总体来看，高新技术企业创新发展的趋势是技术水平不断提升，创新主体之间的合作联动更加紧密，表明我国高新技术企业的技术创新能力和国际竞争力在不断提升。同时，高新技术企业的工业总产值、营业收入、净利润、从业人员数量和出口创汇均呈增长趋势，国家对科技创新的支持力度不断加大，R&D 经费支出占国内生产总值比重不断提高，科学研究与开发机构的经费支出和专利申请数量均呈增长趋势。

再次，介绍了高新技术企业创新效率的内涵和重要性，以及创新效率提升的优势。提高高新技术企业技术创新效率是促进高新技术企业发展的必要手段，是企业持续发展的关键因素，对于我国的经济转型和产业升级也有重要影响。科技创新能够显著提高企业的生产效率和产品质量，帮助企业更好地适应市场变化和满足客户需求，增强企业的竞争力和投资价值。主要体现在以下四个方面：

（1）高新技术企业创新效率提升具有强大的市场优势，可以推出更具竞争力的产品。企业技术创新能力和市场拓展能力是企业竞争力的关键因素，通过技术突破和创新，高新技术企业能创造新的商机并增加收入，采用新的商业模式如共享经济和平台经济，实现资源优化配置和价值最大化。同时，高新技术企业还具有独特的竞争优势，更容易进入新兴市场并扩大市场份额。

（2）高新技术企业创新效率提升还具有人才引进优势，吸引科技人才并提供广阔的发展平台。高新技术企业作为知识密集型产业，可以吸引大量科技人才加入，并提供良好的培养和晋升机会，从而激励人才发挥最大潜力，推动企业发展。同时，创新的企业文化和良好的发展前景对许多技术人才具有吸引力，高素质人才为企业注入新的活力和动力，帮助实现持续创新。

（3）高新技术企业创新效率提升还降低了创业成本，推动创业模式的不断发展，利用互联网平台，创业门槛降低，吸引更多有独特想法和技能的人加入创业大军。科技创新还提供了新的商业模式，如共享经济、分布式电子商务、社交电商等，为创业者提供了更大的发挥空间和更多的商业机会。

（4）高新技术企业创新效率的提升对于经济效益、企业形象和声誉都有积极影响，吸引投资和上市等机会，具备更大的发展潜力和利润空间，对经济发展具有显著的促进作用。同时，科技创新提供了新的商业模式，为创业者提供了更大的发挥空间和更多的商业机会。科技创新还能提升城市发展的智能化水平和加速城市交通的发展，对城市化进程起到重要促进作用。科技创新对于产业升级也有着显著的作用，传统产业需要科技创新的支持来实现产品结构、技术水平、管理模式、服务模式的改善。

最后，讨论了高新技术企业创新效率提升面临的困境，虽然科技不断进步，高新技术企业也在不断发展，但有些高新技术企业在创新上依然存在局限性。

创新效率是促进发展的直接因素，但我国高新技术企业的投资效率整体不高，整体创新效率也不高。高新技术企业创新效率不高的原因主要是创新成本、公司治理结构和行业因素的制约，其中成本约束是重要原因，因为劳动力成本上升会拉大企业间技术差距。此外，高管持股和股权制衡、股权激励对高新技术企业创新的影响，以及行业因素对高新技术企业创新效率的影响也被探讨。在市场衰退时，高新技术企业的创新动力会受到影响，导致创新效率下降。因此，优化高新技术企业的创新环境对于企业发展和提升竞争力至关重要，高新技术企业需要从自身实际情况出发，结合国内外先进科学技术，优化企业创新环境，以提高创新效率。例如，规模较小的高新技术企业需要加强对人才的重视和激励，高工资能提高员工积极性和创造力，促进创新能力和创新效率的双重提升。同时，股权结构的适度性也对创新效率产生重要影响。

总之，高新技术企业的创新效率和企业发展过程相辅相成，创新是推动企业发展的必要手段，优化创新环境是提升高新技术企业创新效率和核心竞争力的关键。中国的高新技术企业在技术创新、经营效率等方面具有较高的竞争力。这些企业通过不断的技术创新和优化产品、工艺、服务和管理方式，提高了竞争力和创新能力，实现了经济的快速发展。同时，我国高新技术企业在技术创新和知识产权保护方面也得到了鼓励和支持，对我国的经济发展起到了积极的推动作用。

第四章　组织冗余对高新技术企业创新效率提升的影响分析

组织冗余存在于高新技术企业的创新过程中，企业的创新能力再造可合理利用企业内部的冗余资源，由此提升整体核心竞争力。并且当企业面临资源短缺等问题时，冗余资源可以弥补不足，帮助企业在危急时刻应对风险。冗余资源在企业中以不同的形式存在，许多研究显示，不同的冗余资源在企业运营过程中发挥着不同的作用。大多数实证研究认为，组织冗余会影响企业的创新效率，其具体的影响形式包括线性结构、正 U 形或倒 U 形、S 形等。众说纷纭，尚无明确结论。一些研究结果似乎与直觉相反，这可能主要是由于组织冗余与企业创新效率之间的关系模式看起来简单明了，但仍存在一些重要的调节作用和途径，可能会导致截然不同的研究结果。

第一节　组织冗余与高新技术企业创新效率的正向关系机理分析

党的十九大报告多次提到"创新"一词，创新早已成为国家和企业重点关注的问题。企业创新从创新理念到创新产品等环节是一个漫长的演变过程（鞠晓生等，2013），由于不能及时应对复杂多变的外部环境需求，创新成果的延迟会导致创新绩效存在高度不确定性。同时，企业创新是一个复杂而具有挑战性的过程（沈渊和漆世雄，2014），创新人才留不住、创新知识对创新人才的黏性等因素是创新效率不确定性的原因。这使企业外部融资难度陡增，企业的经营活动也会受到一定的影响。

自 20 世纪 60 年代"冗余"的概念被提出以来，大量学者热衷于研究冗余的概念和结构。组织冗余是指企业中多余的资源得不到利用，当外部环境资源有限时，冗余资源可作为企业内部资源发挥创新活力。Bourgeois（1981）认为，组织冗余是企业实际状况中存在的潜在资源，通过保留企业的实际运营资源，及时调整其内部资源，并完成战略变革，可帮助企业应对外部风险。当前我国制造业企业管理水平参差不齐，企业内部冗余较多。冗余资源对于创新而言十分关键，对企业创新活动的开展十分重要。从组织理论可知，外部环境变化会对企业造成一定的影响，在外部不确定性增加时，企业可直接消耗冗余资源，降低创新过程中的资金约束，保证企业有足够的创新资源，减少创新失败带来的隐藏消耗，从而提高创新效率。同时，组织冗余也可在该过程中起到一定的缓冲作用，通过对组织冗余进行应用与消耗处理，企业可满足不同的资源需求，避免基本业务流程中断，保护企业核心资源，促进企业创新的和谐发展。

许多学者对组织冗余进行了分类，并研究了不同类型的组织冗余产生不同影响的可能性。组织冗余可分为可利用冗余、可恢复冗余和潜在冗余三类。可利用冗余指企业中已存在的可以使用的过剩的创新资源（Meyer & Leitner，2018），是组织冗余中最具流动性和易于获取的资源，如现金和有价证券（Voss et al.，2008）。可利用冗余可以被用于捕捉企业拥有的尚未开发的，但随时可以利用的资源，这种资源很容易被管理者配置到创新活动中（Huang & Li，2012）。当可利用冗余达到一定的程度时，由于存在可利用冗余，管理者更有可能寻求有前景的项目，增加企业创新产出（Nohria & Gulati，1996），从而提高企业的创新效率。当可利用冗余承载能力超标时，额外的可利用冗余能在一定程度上提升企业的创新能力，促进创新效率的提升。可恢复冗余又称已吸收冗余，是指已经进入企业流程、被企业吸收了的资源（Meyer & Leitner，2018），它要大于企业日常运转所需的资源。组织行为理论认为，组织冗余为企业创新提供额外可使用的资源（Laffranchini & Braun，2014），管理者可以更自由地决定是否应该开展新项目。在企业面对环境剧烈变化时，组织冗余可以保护企业技术核心免受影响（Josep et al.，2018），从而提高创新和创新效率。已吸收冗余通过公司收购良好的设备、剩余的人才、探索和使用渠道、长期客户预订以及与政策相关的外部社会关系，有助于公司快速应对国外市场的变化，充分了解创新过程中多位客户的风险和需求，提高资源效率。鼓励员工和领导者真正创新，增加成功的机会。容纳已吸收冗余越多的部门的能力越强，可以更好地表达意见。例如，研发团队可以快速将新产品推向市场，提高研发创新的动机和准确性，并鼓励公司投资于企业创新活动。又如，闲置工厂，它可以解决企业在技术创新和生产新产品后的储存问题。同样，闲置的机器和设备也会被利用。在可恢复冗余资源被恢复的前期，冗余资源可以起到缓冲作用，为企业创新提供必要的资源，以维持经营进度，帮助企业实现范围经济（Chen & Huang，2010）。当企业突然接到大订单而库存紧缺时，多出来的员工可以加快产品输出的频率，使企业从产量中断的困境中走出来，有助于企业开展更多的创新活动（Nohria & Gulati，1996），提升创新效率。适量的可恢复和可利用的组织冗余资源能够让企业拥有更多的创新资源，为企业管理者以及员工有充足的资源得以调用。潜在冗余有利于高新技术企业提升创新效率，企业无须过分担心产品的短期绩效与研发成本，剩余潜在冗余可为企业提供一定的产品试错概率（Geiger & Cashen，2002），潜在的组织冗余对企业的创新力再造十分有利，对企业的创新活动起到"缓冲"的作用，因而会提升创新效率。

有研究者根据组织冗余的流动性和具体使用情况，以及企业在技术创新投资方面的差异，探讨了沉淀性组织冗余和非沉淀性组织冗余的影响。以中国高科技企业为样本，一些研究者提出非沉淀性组织冗余对创新的影响更大。然而，由于冗余资源的不同特点，流动性程度不同的冗余资源，在企业创新过程中起着不同的作用。沉淀性冗余资源更多的是企业生产系统的内部资源，与企业的核心业务关系密切。沉淀性冗余可以有效保护由企业特定职能组成的组织核心（Chen & Huang，2010；李晓翔和刘春林，2011）。例如，通过提升研发人员、基础设施设备和管理的成本，这些典型的沉淀性冗余可以在公司有需要时立即部署，为公司提供直接帮助（王亚妮和程新生，2014）。因此，当企业的日常运营受到外部创新威胁时，企业会努力保护组织核心，以增加沉淀性冗余，也就是说沉淀性冗余能够和创新一同增加。相比之下，非沉淀性冗余更具灵活性和机动性，更容易被发现和重新设计，所以企业主要通过消耗非沉淀性冗余来应对资源稀缺带来的各种冲突（李妹和高山行，2011）。随着业务创新的进行，组织内非沉淀性冗余将会减少。企业的创新发展达到一定水平时，创新投资的稳步增长有利于企业创新，从而有利于提升企业的创新效率（Amit & Schoemaker，1993）。沉淀性冗余与核心业务运营对于关键业务流程十分关键，能有效保护企业免受外部风险威胁。非沉淀性灵活冗余有助于企业进行风险管理。随着企业继续投资于创新，他们寻求积累沉淀性和非沉淀性两种类型的组织冗余，以减少或避免公司在下一次危机中的潜在损失。专家进一步分析得出，沉淀性冗余很难用于其他创新活动，因为它们具有高度的独特性，保持类似状态的成本很高，这对企业的技术创新以及快速提供资源来管理复杂和危险的环境产生了负面影响，减少决策冲突可以对企业的技术创新产生的积极影响（李宁娟和高山行，2017）。

有学者将冗余资源分为已吸收的冗余和未吸收的冗余，前者是指服务于企业且难以再利用的冗余资源，后者是指企业可以灵活使用以应对不可预见的突发事件的冗余资源。Jensen 和 Meckling（1976）提出，基于信息不对称性，冗余被认为是企业未充分利用的资源。冗余资源激励管理者的行为是个人获取收益的方式。未吸收的冗余资源可以突破技术壁垒和制约，促进组织变革。Singh（1986）认为，组织冗余资源是通过对企业内部的实际资本，如运作资本、管理或销售费用，对证券或其他交易市场内的冗余资源合理吸收，并将绩效考核指标定为主观评估与资产报酬率两个部分，得出企业高绩效与企业的冗余资源之间存在紧密联系。Hambrick（1981）研究企业资产报酬率与未吸收冗余之间的关系，主要考察运作资本与资产负债率在销售收入中所占的比率。Tan 和 Peng（2003）对利润率与销售费用、企业储备基金、折旧基金之间的关系进行研究，得出企业绩效与未吸收冗余资源之间存在正相关关系。已吸收的冗余也可以支持企业在人力资源和管理效率方面的创新。已吸收冗余作为组织过程中吸收的冗余，对企业创新氛围的营造相对不敏感，在潜移默化中可提升企业核心竞争力。

此外，根据企业的实际资源，可将组织冗余分为财务冗余、关系冗余、技术冗余等。冗余资源对于企业进行项目创新以及抵御外部风险十分重要（Tan & Peng，2003）。资源环境的不确定性会显著改变组织冗余与企业创新之间的关系。资源有限的公司无法开展创新和研发活动，也无法承担创新风险和研发失败，因此资源丰富的公司更具创新性。冗余资源有助于创造探索商业创新的环境，并为开展商业创新活动提供充足的资源支持。组织储备是公司持有并用于缓冲外部环境变化和压力的一套经过适当调整的资源。同时，它也提高了企业决策的"容错性"，资源的增加使企业的投资试错承受能力增加。额外资源可促进企业进行额外的创新投资。钟和平（2009）将河南省283 家企业作为案例研究人力资源冗余，企业内部存在适量的资源冗余，可实现企业在技术创新过程中的可利用率最大化，组织冗余对企业的创新效率有正向影响。财务冗余是企业内部的物质资源再生的另一种表现形式，可有效推动企业的高质量发展。可利用财务冗余是企业再生资源与创新需求之间关系的体现，主要体现为企业内部的资产与流动性现金等，可在企业长期竞争中保留抵御外部风险的能力，主要表现为变现能力强以及灵活性高等，在企业的创新活动中可利用性较高，可促进企业的高质量发展（Zahra & George，2002）。关系冗余是企业所处的社会关系网中，组织之间存在资源的累积叠加。企业拥有较为复杂的冗余关系，反而更难获取外界丰富多样的信息。企业存在的冗余关系越复杂时，信息获取难度越低，可获得较多的外部支持。技术冗余是企业自主研发或向外购买的，但往往并未在实际操作中发挥出其内部价值，其特征为高度的未知性与不确定性，通常表现在研究时间与资金投入两个方面。高新技术企业通过判断市场走向，对企业未来的创新与技术开发进行有效判定。在技术飞速发展的状况下，高新技术企业的技术冗余即为原有技术。技术冗余能为高新技术企业在开展相关创新活动时提供有效的技术支持，并通过高额回报与产出帮助企业技术创新进行有效运转，借此达到企业提升其创新效率、降低研发成本、提升科研水平的目的。

企业创新效率是指企业在进行创新活动时产出与投入之间的关系，可以通过计算创新成果与创新投入之间的比例来评估。企业创新效率并非受单一因素的影响，而是受创新过程技术研发及转化两阶段各要素的共同作用（Battese & Coelli，1992）。创新发展过程中均会存在没有被企业充分使用的、暂时闲置的资源，这些资源称为组织冗余或冗余资源，主要由财务、人力、关系网络、器械设备等组成。高新技术企业的创新活动需投入巨大的精力，因此提高创新效率对于企业来说至关重要。创新效率的特点包括创新活动具有不确定性和风险性。由于创新往往涉及新技术、新产品和新市场，其结果难以预测，存在较高的风险，组织冗余可以提高创新活动的容错能力。高新技术企业在提升创新质量的过程，需要大量的知识、信息、知识产权等外部资源，同时还需从企业内部寻找和挖掘有利于创新的组织冗余（Pan et al.，2018）。组织冗余的存在主要是为了保存超出维持企业日常所需的组织内部资源（Laffranchini & Braun，2014；Josep et al.，2018），它可能是由于企业前一阶段的计划不周而产生的（Voss et al.，2008），能够在企业面对经济衰退等动态环境时，对企业的技术核心提供保护（Josep et al.，2018）。如果高新技术企业仅仅重视搜寻与引进外部资源，不重视内部组织冗余的挖掘，容易陷入被资源浪费拖累的困境。组织冗余与企业创新效率存在较为显著的影响，当组织冗余为企业创新提供了额外可使用的资源时，能够为企业起到缓冲的作用（Laffranchini & Braun，2014；Soetanto & Jack，2016），支撑管理层的战略举措，提升创新效率。企业创新行动的开展需要得到资源，如果企业创新活动的资源不足，其创新活动也就无从谈起。正规资金渠道的限制性会导致创新绩效较弱，在这种情况下需要使用冗余资源。冗余资源是企业生产经营过程中的剩余资源，尤其是制造业企业。企业管理者可以利用这些资源，一且发现创新机会，就可以立即将冗余资源分配到创新活动中。管理者根据企业的发展情况，结合企业的冗余资源，对企业管理方法进行最优选择。如果一个组织的冗余资源很少，管理者为提升绩效，通常会采用改善内部管理以及降低成本等方式，并不将创新活动考虑在内。充足的冗余资源可以弥补系统的不足，减轻组织变革的影响，提高企业的风险承受能力和高风险技术创新项目的实施概率，最终提高创新效率。Cyert 和 March（1963）认为，冗余资源能够鼓励企业进行新的实验探索。解维敏和魏化倩（2016）指出，当存在较为丰富的非沉淀性冗余时，管理层往往倾向于放松对资源的管控，不再积极规避风险，因而有利于创新活动的开展，并最终促进创新效率的提升。陈爽英等（2016）则主张高水平的冗余资源让企业得以承受创新失败导致的损失，因此提高了创新活动的强度，不断鼓励企业进行新的创新探索。Cyert 和 March（1963）提出，企业对于新产品与新技术的开发可在现有冗余资源的基础上进行，从而提升企业抵御外部风险的综合实力。Tan 和 Peng（2003）认为，组织冗余具有减少企业内外部矛盾冲突，应对外界变化的作用，因此对创新活动具有支持作用。Kim 等（2008）验证了财务冗余与企业研发投入间的正向关系，发现股权结构越集中，两者的正向关系强度越高。李晓翔和霍国庆（2013）通过对科技型中小企业进行问卷调查，得出了沉淀冗余与产品创新间存在显著正相关关系的结论。组织理论学者指出，当企业的创新效率越高时，其冗余越明显，适度冗余可在一定程度上对企业的创新效率进行有效提升。冗余是对企业内部可利用的潜在资源的转化，可将资源进一步内化为企业组织目标，其外部影响主要体现在以下四个方面：一是作为外部诱因，以额外报酬形式奖励给组织成员（Cybert & March，1963）；二是可以解决外部各项冲突，大部分冲突是因资源稀缺所导致的；三是作为应对外部环境的缓冲器，确保企业的核心技术在外部环境发生变化时并未受到较大影响（Cheng & Kesner，1997）；四是促进企业创新活动与战略行为的开展，如不断研发创新产品进入新的市场。其中，最为关键的是，在环境动荡时，冗余对企业创新绩效的表现尤为明显（D'Aveni，1994）。经验和知识的铺垫以及学习能力的提升，使行业准入门槛不断提高，它是企业可持续竞争优势的重要来源（Duguet & Monjon，2002；伦蕊，2016）。企业创新能力不断增强，风险降低，企业的内核趋于稳定，企业经营逐渐步入正轨（李晓翔和刘春林，2011）。国内外大多数研究者认为，在企业行为理论和资源基础观（Carter，1971；Nohria & Gulati，1996；Cheng & Kesner，1997；Singh，1986）的支持下，组织冗余对企业创新有积极影响，具体表现在以下四个方面：一是组织冗余使企业内部的员工晋升空间更大，企业创新活力随之升高，而如果企业的人力和物力资源不足，创新等活动就不可能发生（Cyert & March，1963）；二是组织在进行实际宏观创新过程中可有效利用组织冗余，如引进新产品进入市场或对原有产品进行技术创新；三是企业在做外部决策时，矛盾冲突较为明显，组织冗余由于资源后盾的作用可在一定程度上减少较多冲突，推动企业技术发展（Bourgeois，1981）；四是组织冗余在企业的内部外环境中充当资源缓冲器，避免企业因创新失败遭受过高的损失，为企业创新提供强大的支撑（Nohria & Gulati，1996）。

高新技术企业是对企业组织结构的高度集中与整合，在实际运作过程中涉及多门学科与技术，其特征主要表现在专业技术过硬、创新型人才突出、综合实力强等方面。由于外部市场环境复杂多变，高新技术企业为在市场中占有较高的竞争优势，通常技术更迭速度较快、资源整合更为明显。因而，高新技术企业在实际操作过程中进行技术创新时，对各种组织冗余进行合理利用，将会创造出较强的实用价值。高新技术企业的创新活动常常面临风险和不确定性，因此具备较高的容错能力对于企业至关重要。组织冗余的存在可以使企业在创新活动中出现失误或故障时能够及时调整和处理，减少创新活动的风险。组织冗余的存在使企业能够及时调整和处理创新活动中存在的各类问题与挑战，从而提升创新活动的效率。由于高新技术企业的创新活动往往涉及多个部门和岗位之间的协同合作，因此需要良好的组织协调和沟通能力。组织冗余的存在也可以提供更多的资源和选择，从而提高创新活动的效率。此外，企业创新活动需要合理的资源配置。并且创新活动需要适当的人力、物力和财力投入，如何合理配置和管理这些资源对于提高创新效率至关重要。该企业在资源分配上有冗余，在开展创新项目时，会提前配置一定数量的资源作为备用，以应对突发的资源需求或变化。这种资源储备的策略使企业能够及时调动所需的资源，不受外部环境变化的限制，提高了创新效率。组织冗余的存在可以提供更多的资源选择和管理方式，帮助企业更好地进行资源配置和管理，提高创新活动的效率。

对于组织冗余与高新技术企业创新效率的正向促进作用，主要体现在以下三个方面：首先，对于资源储备和分配的灵活性。高新技术企业的创新活动需要大量的资源支持，而市场和技术环境的快速变化可能导致资源供需的不匹配。组织冗余可以提供资源储备和分配的灵活性，当某些资源短缺或需求剧增时，可以通过调动冗余人员和资源来满足创新活动的需要，从而提高创新效率。组织冗余可提供更多的资源选择和管理方式，使企业能够更好地利用和整合内部资源和外部资源，扩大创新活动的范围和深度，增加创新的可能性。其次，信息传递和协同合作的机会。创新活动通常需要集合多个部门和团队的知识和技能，涉及跨部门、跨领域的合作。不同部门和团队之间定期举行项目报告会和技术分享会，以促进信息共享和协同合作。冗余成员的存在为团队提供了更多的交流机会，加速了问题的解决和创新活动的进行。组织冗余通过促进不同部门和岗位之间的协同合作，增强了创新活动的效率。组织冗余可以提供更多的协同合作机会，促进不同团队和个体之间的信息传递和交流。这有助于消除信息孤岛，加快问题解决速度，提高创新效率。最后，知识传承和学习能力的增强。在高新技术企业中，员工的知识和经验对创新活动至关重要。然而，员工离职或岗位调动可能导致知识流失和技能断裂。组织冗余可以通过知识传递和学习机制来弥补这一缺陷。当员工离职时，其他冗余成员可以接替其职责，并通过内部培训和知识共享来传承和积累知识，从而提高创新效率。通过以上分析可以看出，组织冗余对高新技术企业的创新效率具有正向影响。

第二节　组织冗余与高新技术企业
创新效率的负向关系机理分析

　　组织冗余是指在一个组织中存在着相同或相似功能、决策权力和工作岗位的重复，这种冗余可能导致资源浪费、信息流失和决策效率降低等问题。高新技术企业是指以高新技术为核心竞争力的企业，其创新效率是衡量企业创新能力和效果的重要指标。高新技术企业作为现代产业的重要组成部分，以其技术含量高、贡献大、发展快的优势，成为国家经济发展的重要支柱。这类企业面临的市场竞争非常激烈，要获得持续优势，就需要不断通过技术创新来推动产业发展。在当今这个日新月异的时代，组织冗余对企业开展创新活动的影响必不可少。本节将探讨组织冗余与高新技术企业创新效率之间的负向关系机理。

　　组织冗余是指当企业的外部环境发生变化时，其内部的储备资源并未带来实际收益，且代理理论认为，当企业拟进行创新时，其外部风险较大，经理人往往会将利益需求置于首位，这使原本用于企业正常运转的资源被占用，企业的冗余资源在保存或运输方面产值降低，企业无法在现有资源的基础上进行合理创新。就代理理论而言，委托—代理行为使股东与经理人之间存在一定的利益偏差，经理人为明哲保身，在确保自身利益不受损失的情况下，放弃无法在短期内取得高收益的项目。此外，管理者会因冗余资源的过度化而出现盲目自信的情况，管理者在这样的心态下，为寻求外部认同，而出现不根据客观情况随意投资的情形，此时，企业内部的生产投资会出现"挤出效应"，企业的创新效率将会大大降低。组织冗余会导致组织惰性，使管理者感受不到紧迫感（Kraatz & Zajac，2001）。过多的组织冗余使管理者不愿意学习新知识来提升其现有的能力，从而抑制企业创新。代理理论对于组织冗余的认知十分消极，认为组织冗余在导致企业效率低下的同时，还会带来部分生产方面的浪费问题。部分学者基于代理理论与资源约束理论，认为两者之间存在负相关关系。主要原因为：首先，Child（1972）指出，组织冗余是由于企业内部的资源过剩，而使资源利用效率不高，这使企业的管理运营成本持续下降，对企业的创新活动十分不利；其次，当企业内部组织冗余资源丰富时，管理者会表现出盲目乐观与自信，面对外部环境时危机意识逐渐减弱，无法对创新活动保持较高的专注力与积极性，从而企业使出现盲目扩张、追求名誉等行为（李晓翔和霍国庆，2015；Keupp & Gassmann，2013）。Leibenstein（1969）、Williamson（1963）等认为，冗余对于企业十分没必要，是对企业内部权力斗争行为的一种浪费，管理者利用自身特权无法承担相应的工作，导致企业运转效率低下，这使企业的创新步伐被减缓。委托—代理理论认为，企业管理者由于外部环境或自身认知情况的影响，其组织冗余较高，但由于企业内部的资源存量有限，组织冗余将会在一定程度上占用企业的经营性投资，这使企业在研发创新中的投入比降低，企业的创新能力进一步减弱。当企业的组织冗余逐渐增多时，管理层的自私自利欲望随之增强，不利于企业对自身资源的合理化利用，对于企业未来的创新发展十分不利。资源约束理论指出，当企业面对冗余时，会安于现状，选择合理的方式应对外部压力，并针对外部市场变化积极调整企业需求与动机，因此，对于企业的战略调整与创新活动的开展十分不利。此外，冗余将进一步分散管理层的投资目标，导致行为摩擦，形成对于企业内部创新的挤出效应。

当前对于企业绩效与组织冗余之间的研究，组织冗余指标丰富多样，市场地域各异，并未形成统一的结论。组织冗余的表现形式多样化，在社会责任、并购行为、竞争行为等方面，推动企业的研发绩效与成长绩效。委托—代理理论指出，企业管理者在面对企业管理时，由于"面子工程"等方面的问题，会产生较高的冗余资源，但企业的资源总量有限，当冗余资源所占比例较高时，会对企业的经营资源产生一定的影响，企业在创新研发方面的投入也会随之下降，此时会对企业的绩效产生较多负面影响。相关研究显示，组织冗余资源可作为企业应对外部环境变化的缓冲剂，在推动企业创新的过程中推动企业发展。

外部性理论指出，企业绩效与环境之间的联系较多，外部环境会影响企业管理者对企业资源配置的判断，最终影响企业的绩效。Bourgeois（1981）对组织冗余进行分类，从可利用冗余资源、可恢复冗余资源以及潜在冗余资源三大类出发，分析组织冗余在企业内部的上传下达与调节作用。

可利用冗余是并未被企业利用或吸收的资源，其流动性较高，因而，企业在对冗余资源进行利用时需保持高灵活度。可利用冗余满足企业生产需要的资源投入后剩余的资源累积，它是不必要的成本，会造成企业低效率。代理理论认为，组织冗余是资源的浪费，是低效率的根源，管理者可以利用组织冗余进行低风险活动，抑制管理者的冒险精神和创新（Huang & Li，2012；Suzuki Osamu，2018）。因此，企业的可利用冗余资源较高时，管理人员会因自身利益将资源用于个人享乐，并不会用于企业的绩效提升。另外，可利用冗余可能导致管理者规避风险，使管理者在进行创新项目的决策时变得放松，使企业面对环境变化变得反应迟钝（Yang et al.，2009），导致一些次优的创新项目被管理者采纳，进而降低企业的创新效率。可利用冗余也是被用于捕捉企业拥有的尚未开发的但随时可以利用的资源，这种资源很容易被管理者配置到创新活动中（Huang & Li，2012）。可利用冗余是满足企业生产需要的资源投入后剩余的资源累积，是不必要的成本，会造成企业低效率。

可恢复冗余是并未被企业充分利用与吸收的资源，主要是企业在销售、财务、管理等方面的费用较高。企业对于可利用冗余资源的利用度不高。企业面对外部环境的创新程度不断提升，产出的各类产品以及管理方式不断被社会以及其他组织所吸纳，当企业无法与时俱进更新内部创新思维与管理方式时，可恢复冗余资源的存量扩增，这使企业并未对环境改善中的技术及时更新，企业的生产效率无法提升，这对于企业整体绩效发展十分不利。同时，可恢复冗余也是一种已经承诺用于特定用途的通用资源，过剩的产能一般无法轻易回收，因此很难重新部署（Voss et al.，2008），且不规范的冗余资源的分配会降低企业创新效率。管理者战略决策上的错误，可能会造成企业潜在冗余的配置与其外部环境不匹配，抑制企业的创新能力和工作效率。当可恢复冗余超过一定程度后，并不利于企业创新效率提升，其原因可能是，可恢复冗余是已经被吸收到企业中的资源，其需要时间和实质性的组织变化去解锁（Laffranchini & Braun，2014）。当可恢复冗余过多时，其不灵活的特质就会显现出来。

潜在冗余是指管理者潜在的未来可以利用的资源，用来衡量企业可获得的债务数量（Chandler et al.，2011），同时，潜在冗余资源对于企业获取外界资源十分有利。潜在冗余资源相较于前两种组织冗余，更多的是对外获取资源，是一种并未及时变现或开发的能力，与企业之前累积的资源没有联系。当企业的外部资源较强时，企业拥有较高的潜在冗余资源，企业因为治理实效、经营策略、发展战略等方面的原因，并未对外部资源环境中的可利用资源进行有效转化，加上管理者的运营思维跟不上社会更新换代步伐以及外部环境更新过快，企业在创新研发方面的投入较多，就使企业的绩效提升会受到一定的阻碍。对于寻求筹集额外债务或股权资本的经理人而言，潜在冗余代表企业未使用的借贷能力。由于潜在冗余不是企业内部的当前资源，因此初期会造成企业创新效率下降。企业的未来收入会给管理者一种错觉，使管理者误认为潜在冗余资源可以任意分配，管理者会减少在潜在冗余决策上所花费的时间和精力。管理者战略决策上的错误可能会造成企业潜在冗余的配置与其外部环境不匹配，抑制企业的创新能力和工作效率，进而导致企业创新效率下降。陈爽英等（2016）指出，企业的技术创新活动会受到潜在冗余的影响，如果企业并未有效吸收所有冗余资源，企业内部的各项资源并未发挥出其应有的作用，将导致企业技术创新的压力不断增大，使企业创新产品的速度受阻，这对于企业的良性发展十分不利。当企业的冗余资源逐步增加时，企业管理层的次优决策也会随之增加，这将降低企业对于外部资源的实际利用效率，导致企业的技术创新活动受到影响，无法发挥出企业实际的绩效推动作用。

从当前对于企业创新与组织冗余的相关研究来看，代理理论认为，组织冗余是资源的浪费，是低效率的根源，管理者可以利用组织冗余进行低风险活动，抑制管理者的冒险精神和创新（Huang & Li，2012；Suzuki Osamu，2018）。组织冗余会导致组织惰性，使管理者很少感受到紧迫感（Kraatz & Zajac，2001）。过多的组织冗余使管理者不愿意学习新知识来提升其现有的能力，使企业创新受阻。企业中的冗余资源是一种附加开支（Leibenstein，1969），企业作为统一的整体，从组织内部的代理关系出发，经营者与所有者之间的代理关系是经理层对于冗余资源的自利行为，其中存在盲目扩张与在职消费等一系列问题，这样一来，企业管理层对于企业的创新决策与利用效率均会产生更深的思考。Jensen 和 Meckling（1976）认为，冗余资源是指企业并未充分利用的实际资源，因而，企业的实际运转效率不高。Leibenstein（1980）指出，企业内部的冗余资源所占比例较高时，企业的运转效率与浪费程度较高，而且在现有的技术创新水平下，冗余资源与最高产出之间存在的差距较大。Cheng 和 Kesner（1997）认为，企业内部的冗余资源是企业的闲置资源，将会导致企业的运营成本增加、运营效率降低。Davis 和 Stout（1992）认为，当管理者按照个人喜好随意支配冗余资源时，冗余资源对于企业实际绩效的提升并未产生较大的影响，冗余财务资源可偿还企业的部分债务，这对于企业组织绩效的提升十分不利。Tan 和 Peng（2003）指出，当企业产生冗余时，企业的委托人与代理人之间无法形成共同目标，经理人为追求自身利益，无法顾全企业的整体创新效率，这对于企业提升创新效率十分不利。戴维奇（2012）指出，管理者的部分决策会受到财务冗余的影响，管理者在以个人利益作为优先级进行考虑时，企业的整体创新环境会受到一定的影响，这对于企业创新效率的提升十分不利。冗余资源属于经理层的自利行为，不仅是在盲目扩张与在职消费等方面，也由此衍生出各种问题，这对企业创新决策的制定十分关键。Mishina 等（2004）也持相同的观点，认为组织冗余资源将使经理人员进行过度投资与盲目扩张等行为。企业的内部创新是对企业生产流程、生产思维以及工艺产品的更新换代与优化，这对于企业提升核心竞争力十分关键。当企业的市场占有率较高时，组织开展创新的目的是确保企业在市场中占据主导地位，当企业的实际经营状况较差时，并不利于企业进行实际创新，因而，为确保企业进行实际的创新活动，管理层人员应采取合理措施，汇聚各项资源进行实际创新。当组织冗余时，非必要性的生产资源将会使组织架构扩大，实际生产成本增加，人员的合理配置无法及时更新，这使企业错失一定的创新机遇。当遭受外部危机时，冗余资源增加，企业能获得一定的支持，可有效缓解企业此时的经营困境。但由于企业的资源总量有限，随着冗余资源的增加，其他生产资源会随之降低，这使企业的生产成本受到一定的影响，不利于企业未来的生产经营与发展。Morrow（2007）认为，大多数企业内的管理者并不懂得高效利用资源，因此冗余资源的产生会造成资源浪费，对企业创新产生负向影响。Nohria 和 Gulati（1996）认为，组织冗余的存在使公司资源过剩，太多不可控制的资源使创新动力反而不足。Camisón（2005）研究显示，组织冗余会增加冗余资源，企业无法集中所有资源投入企业的创新活动中，无法保证企业在创新活动中获得最终研发成果，这使企业的实际经营会受到一定的影响。另外，当企业的组织冗余较多时，管理层的自利行为将会被进一步诱发，这对企业进行有效的资源配置十分不利，无法推动企业的高效创新。

从创新风险的角度来看，对于中小企业而言，创新的高风险性、正外部性等特征，使其在创新投入方面往往束手束脚，在经营过程中也大多是"重生产、轻创新"。同时，复杂的外部环境和资产规模小、偿债能力弱等因素也使中小企业在创新过程中更易出现不确定性，普遍存在融资难、融资贵等问题。相较大企业而言，中小企业受到外部环境的影响更大，技术研发能力不足，且普遍缺乏长远战略眼光。以上种种问题形成了中小企业对于创新风险的高度警惕性，从而阻碍了中小企业创新绩效的实现。有学者则认为冗余资源作为一种资源的积压，它的存在会加重组织运营成本，并降低其运营效率，因此将阻碍企业开展有效的创新活动。并且基于成本管理与代理理论的视角，Mishina 等（2004）提出，冗余资源的积累造成了组织运营成本的提升，降低了企业在行业中的竞争力，运营成本增长会抑制企业创新活动的效率。郭立新和陈传明（2010）发现，我国大部分制造企业的组织冗余阻碍了技术创新，这是因为我国制造企业的组织冗余总体处在较低的水平并且有利冗余相较有害冗余更少，因此冗余资源暂未给企业创新带来积极效用。Fama（1980）则认为，冗余资源是企业实际管理者追求自身利益的结果，因此会导致盲目投资等一系列代理问题，从而影响企业创新活动的正常开展，并有损于企业的健康发展。在内部冗余资源较少时，技术并购消耗了大量的内部冗余资源，导致企业未能投入足够的资源进行创新活动，资源不足的障碍使企业创新难以进行。此外，管理人员为增加冗余，将以各种方法与手段增加自己对于权力的掌控程度，以此保持企业内部的循环。当管理者进一步寻求增加冗余活动时，企业的"可用"创新资源将会减少，这时企业的创新动力将会受到限制。代理理论认为因委托人与职业经理人目标并不一致，致使经理人存在动机利用组织冗余进行过度分散投资和各类"面子工程"。冗余资源的存在对经理人有利，但是对于企业意味着资源的浪费和低效率，组织有必要压减冗余，否则将不利于企业创新活动。这类资源从存在状态来看，可随时使用，但是从利用方式上来看，这类资源并未内化于组织当中，需要经过结构化、捆绑及利用等资源编排过程形成专用性才能用于创新，存在行动延迟。创新绩效具有较强的时效性与易逝性，因此对于可利用冗余而言，延迟行动造成的负面影响占主导，对设计与研发等活动具有负向影响。此外，未吸收冗余的缓冲作用可能会妨碍管理人员对内部结构进行重大改变，导致对外冲击反应较慢。这一观点说明，除资源编排等客观原因外，未吸收冗余还可能会导致管理者疏忽大意或过于自信等主观问题，造成创新失败。李晓翔和霍国庆（2013）指出，非沉淀性冗余更为灵活，当代理人投资动机不纯时，企业的创新活动将会受到限制；而管理者无法随意使用沉淀性冗余，因而企业的排他性较强，这对于企业创新十分有利。而当可利用冗余与可恢复组织冗余较多时，企业的实际运营成本将会逐渐增加，管理者易满足于现状不接受外部环境的改变，这对于企业进行技术创新十分不利。

　　组织冗余与高新技术企业创新效率是一个相互影响的过程。高新技术企业在提升创新效率过程中需要大量的知识、信息、知识产权等外部资源，同时还需从企业内部寻找和挖掘有利于创新的组织冗余（Pan et al.，2018）。组织冗余是超出维持企业日常所需而保存在组织内部并被控制的资源（Laffranchini & Braun，2014；Josep et al.，2018），它可能是由于企业前一阶段的计划不周而产生的（Voss et al.，2008），能够在企业面对经济衰退等动态环境时，对企业的技术核心提供保护（Josep et al.，2018）。如果高新技术企业仅仅重视搜寻与引进外部资源，不重视内部组织冗余的挖掘，容易陷入被资源浪费拖累的困境。组织冗余与企业创新效率存在较为显著的影响，组织冗余为企业创新提供了额外可使用的资源，能够为企业起到缓冲的作用（Laffranchini & Braun，2014；Soetanto & Jack，2016），支撑管理层的战略举措，提升创新效率。相反，如果使用不当，组织冗余也会给企业带来负担和负面影响。过多的组织冗余导致管理者规避风险，不愿意开发和学习新知识，不去提升自身的创新探索能力，从而导致创新质量下降和效率低下（Laffranchini & Braun，2014；Huang & Li，2012）。由于高新技术企业的特殊性，使组织冗余对创新效率的影响尤为显著。从组织冗余的概念出发，组织冗余对高新技术企业创新效率的负向影响机理，包括资源浪费、信息流失、决策效率降低、创新文化受阻等方面。首先是资源浪费与创新效率降低。高新技术企业依靠技术创新来获得竞争优势和增长动力，创新效率是衡量企业创新能力和效果的重要指标。冗余资源的存在使企业面临资源稀缺的困境，导致创新项目的延迟甚至取消，从而影响创新效率的提升。高新技术企业的研发活动需要消耗大量的资源，包括人力、物力、财力等。当企业内部存在冗余资源时，就会导致资源重复配置和浪费。例如，不同研发团队开展相同的研发项目，造成人力资源浪费；相似功能的设备重复购买和使用，造成物力资源浪费等。资源的浪费会降低企业的创新效率，使企业无法将资源投入到更有利的创新活动中。其次是信息流失与创新效率降低。创新活动需要高效的信息共享和团队合作。冗余的组织结构和工作岗位可能导致信息的流失和沟通的延迟。例如，当一个任务或项目需要多个岗位协同合作时，过多的中间层级和复杂的沟通路径会导致信息传递的困难和失真。这种信息流失会降低创新活动的效率，因为创新往往需要高效的信息共享和团队合作。另外，决策效率降低也会使创新效率降低。高新技术企业需要快速响应市场机会和技术突破，因此决策效率是高新技术企业创新能力的重要组成部分。组织冗余可能导致决策权力的分散和决策过程的烦琐。当决策权力分散在多个决策者之间时，决策过程可能会变得缓慢且复杂，导致决策效率降低。这会影响企业对市场机会和技术突破的快速响应能力，从而降低创新效率。最后是创新文化受阻与创新效率降低。创新活动需要全员参与，因此创新文化是高新技术企业成功的关键。组织冗余可能对创新文化产生负面影响。当冗余导致组织内部出现势力斗争、信息不对称和保守思维等问题时，创新精神和创新动力很容易受到抑制。这会阻碍员工的创新能力和意愿，进而降低创新效率。在组织内部建立鼓励创新、提倡开放、促进多元化的文化和氛围，可以有效地避免组织冗余对创新文化产生负面影响。

第三节　组织冗余与高新技术企业创新效率的非线性关系机理分析

Bourgeois（1981）基于组织和代理理论，认为创新活动与冗余资源之间的关系为非线性关系。高新技术企业的创新驱动主要源于企业内部的创新驱动力、企业创新激励、企业创新意识与资源禀赋三部分（Singh，1986）。如果企业的创新目标与自身价值不对等，企业并未意识到进行创新带来的回报以及创新的必要性，那么企业就无法实施创新战略。此外，创新投资对于企业本身是一项高风险与高回报的投资活动，企业进行创新的投入与产出需要漫长的周期。在债务水平过高时，企业的管理层为避免大量投入资金将采取较为谨慎的投资策略，组织集中度低于临界值会鼓励研发和创新投资，但高于临界值则会抑制创新投资。从企业生命周期理论的视角来看，内部组织冗余积累、调配及使用的过程在一定程度上体现了企业发展的部分阶段。随着冗余资源的攀升，企业内部暂时还未形成较为系统的识别和利用各类冗余资源的机制与流程，经理人会出于自利动机或骄傲心理产生寻租行为，采取次优行动，而当冗余资源累积量一旦跨越触发有效创新活动的突变点后，企业迈入成熟期，抗风险与容忍失败的能力大幅度提高，追求多元化与国际化的动机增强，创新绩效随之升高。因此在组织冗余极低区间内，组织冗余表现为对企业创新绩效的促进作用，而在中高区间内，仍然呈现出经典的 U 形关系。此外，当组织冗余达到最佳水平时，组织存在较大的能力与激励去承担更大的风险。此时，创新投资的风险与回报较高，产出结果的周期长。当企业负债较高时，企业管理层为避免投资资金过大，采取谨慎的态度。因而，当企业的潜在冗余较低时，将会鼓励企业进行创新投入与开发，当企业的潜在冗余较高时，将会抑制企业的创新投入，企业的创新绩效与组织冗余之间存在"非黑即白"的二分法观点。事实上很可能由于"好冗余"与"坏冗余"同时作用，致使"促进"与"抑制"共存，最终体现为相互抵消后的复合效应。

早期的研究更多地集中在组织冗余对于企业创新的影响。并且冗余资源与企业创新的倒 U 形关系得到了大多数学者的认同。此外，企业内部对于组织冗余的选取指标方式较为丰富，并未形成统一的研究结论。企业内部的组织冗余资源会对企业的创新效率与绩效产生一定的影响。一些学者则认为冗余资源作为一种资源的积压，它的存在会加重组织运营成本，并降低其运营效率，因此将阻碍企业开展有效的创新活动。中小企业两种流动性的冗余资源均对企业创新绩效存在倒 U 形关系，而企业对外部知识的吸收能力在其中发挥了中介效应。Nohria 和 Gulati（1996）研究跨国公司中的冗余资源与创新之间的关系，通过发放调查问卷的方式收集数据资料进行实证研究，分析显示两者之间存在倒 U 形关系。财务比率与数据实证支持了这一结论。王亚妮和程新生（2014）通过研究我国制造业上市公司，以冗余资源的沉淀式冗余为切入点，考察其对创新绩效的影响，结果表明，两者之间存在倒 U 形关系。Tan 和 Peng（2003）以 1995~1996 年中国 17000 多家国有大中型企业为样本，研究企业绩效与组织冗余之间的关系，并将组织冗余分为吸收性冗余和非吸收性冗余，结论显示，企业绩效与未吸收组织冗余之间存在正相关关系，与已吸收组织冗余存在负相关关系，呈倒 U 形。George（2005）认为，私营部门绩效与分散冗余之间存在倒 U 形关系：冗余越高时，企业绩效随之增加，当出现低分散冗余时，企业绩效将会随之下降，倒 U 形关系意味着企业需对冗员数量进行控制。Nohria 和 Gulati（1996）发现，组织冗余对创新的影响范围有限，组织冗余仅在一定范围内促进创新，在这个范围之外，组织冗余会导致效率低下。总体而言，企业创新与组织冗余之间呈倒 U 形关系，这一成果与 Nohria 和 Gulati（1996）、Tan 和 Peng（2003）以及 George（2005）的研究结论是一致的。王艳等（2011）的研究表明，国有企业中的企业所有制会影响研发投入与组织冗余之间的关系，而非国有企业与研发投资之间呈倒 U 形，存在正向推动作用。在可恢复冗余资源被恢复的前期，它可以起到缓冲作用，为企业创新提供必要的资源，以维持经营进度，帮助企业实现范围经济。当企业突然接到大订单而库存紧缺时，多出来的员工可以加快产品输出的频率，使企业从生产中断的困境中走出来，有助于企业开展更多的创新活动（Nohria & Gulati，1996），以提升创新效率。然而，当可恢复冗余超过一定程度后，并不利于企业创新效率的提升，其原因是可恢复冗余是已经被吸收到企业中的资源，其需要时间和实质性的组织变化去解锁（Laffranchini & Braun，2014）。当可恢复冗余过多时，其不灵活的特质就会显现出来。Geiger 和 Cashen（2002）通过流动率研究企业创新与企业管理支出之间的关系，结果显示企业绩效与可恢复冗余、可利用冗余之间存在倒 U 形关系。钟和平（2009）发现，企业内部的技术创新与人力资源冗余之间的关系为：当企业对人力资源投入达到一定数值时，企业的创新投资会形成先增加后减少再增加的趋势。Nohria 和 Gulati（1996）研究欧洲和日本的跨国子公司，结果显示，当企业的组织冗余较低时，创新投资将会随之增加；反之亦然。Bourgeois（1981）认为，企业价值与组织冗余之间存在曲线关系，而 Nohria 和 Gulati（1996）以及 Kim（2008）将这一论点延伸至冗余与创新之间的关系，认为两者之间呈倒 U 形关系，并指出适度冗余有利于企业创新，但当冗余过度时，将会产生消极影响。Hong 和 Shin（2016）以 1992～2009 年的韩国制造业企业为样本进行实证研究，结果显示，企业创新与组织冗余之间呈正相关关系，但达到一定水平后，这种正效应将会减弱，可能是组织惰性所致。这些研究者一致认为，企业内部的创新活动会受到组织冗余的影响，当组织冗余过低时，企业的创新活动受阻，而当组织冗余过多时，则会导致支出失控、对创新项目监督不力的情况，从而造成企业收益受到影响，产生收益加速或减少的状况。谈琦（2011）研究了企业在生态内所处的境况对冗余和绩效水平关系的影响，提出组织冗余对企业绩效呈倒 U 形关系。陈晓红等（2012）基于制造业样本分析得出企业组织冗余对企业绩效呈倒 U 形作用，并且企业内部治理制度对组织冗余与企业绩效的关系有调节作用。Geiger 和 Cashen（2002）用管理、营销以及其他费用占销售收入之比来衡量组织冗余存量，结果发现冗余与绩效之间呈倒 U 形关系。George（2005）以私营企业作为样本，研究结果表明冗余与绩效呈倒 U 形关系，合理的留存数量才能确保组织冗余促进绩效提升。赵洁（2013）用 A 股制造行业的数据做实证检验，以委托—代理关系作为研究出发点，发现未吸收冗余与绩效之间存在倒 U 形关系。不同的行业选择会影响组织冗余对公司绩效的影响，刘冰（2015）用固定资产投入较大的旅游业为研究对象，发现低流动性冗余与公司绩效之间呈 U 形关系。Nohria 和 Gulat（1996）创造性地将两派观点结合起来，指出对于企业创新绩效而言，组织冗余存在正负双面影响，即呈倒 U 形关系。一般而言，当企业内部的冗余资源较少时，企业可进行有效创新；但如果冗余资源积累过多，超过一定范围时，委托人与客户之间将存在较大问题，当冗余资源的数量持续增加时，则将不利于企业的创新绩效。在此之后，国内外众多研究者以这一假设为基本前提，并在研究中证实了企业的创新绩效与组织冗余两者之间存在一定的关系。Herold 等（2006）发现这两种因素之间可能存在倒 U 形关系。Singh（1986）研究显示，当组织绩效状态不佳时，组织冗余的标准过低，组织将会提升效率。在组织成功的情况下，通过为创新项目提供资源基础，缓解了资源稀缺的问题。因此，如果组织盈余较低，低于某个目标水平时，基于创新活动的未知性与不确定性，组织目标的连续性较低，这样一来组织无法拥有足够的动力推动创新项目的发展。但当组织冗余过多时，其组织成本将会提升，这将不利于创新活动的开展，与组织冗余相关的成本分为以下三类：一是合规成本。组织冗余过多是公司成功的重要标志之一，往往会导致管理层无法认清现实，使组织灵活性降低。Cheng 和 Kesner（1997）的研究表明，超过最优范围的组织冗余往往会使组织安于现状，趋于保守，缺乏足够的压力去承担风险。二是代理成本。大量的组织冗余（如自由现金流）是引发代理成本的原因之一。一方面，代理人可能利用组织冗余寻求私利，如过度扩张、上马各种各样的"面子工程"（Tan & Peng，2003），减少创新投入；另一方面，企业成功的标志之一为企业的组织冗余较高，企业维持成功的时间过长时，会导致代理人对企业的监督放松，导致管理者阶层固化，这样一来代理人将会追求"平静生活"，使管理层的创新动力低下。三是重置成本或效率成本。一般情况下，一个组织可支配的资源总量在一定时期内是固定的。组织中过多的重复建设会挤占可用的生产资源，使组织的效率和营利能力受到影响（邹国庆和倪昌红，2010），这将导致组织以内生增长为基础，积累资源的路径受到影响，这对最终的创新资源影响深远。因此，组织冗余存在一个最佳数量，当组织冗余在最佳范围内，组织才有动力和能力承担更多风险。

也有很多的研究集中在组织冗余对于企业创新的影响，并且冗余资源与企业创新的 U 形关系也同样得到了大多数学者的认同。随着冗余资源的积累，各层级职业经理人出于经济人的自利动机，会积极搜寻冗余资源以增加个人行使权力的自由度和工作产出的灵活性，由于企业还未形成有效识别、转化和调用冗余资源的正式制度和规范流程，组织冗余会逐步形成严重的代理问题，以至于无法对企业创新绩效产生正向贡献而表现为抑制作用。一旦组织冗余跨过进行创新活动所需的最低资源阈值进入高冗余水平后，受多种内外因素影响（如严格绑定职业经理人绩效的薪资预期、更加充满活力与创造性的新生代员工加入、企业家精神、产品市场竞争激烈程度、产品生命周期趋于缩短、社会与国家对企业科技创新的殷切呼吁、跨国企业的竞争等），并伴随着中国企业识别冗余资源的正式制度和流程逐渐完善，企业进行各类创新行为的抗风险能力显著增强，组织冗余对创新绩效的益处逐渐大于弊端，创新绩效会随着冗余资源的增加而同向变化。即当组织冗余到达临界点后，才会对创新投入有积极影响（郭立新和陈传明，2010；王亚妮和程新生，2014）。沉淀性冗余对创新战略的影响有以下两个：一方面，有利于缓解企业项目间的资源挤占，降低企业因花费大量可用资本进行投资而导致市场竞争劣势的风险，以及创新战略机会成本，进而强化创新战略实施动机。另一方面，通过为创新战略的实施提供资源支持，有效触发和重新设计停滞的冗余，有助于为企业创造资源约束。非沉淀性冗余能影响绿色创新战略，管理者能对非沉淀性冗余拥有较高的自主权，当留存冗余有限时，管理者的市场敏锐度较高，能够有效利用非沉淀性冗余，发掘并利用其最大价值。现有研究表明，有效分配非沉淀性冗余中的相关资源，可以帮助企业在发现市场中的环保机会后迅速使用这些资源，从而在实施绿色创新战略时具有高度的灵活性。较大的非沉淀性冗余会强化管理者在决策中的非理性动机，导致滥用行为。在非沉淀性冗余较低、企业进行创新的风险较高时，管理者的利益倾向于分配资源以支持管理者的"宠物项目"，或侧重于盲目扩张行为，而非有利于企业可持续发展的绿色研发投入，进而抑制绿色创新动机。组织理论认为，组织冗余可促进创新孵化，对绿色创新战略具有激励作用。少量组织冗余不足以被重视且难以发挥作用，但在沉淀性组织冗余逐渐积累时，组织就会容易识别出，这样一来大量的非沉淀性冗余能为企业创新提供支撑，组织冗余的资源较多。非沉淀性冗余对创新战略的影响有以下两个方面：一方面，激发企业试验行为，提高其主动寻找并识别机会的可能性，激励企业通过持续研发满足市场需求，积极探索创新。另一方面，非沉淀性冗余调度灵活，可作为多方位市场搜索与创新资源获取工具，促使企业在知识学习、分享和创造过程中提高创新效率。

依据企业行为理论，组织是一个有机整体，能够以生存为目标不断进行自我调整。因此，企业在不同组织冗余阶段，会以生存点作为判断，作出创新战略决策。企业创新与沉淀性冗余与非沉淀性冗余之间存在 U 形关系，主要原因有四个：①在政府的合法监管下，重污染行业中的相关企业，融资约束困境较为突出；②企业自身技术基础与绿色创新所需技术之间存在技术鸿沟；③传统规模式、粗放式发展路径导致固有惯例惰性显著；④因循守旧、灵活性较差的组织结构导致治理漏洞突出。因而，组织冗余不足以帮助企业跨过生存门槛时，企业的主要目标将是以生存为目的。在这一阶段，企业的惰性将会进一步增加，企业的非理性决策动机将受到非沉淀性冗余的影响，这不利于绿色创新战略的后续发展。当组织冗余逐渐增多、达到一定程度时，管理者将以环境可持续性为切入点，从而突破 U 形曲线的拐点。在此阶段，沉淀性冗余与非沉淀性冗余在动机及效率上均能对绿色创新战略产生促进作用。在组织冗余的不同区间内，企业创新绩效与组织冗余的 U 形关系存在结构性差异。在组织冗余的不同水平下，企业创新绩效和组织冗余之间的 U 形关系可能会产生结构性差异。Bromiley（1991）以公司的风险承担作为业绩指标，认为企业绩效与冗余之间存在 U 形关系。也就是说，两者之间在开始时是负相关关系，但到了一定程度后就会变成正相关关系。绩效与冗余之间的 U 形关系表明，企业的绩效与冗余存在紧密联系。郭立新和陈传明（2010）发现，企业的创新活动与冗余两者之间的关系是非线性的，主要分为两个阶段：第一阶段主要呈现负相关关系，第二阶段呈现正相关关系。

冗余资源过少，组织会将重点放在内部管理上，希望通过改善企业的管理、运作方式，提升企业的整体绩效；冗余资源保持在一个合理范围内，组织会努力维持现有的运作方式；当冗余人数超过一定水平，组织会将重点放在进一步发展、变革或创新上（蒋春燕和赵曙明，2004）。钟和平（2009）研究了企业发展过程中，人力资源对企业技术创新的影响，发现当企业人力资源过低时，企业无法有效累积知识，并及时进行创新活动，企业管理者认为需增加对于人力资源的投入，使相关人员能积累相关知识，此时人力资源冗余将被认为是机会成本，不利于企业的创新绩效。当人力冗余资源有利于技术创新时，企业将会投入大量的人力资源支持企业的创新活动，以此提高企业的创新绩效，在此期间，人力盈余将有利于企业的创新活动。如果企业的人力资源冗余过大，企业的技术创新活动无法取得有利的物资支持，这将导致企业内耗严重，同时部分次优的创新项目可行性提升，从而导致企业的创新绩效下降，在此期间，人力资源冗余将不利于企业进行创新。因此，企业创新与人力资源冗余之间呈反向关系。企业创新的重要资源还有财务冗余，企业的财务冗余过小时，管理者对于技术创新的效率更为关注，倾向于选择那些前景远、投资小、见效快的创新项目，并以此加强企业在创新活动中的管理，这对于企业的创新十分有效，企业的创新活动与财务盈余之间呈正相关关系。企业内部的财务冗余适中时，企业管理者将无法为企业的长远发展考虑，认为企业运转情况良好，为维持现状，不寻找新的创新机会，企业创新项目停滞不前，或是选择的项目与企业的发展无法匹配，企业创新速度下降，这时企业创新与财务冗余之间存在负相关关系。当企业的财务冗余过高时，企业管理者将有更多的精力与资源挑选好的技术创新项目，确保创新项目成功的可行性，充足的资源也可能有助于企业营造更自由的创新环境，鼓励全体员工创新，此时，财务冗余与创新之间呈正相关关系。

第四节　总结与述评

高新技术企业在提升创新效率过程中需要大量的知识、信息等外部资源，还需从企业内部寻找和挖掘有利于创新的组织冗余。组织冗余是为超出维持企业日常所需而保存在组织内部并被控制的资源，如企业前一阶段的计划不周而产生的，能够在企业面对经济衰退等动态环境时，对企业的技术核心提供保护。高新技术企业仅仅重视搜寻与引进外部资源，不重视内部组织冗余的挖掘，容易陷入被资源浪费拖累的困境。组织冗余与企业创新效率存在较为显著的影响，它为企业创新提供了额外可使用的资源，为企业起到缓冲的作用，以支撑管理层的战略举措，提升创新效率。相反，如果使用不当，组织冗余也会给企业带来负担和负面影响，如过多的组织冗余导致管理者规避风险，不愿意开发和学习新知识，不去提升自身的创新探索能力，从而导致创新绩效下降和效率低下。不同维度组织冗余对高新技术企业创新呈不同的关系，并且企业的战略优势可在组织冗余中显现出来，组织冗余在该过程中起到缓冲作用。但在生产过程中当组织冗余投入过多时，将会产生资源过剩的情况，导致成本增加，企业运转效率过低，影响企业的创新发展。因而，对于企业的发展而言，为提升其核心竞争力，需保持较高的价值性，进行深度创新活动，其中，冗余资源显得尤为重要。在企业的正常运转过程中，资源支持需求量较大。但由于企业进行创新活动存在信息资源不对等、回款周期长、运营风险高等特点，企业的创新活动无法寻求外部环境支持，这导致企业的创新资源由闲置冗余资源转换而来。企业内部的组织冗余存在的形式与类型丰富多样，在企业内部发挥不同的作用。而且，企业对于是否进行行业创新的决策周期较长，企业的内外部环境均会对创新活动产生影响。在该过程中，组织冗余能否发挥出积极作用主要受到多种情境因素的影响。本章对国内外组织冗余与企业创新之间的关系的相关文献进行梳理，归纳并总结组织冗余的基本定义、组织冗余与企业创新活动之间的关系、不同类型的组织冗余在企业内部所起作用等。

组织冗余主要是指在组织实际业务需求之外可以随意使用的多余资源，当前学界的相关研究包括从概念上将组织冗余定义为资源利用不足，即资源超过企业现有活动的正常效率，无法进行多余的创新活动。组织冗余的特征主要表现在可达性与形态位置上，组织冗余在企业的正常运转中主要起到促进与缓冲作用，应用于企业对付外部危机与进行合理创新的活动中。当前应用最多的冗余分类为潜在冗余、可恢复冗余、可利用冗余。企业创新效率并非受单一因素的影响，而是受创新过程技术研发及转化两阶段各要素的共同作用的结果。创新发展过程中均会存在没有被企业充分使用的、暂时闲置的资源，这些资源称为组织冗余或冗余资源，主要由财务、人力、关系网络、器械设备等组成。组织冗余对创新过程中的技术研发及转化两阶段产生重要影响。在技术研发阶段，企业的闲置资源较为充足，风险资本投入较大，冗余资源在一定程度上能推进企业的创新发展；但是，企业的内部结构与冗余资源不匹配会导致企业在设备、人力、资金等方面面临一系列问题，这与企业的创新战略无法匹配，使企业面临一定的危机，相对资源的缺乏降低了市场接受率，进而影响创新效率。在技术转化阶段，我国高新技术企业科技成果有70%闲置，没有得到转化和应用，财力、人力、关系、设备等冗余资源可协助科技成果的安全托管、转化与应用，以此提升创新产出。但人力资源过量也会造成信息管理安全等问题，给企业带来负面影响，从而影响创新。

综上所述，在国内外的相关研究中，企业创新与组织冗余之间关系的研究脉络较为清晰且丰富，国内研究虽起步较晚，但紧跟国际研究步伐。当前的研究重点主要基于企业创新绩效、情境环境组织冗余之间的关系，并将各国企业的实证研究纳入考察范围内，重点研究企业的环境因素，并未将研究重点置于组织能力的考察中；对基于财务数据的组织冗余的客观评估关注较多，主要集中在财务、人力资源、未吸收等方面，而对其他方面的组织冗余关注较少，如知识、关系、技术、物资等方面；当前研究大多集中于关注上市公司，其他企业的研究相对较少。需进一步探索研究较少领域，为协作经济、共享经济、创新与合作的发展提供大量机会，这应是相关研究者的关注重点。

关于组织冗余与企业创新，目前有三种不同的观点。组织行为理论认为，组织冗余为企业创新提供额外可使用的资源，管理者可以更自由地决定是否应该开展新项目。在企业面对环境变化时，组织冗余可以保护企业技术核心免受影响，从而提高创新能力。代理理论认为，组织冗余是资源的浪费，是低效率的根源，管理者可以利用组织冗余进行低风险活动，抑制管理者的冒险精神和创新。组织冗余会导致组织惰性，使管理者感受不到紧迫感。过多的组织冗余使管理者不愿意学习新知识来更新其现有的能力，从而抑制企业创新。还有学者认为组织冗余与企业创新存在非线性关系。之所以出现以上三种研究结果，是因为组织冗余和企业创新之间的关系是极其复杂的，不同组织冗余对企业造成不同的影响，且其在不同时间对企业的影响也是不同的。企业创新是企业在不断变化的市场中维持竞争优势、促进企业不断前进和发展的不竭动力。从组织冗余的视角分析其对高新技术企业创新效率提升的影响机理，对于进一步丰富和完善资源利用理论和创新管理的相互作用机理具有重要的理论价值。

组织冗余是企业可持续创新过程中的核心要素，企业创新实践过程分为技术研发和技术转化两个阶段，由于高新技术产品本身价值链条较长，组织冗余对创新过程技术研发及转化两阶段均产生重要影响。因此，为保证创新效率有效提升，高新技术企业需探究创新过程中组织冗余成因、构成及影响因素，进一步将冗余资源转变为有价值的资源资本，从而构建组织冗余对创新效率的提升路径，这对于进一步拓展资源利用理论，丰富和完善知识管理理论具有重要的理论价值。

我国对于经济高质量发展的追求离不开产业技术升级的支持，在产业技术升级成为业界共识的今天，技术创新对于我国企业的生存和发展都有着重要意义。对于我国企业而言，由于其在企业规模与资源储备等方面存在劣势，企业的创新活动往往受到创新资源不足的限制。此前学术界对于冗余资源的研究通常仅考虑到大企业情境，且对于组织冗余与创新效率的关系尚未达成共识。考虑到企业因资源局限性对于组织冗余存在充分的使用动机，同时其可以依靠组织灵活性实现对组织冗余的重组利用，因此有必要对组织冗余与高新技术企业创新效率的关系进行研究。鉴于此，本书探讨组织冗余对高新技术企业技术创新效率的相关关系。

第五章 组织冗余对高新技术企业创新效率提升的机制分析

第一节 知识转移定义内涵、维度划分

一、知识转移定义内涵的研究

Teece（1977）最先提出知识转移这一思想，他认为企业通过技术的国际转让，大量跨国界的知识储备得以应用，进而提升企业的经济绩效。随后知识转移开始成为学者关注的热点。Cohen 和 Levinthal（1998）认为，企业搜索、识别和获取外部有价值知识技术，并将其吸收消化成自身运营及商业化能力的过程便是知识转移。Nonaka（1991）认为，那些持续创造新知识并将新知识传遍整个组织，借此迅速研发出新产品的企业才能成功。很多研究结果表明，有效地实现知识转移的企业比那些不能有效转移知识的企业更具活力，因为通过知识转移，企业吸收新知识并且利用该知识，使组织获得更大的竞争优势（Kogut & Zander，1992）。

知识转移是指组织内或者跨组织边界的知识共享，它不等同于知识扩散，因为前者强调的是跨越组织边界的有目的、有计划的共享（Szulank，1996）。Kim（1998）认为，知识转移由两部分组成：第一部分是吸收转换外部知识

的能力，属于模仿性学习，第二部分是创造新知识的能力。Lane（1998）通过对知识转移内涵的研究发现，知识转移能力强弱是由知识存量决定的，包括感知、消化及应用三个部分。Szulanski（2000）将知识转移视为一个组织在一个新的环境中重新创建和维护一套复杂的、因果关系的模糊例程。Argote 和 Ingnan（2000）与 Ko 等（2005）认为，知识转移是两个主体（如个体、团队、组织）间转移知识并取得相应成果的过程。知识只有被掌握了，才能直接有效地提高企业的经济效益，知识在不同的人和不同的组织中流动有助于扩大知识的使用规模，提高知识的利用效率（王开明，2000）。Zahra 和 George（2002）指出，知识转移利于闲置资源的有效转换与利用，促进创新和研发效率的提升。Lane（2006）、Vega-Jurado 等（2008）认为，知识转移受企业研发活动、知识基础、正式化及整合机制的影响。张睿和于渤（2009）认为，企业知识可分为个体知识和集体知识。其中，个体知识是指组织内部员工个人的知识，来源于自身掌握的技能、工作经验、做事习惯等；集体知识是指由个体成员之间知识的共享以及相互作用所产生的，随着员工日常工作而逐步上升为团队或者组织共有的知识。因此，跨越组织边界的知识转移包括个体知识、团体知识和组织知识。Velásquez 等（2019）则认为，知识转移呈三螺旋结构，在政府、学校和公司之间转移。

从上述学者关于知识转移的定义来看，一部分学者对知识转移的定义强调的是知识源，如 Knudsen 和 Zedtwitz（2003）认为，知识转移主要是指知识源转移知识的工作，其过程包括知识的选择、准备和配置。而大多数学者强调接收方对知识的吸收情况，因为知识转移最终目的是满足接收者的知识需求。

本书认为知识转移是一个相互沟通的过程，与双方的能力以及意愿均有密切关系，任何一方的懈怠或者能力上的不足都可能对知识转移效果产生不良的影响。知识转移既需要重视知识源的知识传递行为，也需要重视接收方的知识吸收行为。基于此，本书将知识转移定义为：知识接收方为了进一步提升自身经济效益，弥补自身的知识不足，积极寻求知识源（高校、科研机构、相关领域内优秀企业、专家等）的协助，通过前期充分的调研，选择恰当的转移对象、转移时间、转移地点以及转移方式，并在知识转移的过程中，知识接收方与知识发出方不断地进行沟通与协调，以保证尽可能减少知识损坏，将所需的知识完整地转化为接收方的内在能力。

二、知识转移维度划分的研究

Dixon（2000）提出了序列转移（SerialTransfer）、近转移（NearTransfer）、远转移（Far Transfer）、策略性转移（Strategic Transfer）与专家转移（Exper Transfer）五种知识转移类型：①序列转移将重点放在集体知识而不是个人知识上，认为有效的团队合作和创造新想法的基础是团队成员能够自己构建知识，而不仅仅是提供数据。②近转移是指在从事类似工作的团队之间共享所获得的知识，两个团队之间面临的工作环境以及工作任务相似，该模式一般只转移显性知识，此时计算机技术是一种最为有效的转移方法。③远转移就是当一个团队从其经验中获得了对组织其他部分很重要的隐性知识时，团队双方进行经验交流，由于隐性知识很难转移，所以该模式首要目标是与承担类似工作的团队多进行沟通。④战略性转移主要是转移那些复杂的、对组织影响深远、具有前瞻性的知识，当组织的隐性和显性集体知识与战略任务相关时，战略转移是最为适用的，可以帮助到未来的规划和全面的管理方法。⑤专家转移主要用于当组织面临难以解决的技术问题，需要寻求该领域内资深专家的协助时，为显性和技术性知识的共享提供了手段。

Zahra 和 George（2002）认为，知识转移是社会互动过程，可划分为知识转移能力、知识获取能力、文化适应能力及关系契合程度。同时笔者还提出知识获取、整合、转化和应用四阶段框架，并利用知识获取和整合，如是否从联盟或合作伙伴中学到知识、外部知识是否在企业内部传播等题项来衡量知识转移能力，利用知识转化和应用，如企业是否具有创新导向、创新成果等题项来衡量知识转移能力。

Lane 等（2006）对知识转移进行深入研究，发现知识转移能力从三个维度进行分析，分别是探索性吸收（认识和理解新的外部知识）、变革性吸收（吸收有价值的外部知识）以及利用性吸收（应用已吸收的外部知识）。

Todorova 和 Durisin（2007）认为，知识转移过程应划分识别、获取、吸收、转化和利用五部分，知识转移是企业向外界探索性学习的动态过程，包括获取、消化、转化和利用四部分。

本书综合已有的研究成果，基于知识转移的过程视角，将知识转移划分为知识获取、知识内化、知识运用三个维度。知识获取指企业通过内外部关系网络获取新知识的能力，知识内化指企业将外部获取的新知识转变为自有知识的动态过程，知识运用指企业将新知识运用于开发新产品与新技术流程的活动。划分理由有两个：①从知识获取、知识内化、知识运用三个方面有效而深入地解释了高新技术企业进行知识转移的全貌；②基于知识转移的过程划分有助于进一步分析知识转移的各个阶段在提升高新技术企业创新效率中的内在机理。

三、知识转移过程模型的研究

关于知识转移的研究不能停留在静态层面，知识转移本身是一个经过不断学习的动态过程，国内外学者从不同角度构建知识转移过程模型，比较典型的研究成果包括：

Nonaka（1991）将知识细分为隐性知识和显性知识，认为组织知识是通过隐性知识和显性知识之间的持续对话而产生的，并确定了涉及隐性和显性知识的四种互动模式（见图5-1）。个体之间通过观察、模仿和实践来学习手艺，这种共享经验创造隐性知识的过程就被称为"社会化"。通过对显性知识的分类、添加、重新分类和重新语境化，对现有信息进行重新配置，可以产生新的知识，这种由显性知识创造的过程称为"整合"。将隐性知识转化为显性知识，称为"外部化"。而将显性知识转化为隐性知识，则称为"内部化"。

Tacit Knowledge（显性知识）	To Explicit Knowledge（隐性知识）
Tacit Knowledge（显性知识） Socialization（社会化）	Externalization（外部化）
From Explicit Knowledge（隐性知识） Internalization（内部化）	Combination（整合）

图 5-1 Nonaka（1991）的知识创造模式

Nonaka 还提出了著名的知识创造螺旋模型（SECI），来反映知识在个体、团队和组织之间流动，它表明知识转移并不是一种静态的循环，而是一种螺旋式的上升，不断被放大与增强（见图 5-2）。

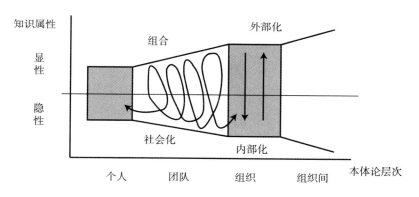

图 5-2 Nonaka（1991）的组织知识创造螺旋

Hedlund（1994）提出了知识范畴和知识转移过程模型（见图 5-3），它由显性知识和隐性知识在个人、团队、组织以及组织间四个层次之间互动，互动包含下列三个过程：①内部化（Internalization）与成文化（Articulation）。成文化是指清楚表达隐性知识的过程，这对信息的转移和拓展至关重要。内部化是指将成文化知识转变为个人隐性知识的过程，它能够帮助组织协调有限的认知资源。隐性知识和显性知识的相互作用被称为沉思（Reflection），真正的知识创新往往需要这样的相互作用。而隐性知识与显性知识在不同层次之间盘旋，促进知识的互动则称为扩张（Expantion）。②延伸（Extension）与凝聚（Appropriation）。延伸是隐性知识和显性知识沿着个体—团队—组织—跨组织路线的转移，是从较低层次向较高层次知识转移的过程。凝聚是沿着与延伸的相反的方向移动，即高层次向低层次知识转移的过程，延伸和凝聚两者之间的互动称为对话（Dialog）。③同化（Assimilation）与传播（Dissemination）分别指知识的输入和输出，从外界环境中吸收的隐性或显性的知识，经过上述一系列相互作用之后，又将该知识输出到外部环境中，一般以认知形式、产品形式或技能形式输入或输出新知识。

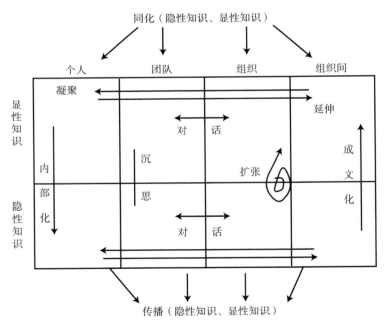

图 5-3 Hedlund（1994）的知识范畴和知识转移过程模型

Szulanski（2000）提出了知识转移过程模型。该模型将知识转移过程分为起始、实施、上升和整合四个阶段（见图5-4）。第一阶段是起始阶段（Initiation），当组织寻找到能弥补差距的知识，即发现转移的机会，企业开始评估转移成本、判断转移的时间与范围、划分转移参与者的义务与责任。第二阶段是实施阶段（Implementation），信息者和接收者双方建立起适合知识转移的特定情境，通过提前规划、频繁沟通以及相互协调来帮助接收者有效获取新知识。第三阶段是上升阶段（Ramp-up），当组织过渡到一个新环境下，知识的接收方可能会出现意想不到的问题，如超出接收者的能力范围或者无效的使用新知识，而上升阶段就是一个解决这些问题的过渡阶段。第四阶段是整合阶段（Integration），消除外界干扰，将接收的新知识在组织内部常规化和制度化，使转移的知识成长为企业自身知识的一部分。

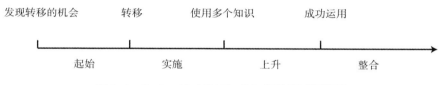

图5-4 Szulanski（2000）的知识转移过程模型

王开明和万君康（2000）认为，知识的转移包括知识的发送和知识的接收两个过程，发送者和接收者通过中介媒体连接起来。如图5-5所示。发送者从知识库中选择和整理出知识，但由于知识本身的无形性以及显现方式的多样性，导致发送过来的知识不可避免地存在噪声，而且传递的中介媒体也受外界环境中噪声的影响，这时需要考验接收者能否从众多接收的知识中进行选择和过滤，去除绝大部分的噪声，并在自己的经验和知识基础上加以理解与判断，从而构建出所需的知识库。

Garavelli等（2002）把知识转移的过程分为编码和解码两个阶段，由图5-6可知，知识源利用技术将知识编码，由此传递到用户端，用户最终要显示出与知识源拥有相同的能力，在此过程中认知系统对知识转移的影响最大，因为知识转移的失败可能是由相关认知系统之间的分歧引起的。如果编纂者

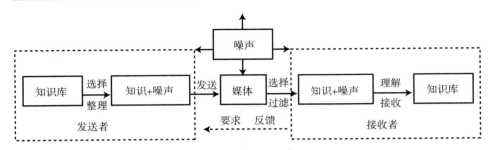

图 5-5　王开明和万君康（2000）的知识转移模型

（知识来源者）和翻译者（即用户）彼此之间的认知系统存在较大差异，那么在编码过程中就会产生误解。因此不能忽视技术对认知系统的支持，否则可能导致知识转移失败。

图 5-6　Garavelli 等（2002）的知识转移

张睿和于渤（2009）借鉴了 Szulanski（2000）的研究成果，将组织间知识转移也划分为四个阶段，认为一个完整的知识转移过程包含了知识转移源、知识接收方、转移内容、转移途径以及知识转移情境这五个必不可少的因素，这一过程实现了从知识源向知识接收方的转移（见图5-7）。

左美云等（2010）分别从广义和狭义视角分析知识转移的过程：①基于项目管理视角，广义的知识转移过程包括知识转移启动阶段、知识转移实施阶段以及知识转移评价阶段。启动阶段是实施前的准备阶段，该阶段需要对知识转移的对象、内容以及时间等进行充分的调研，目的是做出正确的知识转移决策。实施阶段以接收方的实际知识需求为目标，结合双方的实际情况采用恰当的转移方式和中间媒介，帮助接收者有效吸收知识源以解决需求问

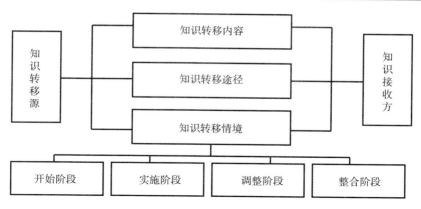

图5-7　张睿和于渤（2009）的组织间知识转移过程模型

题，接收方需结合自身组织文化以及工作情景，进一步有效整合这些知识并规范化。评价阶段是企业通过对比本次知识转移所付出的成本和取得的收益，衡量企业内部知识学习的能力是否得到提升。②基于通信理论视角（Shannon和Weaver，1949），知识转移过程是信息（知识）通过知识转移渠道，从信源（知识发送方）传递到信宿（知识接收方）的过程。狭义知识转移过程（实施阶段）又可以分为知识准备、知识传递、知识接受这三个阶段，具体细分如图5-8所示。

陈伟等（2011）从信息论的角度建立了知识转移模型，并运用"知识量""知识熵"等指标来量化知识转移的全过程，知识转移过程中由知识受体 R、知识供体 S、知识资源库和知识需求等要素构成，如图5-9所示。当知识受体 R 需要弥补知识盲区 B_1 时，找到的目标对象即知识供体 S，理想状态下知识供体 S 积极主动满足其转移请求，将会存在以下三种情况：①知识供体本身不存在知识盲区，能完全满足知识受体的需求，即出现 K_3 的完美状态；②知识转移的过程中因双方协调问题出现知识损耗，或者受知识受体吸收能力的影响会产生一小部分知识盲区 B_3，则出现 K_4 的状态；③知识供体 S 最初本身存在知识盲区 B_2，转移之后肯定仍存在知识盲区，同样呈现 K_4 的状态。

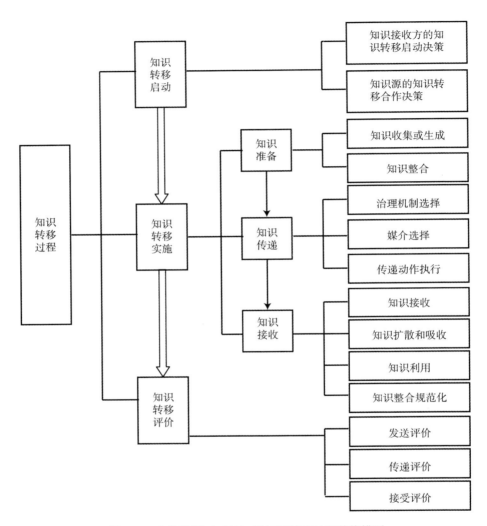

图 5-8　左美云等（2010）的知识转移过程整体模型

综合而言，知识转移是将外部知识技术吸收、消化、转换为自身发展优势的过程，它是动态的，因而本书将知识转移过程划分为知识获取、知识内化、知识运用三个阶段。

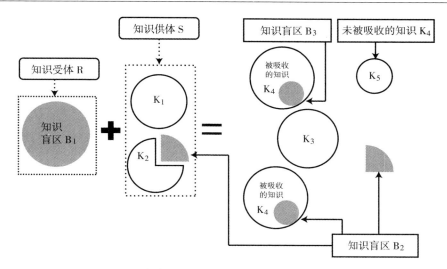

图 5-9 陈伟等（2011）的基于信息论的知识转移模型

四、知识转移的机制研究

知识转移机理与机制问题一直是学者研究知识转移的主要内容，国内外学者分别从不同的角度对该问题进行了研究，这为本书分析知识转移对组织冗余与高新技术企业创新效率的作用机制提供了大量的理论依据，国内关于知识转移机制的研究成果主要有：

陶洋和海龙（2008）认为，网络为企业知识、资源、市场和技术的获取提供了渠道，因此将网络细分为团体内部网络、战略联盟网络、工业区网络三种网络类型，并从结构维度、认知维度与关系维度三个方面对网络与知识转移的作用机制进行了分析，之后把这三个维度与促进知识转移的条件联系起来，提出了促进知识在不同网络类型中转移的条件。

盛小平（2010）利用知识转移层次、知识类型、知识生命周期、知识转移时间的四维坐标研究了信息共享空间（IC）的知识流，并从社会化、外部化、组合化、内部化四个部分分析了其知识转移机制。其中社会化是通过个体共享知识和经验来转移隐性知识的过程；外部化是指将隐性知识显性化的过程；组合化是指用不同的方式将显性知识进行组合，把简单的显性知识复杂化、系统化的过程；内部化是将所建立的新知识体系在组织内部共享并有效转化为个人所拥有的隐性知识的过程。

崔金栋等（2013）以生态系统的视角揭示产学研联盟中知识转移运行机理和演化机理，提出产学研联盟中的知识转移由知识主体因素（知识生产者、知识传递者、知识消费者和知识分解者）、知识生态链、知识环境因素三个部分构成。在知识生态系统视角下，产学研联盟的知识转移的起点并不是知识生产者（高校、科研院），而是来源于知识消费者（企业、应用型科研机构）的知识需求，知识经过多次增值传递给企业，企业又通过生态链实现知识的流动与循环，从而进一步演化到整个社会知识水平得以提高的状态。

张红兵和和金生（2014）基于仿生学视角探究技术联盟组织间知识转移的机理，提出了包含知识菌种（基础知识关联性与专业知识差异性）、知识酵母（所有成员的知识集合）、知识媒（外部力量的催化作用）、进阶知识（变异或累加的新知识）四种要素的理论模型。知识转移（发酵）的过程也可细分为趋同发酵、趋异发酵和协同发酵三种方式进行。

王斌（2014）研究发现，知识转移演化路径受知识转移存量、传导率和弹性三个方面的共同影响，知识转移沿着"分散转移—渗透转移—互动转移—延伸转移"的非线性路径发生变化。

袁红军（2015）在分析知识生态学的基础上，构建了合作式数字参考咨询服务（CDRS）知识转移的生态学模型。指出知识生态个体、知识生态种群与知识生态群落三者之间的知识相互依存、交融、创新，实现了不同个体、种群和群落之间的知识流动，进而组成了错综复杂的知识链与知识网。

第二节　动态环境定义内涵、维度划分

一、动态环境定义内涵

Ducan 等（1972）首次提出动态环境的概念，认为动态环境是指外部环境在一定时间内持续改变的变化程度，反映了环境的复杂性和不稳定性。动态环境具有高度的不确定性、复杂性和不可预测性的特征，与稳定环境有较大的区别（Khandwalla et al.，1990），因此动态环境会在很大程度上改变行业内的竞争规则，而且信息的不对称会增加企业战略决策的风险，影响企业的战略决策（唐健雄等，2008）。张铁男和蒋国策（2012）认为，环境的动态性体现在宏观环境的持续波动、行业内竞争的不断激荡以及内部管理的频繁扰动，企业与内外部环境是相互连通的，企业从环境中挖掘发展所需的资源，再将其转化为环境所需的产品与服务，企业的经营活动既受环境的影响又通过反馈进一步影响行业未来的经营环境。刘刚和刘静（2013）认为，环境动态性主要反映在环境难以预测的不断变化上，环境的急剧变化弱化了企业现有资源的价值，也打破了竞争模式的平衡。王亚妮和程新生（2014）基于中国制造业上市公司的数据，研究发现沉淀性冗余资源对企业创新呈现 U 形关系，只有当企业沉淀的资源达到一定程度，才会对企业创新效率起到明显的促进作用，并且外部环境的动态变化会增强沉淀性冗余资源与创新的 U 形关系。陈志军等（2015）认为，环境的动态性强调的是企业所面临的外部环境随着时间的变化在形式、内涵、状态等方面所表现出来的差异。

国内外大量学者已经对动态环境的定义及内涵进行了详细的分析，本书将动态环境界定为企业所处的环境因国家政策、市场需求、技术变革等因素随着时间发生变化的速度和幅度，如果发生剧烈的大幅度变化，就可称为动态环境；如果变化幅度很小或很缓慢，则可称为静态环境。

二、动态环境维度划分

作为重要的权变变量，动态环境在公司创新绩效的研究中一直受到学者们的高度关注。早期学者将动态环境简单地视为一个整体，采取单维度的概念来做实证研究，而忽略了动态环境的内在区别，随着研究的深入，学者发现动态环境是一个多维度的概念，包括动态性、适应性、异质性、复杂性等。

Ducan 等（1972）按照环境的复杂程度和变化程度把企业环境分成四种不同的类型：平稳而简单的环境；相对平稳而复杂的环境；相对动荡而简单的环境；动荡而复杂的环境，并将环境的不确定性分为复杂性和动态性两方面。Baburoglu 和 Tellis（1990）认为，动态环境表现为不断增加的复杂性、不确定性、动态性和不定向性，并且强调动态环境变迁的特征。Dess 和 Beard（1984）构建了环境适宜性、复杂性、动态性的三维度模型。Ranchhod（1998）基于市场动荡、技术变革和竞争强度三个角度来衡量动态环境变化程度。Volberda 和 Sego（1998）则从动态性、复杂性和难以预测性三个维度分析了环境的波动程度，并对各个维度加以深化研究。Suarez 和 Lanzdia（2007）从技术更新速度和市场更新速度两个环境维度来分析环境动态性对先动优势的影响。张映红（2008）将动态环境划分为环境动态性和敌对性，其中环境的动态性指环境变化的速率和不稳定性，敌对性指环境中的竞争强度、资源约束与威胁，这两种特征会影响企业的经营决策。刘刚和刘静（2013）从市场动态性、技术动态性以及政策法律社会动态性三个维度来研究动态环境对动态能力与企业绩效的调节机制。

本书基于外部环境变化特征视角，将动态环境划分为动态性、适宜性两个维度，环境动态性是指环境变化的速度和幅度，环境适宜性是指环境能够支持企业持续增长的程度。划分依据有以下两个：①从不同视角展现了企业技术创新的动态性及适宜性的软环境情况；②环境动态性反映创新环境的不确定性，环境适宜性反映环境对创新的支持程度，两者对创新效率的影响机制不同。

（一）环境动态性

在知识信息时代，企业正面临着越来越多变的市场环境，环境动态性是所有企业必须面对的要素之一。环境动态性在管理学领域特别是战略管理和组织管理领域，学者一直聚焦研究企业如何应对环境的不断变化和不确定性，以确保组织的可持续发展。环境动态性具备环境因素和条件随着时间推移而不断变化的特性，泛指由于复杂性、信息不完全或难以预料的事件，导致企业对组织内外部环境的理解和预测存在极大的不确定性。这些不确定性可能来自多方面，包括顾客需求变化、资源管理、自然灾害、技术变革等。

国外学者关于环境动态性定义的研究有：Miller 和 Friesen（1982）认为，环境动态性是指外部环境中不断涌现的机遇和威胁，以及组织适应和应对这些变化的能力。Dess 和 Beard（1984）认为，环境动态性是一个综合变化频率和幅度的复杂概念，需要考虑环境变动的速度快慢和不平稳性，将环境动态性描述为企业因为外部环境变化难以预测未来的发展趋势，无法根据之前的惯例做出决策，并提出环境动态性可以利用变革、运行模式的缺失和不可预测性三个指标来衡量。D'Aveni（1994）认为，环境动态性是指市场和竞争中的高度不稳定和激烈的变化，组织需要采取灵活、迅速的行动在竞争中生存并取得优势。Teece 等（1997）提出，环境动态性是指组织所处环境的不断演变，包括竞争格局的变化、技术创新的进步、客户需求的变化等，组织需要迅速调整资源配置和能力，以适应新的机遇和威胁。Eisenhardt（2000）认为，环境动态性是指环境的不断变化和不确定性程度，包括市场需求、技术进步、政策法规、竞争态势等方面的变化，组织需要具备相应的能力来适应这些变化和应对挑战。Zahra 和 George（2002）将环境动态性定义为环境中新信息和知识的快速涌现和变化，组织需要具备吸收能力来获取、整合和应用这些新知识，以保持竞争优势。Helfat 和 Peteraf（2003）认为环境动态性是指环境中的演化过程和不断涌现的机遇和威胁，以及组织学习和调整的能力。Jansen 等（2006）认为，环境变化的幅度和不确定的程度这两个方面可以反映环境的动态性，环境动态性可能表现在技术变化、顾客需求变化、市场产品需求变化这些方面。

国内学者关于环境动态性定义的研究有：陈国权和王晓辉（2012）认为，环境动态性是涵盖各类企业利益相关者的行为需求的变化程度，以及产品或服务、技术、政府部门的政策、整个行业发展等方面的变化速度。许鸯（2020）认为，环境动态性是指环境变化速度快，所处行业内产品以及技术的更迭速度快，企业所面临的市场环境极为复杂，此时企业不能再处于被动地满足市场需求，而是主动地学习新技术新知识应对市场变化，环境动态性能刺激企业创新，提高企业知识吸收的速率，从而提升创新绩效。张克英和蒋淼（2023）认为环境动态性体现的是环境一直处于变化的状态中，要么是处于平稳的变化中，此时企业一般采取保守的战略以维持现有的市场份额，要么是处于激烈的变化中，这对企业来说既是一种挑战也是一种机遇。并且研究发现环境动态性越强，越能刺激企业整合和优化现有的资源，提高企业的革新、市场变化感知、知识应用、调节重组这四种动态能力，进而促进企业商业模式的创新。

基于国内外学者对环境动态性的定义与内涵，本书对环境动态性的定义是指企业所处的外部市场环境波动幅度、技术更迭速度以及市场变化的不确定程度。

（二）环境适宜性

环境和企业之间存在着紧密的联系，外部环境如果是适宜的，那么企业就能生存、发展、壮大；如果不适宜，企业就会面临生存危机甚至会被市场淘汰。Cyert 和 March（1963）认为，环境适宜性所具备的成长性和稳定性可能允许组织产生闲置资源，这反过来又可以在资源相对稀缺时期为组织提供缓冲作用。Starbuck（1976）将环境适宜性定义为环境可以支持企业持续增长的速度，指出组织都会倾向于寻求允许组织成长和稳定的环境。黄静和游士兵（1998）认为，环境因素对企业的发展起成败作用，企业为了发展需要建立起适合自身发展并且能适应所处环境变化的企业文化，即当企业文化与环境适应性高度匹配时，能够显著促进企业的经营绩效，因此环境适宜程度对企业创新绩效之间有很大关联。张晓昱等（2014）将环境适宜性定义为外部环境能够支撑企业持续发展的一种能力，体现在环境资源的丰足程度以及可利用程度。

综上所述，本书将环境适宜性定义为有利于企业可持续性发展的外部因素，这些因素为企业提供充足的资源以支持企业开展创新活动。

三、动态环境的理论基础

在动态环境下，既有的竞争优势理论已无法适应时代环境的要求，随着企业经营环境的改变而演化发展出很多理论：从市场结构论到资源基础论、再到核心能力论，后来又出现了一些改进观点，在传统的能力理论的基础上产生了动态能力论，以适应动态的企业经营环境。

动态能力理论在一定程度上是针对资源基础理论的静态分析法而展开的。Teece 等（1994）认为，动态能力是指企业保持或增强竞争优势的一种特殊战略能力，在快速变化的动态复杂环境下，企业的动态能力是其竞争优势的真正来源。Eisenhardt 和 Martin（2000）认为，动态能力是企业适应市场变化甚至创造新市场环境的能力，支撑企业进行获取、整合、重置资源的全过程。Griffith 和 Harvey（2001）认为，企业的动态能力就是创造别的企业难以模仿的资源组合作为竞争优势。Zollo（2002）认为，动态能力是组织通过学习改善其运作方式以追求高效率。

动态能力强调不断更新组织自身的能力、技能、资源进行适应性调整、整合，使组织能跟上环境不断变化的需要。动态能力理论旨在企业专注于培养其能力的同时，更加强调关注企业外部经营环境的变化，以便为企业创造竞争优势的资源与能力随着企业经营环境的变化而不断地提升、更新。动态能力很弱的企业，难以培养竞争优势并且竞争优势难以适应环境的变化，企业最终会被市场所淘汰。而动态能力很强的企业，能够使它们的资源和能力随时间和环境的变化而改变，并且能寻找到新的市场机会作为竞争优势的新源泉。动态能力理论认为企业只有通过其动态能力的不断创新，才能获得持久的竞争优势。企业动态能力是一种开拓性的能力，强调以开拓性动力克服能力中的惯性，它更加关注企业的动态效率，通过促进创新和创造新的核心竞争力为企业获取竞争优势打下坚实基础（黄江圳和谭力文，2002）。在动荡的环境中，动态能力更容易提升组织的开拓性学习能力。开拓性学习能力并不是为了特定的生产目的，而是为了帮助企业不断地提供新的战略观念，要想在复杂动荡的环境中获得持久的竞争优势，需要在战略思维中得到突破，找到创新的机遇。

动态能力理论认为，企业获取持续的竞争优势的根本在于以下两个方面：一是开发企业现有资源和能力，创造高顾客价值。企业现存的能力隐藏在企业的技术和知识基础、日常事务的处理流程、组织惯例中。企业具备的动态能力对现有的资源和能力持续不断地培养、开发、运用、维护或者扬弃，通过此类创新活动为顾客提供更高价值的产品与服务，在动态环境中动态能力能够使企业通过更好地满足顾客需要或创造新的顾客需求的方法来创造新的顾客价值，进而获取竞争优势。二是开发新的能力，创造难以模仿的竞争优势。开发新的能力要求企业在面对变化的市场环境时，能够迅速整合和重构其内外部资源和能力，形成新的竞争优势。动态能力作为一种开拓性能力，致力于克服能力中固有的惯性，聚焦于企业的动态效率和再生性创新的能力，动态能力使企业有限的资源和能力得到再次开发和创新，使企业在面对动态环境时，能够迅速调整企业的资源和能力配置。并且动态能力与企业的独特的资源、能力、创始人的经营理念、独特企业文化等密切相关，具有广泛分布、系统性嵌入等特点，这些都是竞争对手无法模仿的。

第三节　知识转移对组织冗余与高新技术企业创新效率的作用机制分析

一、高新技术企业知识转移的过程分析

（一）过程要素

要素是指构成一个客观事物的存在并维持其运动的最小单位，它是构成系统的基本单元，是系统产生、发展、演化的主要动因。在高新技术企业知识转移过程中，基于特定的环境，知识从知识发送方传递到知识接收方并被吸收、应用、创新，参与知识转移的各主体在知识转移中聚合成一个有组织结构的体系，其中知识转移基础结构包括主体、情境、内容和媒介四个部分（见图5-10）。

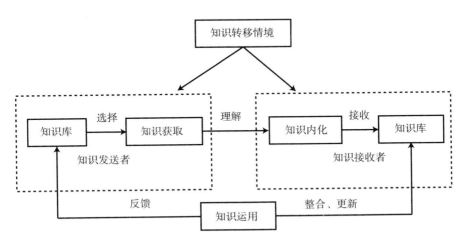

图 5-10　高新技术企业知识转移的过程机理

1. 主体

主体是指参与知识转移活动或为知识转移活动提供各种资源的各类组织、机构或个人。知识转移的主体可以分为知识发送者和知识接收者。在高新技术企业知识转移过程中，知识发送者一般是参与组织知识转移活动的同行内优秀企业及相关技术人员、高校、合作的科研机构等，这些机构或者个人将知识、技术等资源向知识接收者开展知识转移活动，知识接收者就是高新技术企业这个组织或者员工个人。知识发送者和知识接收者要彼此协商达成转移的共识。高新技术企业作为接收方，需要具备知识转移活动所要求的能力或资源，提前预估潜在风险以及制定实施的方案；同时需要积极与发送者进行沟通与协商，告知发送方需要承担知识转移活动的责任，确保知识转移活动的顺利进行。总之，知识发送者需要具备开放的心胸、愿意分享知识满足接收者的需求，双方需要互相信任，如果双方有过共享知识的经验，那么该知识转移活动的效果会更好。

2. 内容

知识转移的内容是指能够帮助高新技术企业完成某个特定工作或计划所需的知识。在高新技术企业知识转移过程中，转移的知识可以从以下三个角度分类：

（1）从知识呈现形式分为显性知识和隐性知识。显性知识是能用文字、公式、图表等系统方式表述并能够进行编码的结构化知识，包括各类数据、公式、操作说明书或手册、计算机代码、公司管理制度、技术成果等。这类知识便于组织内或跨组织边界流传，可以供知识接收方直接借鉴使用。而隐性知识是高度个人化、难以形式化的知识，一般基于个人经验总结出来的知识，如经验教训、判断力、直觉、工作技能、诀窍、价值观、组织文化等。隐性知识难以表达，也难以进行编码。在跨组织的知识转移中，抽象的隐性知识被员工通过各种方式逐渐显性化，将显性知识转移给高新技术企业，然后这些显性知识在企业内部逐渐内化，形成组织内的隐性知识。高新技术企业知识转移的过程既包括显性知识又包括潜移默化的隐性知识，这两类知识交叉在一起共同促进创新效率的提升。

（2）从知识转移的主体可以分为个体知识、团体知识和组织知识。其中个体知识是指组织内部员工个人的知识，主要来源于个体员工自身掌握的技能、工作经验、做事习惯等。团队知识是指由个体成员之间知识的共享以及相互作用所产生的，随着员工日常工作而逐步上升成团队，随着知识传递范围变广，团队知识逐渐上升到组织知识，比如组织内作业流程、机器的规范操作、组织文化等。

（3）从知识转移的目的又可分为工具知识和文化知识，工具知识是指执行或协调某个特定工作所必备的知识，这类知识是最直接有效地帮助高新技术企业提高创新能力；文化知识是营造有助于提高创新效率并且得到组织内人员认可的企业文化，包含与创新相匹配的组织价值观、团队信仰、个人的文化背景等各种知识。

无论哪类知识，都应该在知识转移过程中被传递、理解、吸收并内化为本组织的知识库，最终提高企业创新能力和效率。

3. 情境

情境包括高新技术企业内部情境和外部情境。内部情境是企业适合进行知识转移的组织文化，如员工愿意主动学习知识、创新型领导风格、开放式管理等，这些情境要素通常是共享于整个组织内并且员工广泛认可的，内部情境会直接影响知识接收者的知识转移能力和知识吸收能力。外部情境即外部政策环境、行业形势、市场结构以及参与知识转移的企业。外部情境也会对知识转移活动造成影响，如知识发送方的企业其创业背景、成长经历、企业文化都与接收方相似，那么会显著提高知识转移的效率，以及外部环境适宜的情况下，更能促进企业间构成创新联盟、技术联盟等，共享资源和知识。

4. 媒介

在高新技术企业知识转移的过程中，媒介发挥着桥梁的重要作用，知识转移的接收方和发送方之间的各种信息与知识的有效交流离不开媒介。媒介是知识转移的条件，没有转移媒介，很难进行知识转移活动。一般来说，媒介主要包括面对面交流、规则、数据、流程、数据库、电子文件、电子邮件、电话会议、传真、钉钉群等。知识转移的效率及效果在很大程度上取决于媒介的多元化以及成熟度。在众多沟通形式中，面对面的交流方式最有效。

（二）过程分析

如图 5-10 所示，高新技术企业知识转移过程主要包括知识获取、知识内化和知识运用三个环节。

1. 知识获取阶段

高新技术企业在进行科技创新的过程中，团队成员随时会遇到各种困难，需要不断向团队其他成员请教，于是产生各种知识需求；团队成员积极寻找合适的知识发出方协商知识转移，当双方达成知识转移共识，知识接收方根据自身创新的实际需要，筛选并整理所需的相关知识列表，知识发出方经过一定的媒介分享给知识接收方。

2. 知识内化阶段

知识内化阶段是高新技术企业知识转移的核心环节，知识接收方将分享的知识过滤、理解后吸收成为自己的知识并存储到自己的知识库中，用于企业内部创新作为技术支撑，给企业带来新鲜的知识原动力，为后续研发新产品以及提供差异化服务打下基础。

3. 知识运用阶段

在知识运用阶段，一方面是知识接收方将知识成功转化为市场成果，另一方面也包含知识发出方之间的互动和信息反馈的过程。高新技术企业投入大量人力、财力、物力等资源获取知识的最终目的是提高企业的创新绩效以及核心竞争力，但是从知识获取到知识内化再到知识运用最终转化成创新成果是一个非常漫长的过程，因此需要不断与知识发出方进行互动和反馈。由于知识转移过程中的各种噪声导致知识损耗严重，知识接收方需要不断向知识发出方反馈知识转移的效果，知识发出方会根据知识接收方的知识吸收情况及时调整知识转移的内容、数量和方式方法等，同时知识接收方会将自己所吸收的知识存储并加以运用，最终的知识是更迭之后的新知识，将新知识又反馈给发出方，如提供帮助的高校能从企业获取所需的数据作为实验的支撑、提供帮助的企业能获得反馈而进一步调整、更新自己的知识库等，这是一个互惠互利的局面，共同推进该领域知识的更新。

二、知识转移与组织冗余的关系机理分析

组织冗余是企业尚未充分利用的资源，在关键时刻组织冗余使企业能够从容应对外部环境变化带来的压力，促使管理者根据外部经济环境变化情况灵活做出战略或战术调整。当企业创新面临重大机遇的转变时，组织冗余可以为企业开发新产品、进入新市场、产品多样化等战略制定提供重要保障。然而，更多闲置资源的存在会导致企业成本增加，可能会阻碍变革与创新，导致企业运行效率降低。同时，随着冗余资源的增加，可能催生管理者安于现状的怠惰情绪，延缓了企业技术创新与产品创新的进程。

知识转移能够帮助企业解决因资源冗余引发的大量矛盾，通过获得丰富的技术知识，将所拥有的资源最大限度地利用，增加产品或服务的吸引力，但知识转移需要较大的成本和较多的资源，而组织冗余恰好能够为其提供经费、人才资源、客户关系及技术设备，从而有效促进企业知识转移顺利进行。然而，冗余资源与知识转移能力并非存在正向或者负向的作用关系，两者间存在资源与能力匹配机制，过多的知识转移加大了企业从外部获取与内部冗余资源的互补性资源的难度，致使企业难以聚焦新产品、新技术的研发，从而降低创新效率，因而组织冗余对于高新技术企业知识转移存在非线性关系的影响，一定量的冗余资源决定着一定程度的知识转移能力及效果，过少资源或过多资源都会对知识转移能力造成不同程度的影响。

三、知识转移与高新技术企业创新效率的关系机理分析

知识转移在高新技术企业中扮演着促进资源整合、知识共享、跨部门合

作以及技术转化等关键作用，从而提高组织的创新效率。

（一）知识转移促进知识共享与学习

知识转移可以促进组织的学习能力，加速知识的传播和应用。高新技术企业需要不断学习和改进，以适应不断变化的市场需求和技术挑战。知识转移可以帮助企业快速吸收新知识，提高创新效率。高新技术企业通常面临快速变化的技术环境，不断更新和学习新的知识是至关重要的。知识转移可以促进组织内部知识的共享和传递，使员工可以从其他团队或部门获得有用的知识，从而提高整体创新效率。

（二）知识转移促进跨部门合作

高新技术企业通常涉及复杂的技术领域，跨部门的合作和知识共享对于解决复杂问题和创新至关重要。知识转移可以打破部门之间的壁垒，促进跨部门的合作与交流，提高创新效率。

（三）知识转移促进外部合作与合作创新

除组织内部的知识转移以外，与外部合作伙伴进行知识转移也是非常重要的。高新技术企业通常与供应商、客户、大学等合作，通过与外部合作伙伴的知识交流，获取新的技术和市场信息，推动创新效率的提升。

（四）知识转移促进技术转化与商业化

技术转化和商业化是高新技术企业创新的重要环节。通过知识转移，可以将科研成果和技术知识转化为实际的产品或服务，推动创新成果的商业化进程。

总而言之，知识转移能进一步激活企业闲置资源的再利用，同时随着企业知识转移能力的加强，企业研发进程得以加快，创新能力也得到提升，本书进一步从知识获取、知识内化、知识运用的一系列过程中分析其对组织冗余和创新效率的影响。

四、知识转移对组织冗余与高新技术企业创新效率的作用机制分析

根据资源基础理论，稀缺的、不可模仿和不可替代的异质性资源是企业竞争优势的基础，知识资源就是一种异质性资源。Charmjuree 等（2021）提出，企业之间潜在的创新绩效差异很可能归因于组织闲置的知识资源，而知识转移通过知识获取、知识内化、知识运用的一系列过程，进一步激活企业闲置的知识资源的再利用，同时随着企业知识转移能力的加强，企业研发进程得以加快，创新能力也得到提升（Hamdoun et al.，2018）。因此，企业知识转移能够进一步促进创新过程所需资源的获取，进而有效提高创新各个阶段的效率。

（一）知识获取对组织冗余与高新技市企业创新效率的作用机制分析

许多研究认为，接收并获取外部知识是企业竞争优势的基础，知识获取能够促进企业创新效率。在全球竞争日益激烈的情况下，企业越来越成为知识密集型企业，更多地利用"脑力"而非"体力"进行竞争（Omerzel & Antoncic，2008），知识成为企业与竞争对手之间产生差异的重要因素。而高新技术企业处于技术和市场快速变化的环境中，及时获取最新的知识和技术以提高创新效率，是保持竞争优势的重要手段。

为了克服知识资源约束，高新技术企业的创新团队需要从外部获取新的技术、市场信息和最佳实践，这些对于高新技术企业的创新至关重要。外部知识的引入可以激发内部的创新能力，扩展企业的技术边界，推动技术进步和产品改进。企业通过内外部收集获取知识以更新现有知识库，为创新找寻更丰富的互补性或异质性知识资源，有利于其更加深入地了解相关利益者的需求，掌握行业内最新技术前沿及市场动态，从而保障企业进行有针对性的新产品开发活动，显著提高企业创新效率，但是如果企业盲目地加大知识获取力度，需要投入很多成本并承担很大风险，获取的知识如果不能及时地运

用到企业经营中转化为成果，会造成组织资源严重冗余的情况，不仅损失了人力和财力，也会对企业创新效率产生负面影响。因此企业在进行知识获取之前，要提前做好充分的工作准备，仔细比对获取的知识是不是企业发展所需要的。其实这也是一种收集和筛选的过程，团队成员通过不断与高校、科研机构、优秀技术人员进行交流，收集并筛选出有助于企业发展或者突破技术瓶颈的人才，才能有效促进创新效率。

（二）知识内化对组织冗余与高新技术企业创新效率的作用机制分析

知识转移不仅是简单的知识传递，还包括将外部知识与内部知识进行融合与转化的过程，即知识内化的过程。企业知识内化关键是组织成员要积极主动学习新知识，这对创新效率的提升至关重要，企业员工学习从外部获取的显性知识和隐性知识，能够增加团队成员的知识积累、扩展知识视野，激发新思想，形成新理念或新设计，并将这些新思想、新理念和新设计应用于新产品开发过程中。知识内化这种组织学习的方式有利于识别更多提升企业创新效率的关键性资源，促进更多新知识、新技术内化为组织创新的核心竞争力。

同时，组织内部因知识获取存在一定程度的知识冗余，即不同部门或团队可能同时拥有相似的知识和经验，有效的知识内化过程使团队成员更容易获取其他成员的知识，使他们更有效、更快速，保质保量地完成任务，取得良好的团队绩效目标。因此，知识内化可以促进组织内知识的汇聚和分享，通过知识内化，这些重复的知识可以被整合和共享，避免资源浪费，从而减少信息孤岛和冗余。当组织内部知识流动畅通，不同团队或个体可以共享经验和见解，从而避免重复努力，提高组织内部的协同效率。知识内化也能够增加整个团队的知识基础，并且当成员相信团队拥有良好知识基础时，更容易激发工作动力，大家齐心协力更加高效地进行创新。

（三）知识运用对组织冗余与高新技术企业创新效率的作用机制分析

组织内部的知识运用可视为新知识运用到组织内部管理和创新行为的过

程。上个阶段的知识内化与新产品开发过程相关的知识和信息加以整合，整合后的知识更有利于企业将知识运用到开发新产品与新技术流程的活动中。高新技术企业需要将外部知识运用到创新活动中才能转化为自己的核心技术和竞争优势。但这种运用过程需要组织具备一定的创新能力，包括技术研发能力、组织学习能力、快速适应市场变化的能力等。因此，高新技术企业需要充分利用自身的各种能力以及各种资源，将企业内化的新知识迅速运用到企业创新的各个环节，从而提高企业创新效率。

第四节 动态环境对组织冗余与高新技术企业创新效率的作用机制分析

早期，学者以企业为单位进行研究时，将企业看作一个封闭式、独立的系统，没有将外部环境纳入考量之中。后来的开放系统理论认为，组织为了生存和发展，需要依赖环境来要满足自身的各种需要，必须与其所处的环境进行信息、资源等方面的交换，否则就会影响企业发展甚至被淘汰。环境虽然是作为独立的因素存在于组织之外，但它对企业的组织绩效却有潜在影响，企业与环境是相互依存的关系，企业的成功建立在与外部环境相匹配的基础上。权变理论认为，没有一套完全适用于所有企业的生存法则，企业需要根据不同的外部环境和组织资源选择恰当的生存方式。每家企业不同的生存方式都与其所处的时代背景、环境变化程度密不可分，企业所面临的环境随着信息技术的迅猛发展而产生巨大的变化，动态环境对企业可持续发展提出了挑战，在动态环境下，企业想要获得可持续的竞争优势，必须不断地适应快速变化的环境，充分发挥自身的资源以及外部一切可利用的资源来打造核心竞争力，根据环境的变化作出相应的组织结构上的调整，才能保证企业整体的健康和可持续发展。

新时期企业动态环境的存在，对企业的经营管理活动提出了更多的要求。

传统的管理理论指导企业及时了解、掌握外部环境未来的发展趋势，获取企业长期发展所需要的资源，即可保证企业长期发展的稳定性。传统的管理理论仅考虑环境适宜性，假设企业面临的外部环境是相对平稳的，企业可以有充足的资源开展经营活动，并且能预测到行业发展的趋势，根据行业态势来把握发展方向以及筹备技术、人力等资源。传统的管理理论没有准确把握竞争环境下动态性这个特征，环境的动态性要求企业具备灵活的方式、柔性的结构、快速的应变能力来适应不断变化的环境。

Frosch（1996）、赵亚普等（2014）认为，组织冗余对企业创新效率的影响受到环境的调节作用。环境动态变化对企业的影响关键在于改变了组织获得竞争优势的技术及知识基础，改变了企业对资源的整合和利用的方向，以前环境中有效的组织资源可能不适合变革后的新环境，之前冗余的资源可能逐渐显露出与新环境相适应的优势。高新技术企业的激烈竞争主要是抢夺人才和技术等资源，希望抢占先机，利用稀缺资源开展创新活动，赢在起跑线上。因为企业不断在抢夺资源，最终获得的资源远超企业目前生产与经营所需要的资源，就会出现大量资源的冗余。在环境适宜的情况下，企业一般忙于获取资源以多样化的方式进行创新，不会急于将冗余资源进行筛选和利用，此时出现很多潜在冗余资源被企业忽略。在动态环境下，企业会谨慎选择新环境下能够给企业带来创新机会所必需的资源，调整甚至抛弃原有资源架构，倾向于减少资源投资的成本，专注于组织自身的可利用冗余资源，帮助企业在激烈环境下仍然凭借出众的产品创新以及创新效率在众多竞争者中脱颖而出。

一、环境动态性对组织冗余与高新技术企业创新效率的作用机制

（一）环境动态性与创新效率作用机制分析

环境动态性反映了企业市场环境变化的不可预测和不确定状态，随着经济全球化带来的市场变化的加剧，越来越多的学者开始关注不同的外部环境

对组织绩效带来的影响，环境动态变化给组织带来了更多的机遇和挑战。对于创业型的新兴企业，市场的动态变化能够让新兴企业有机会抓住创新的机会，从而凭借自身的竞争优势占领一部分市场，而对于成熟的企业来说，环境动态性会导致企业原本生存的外部环境结构发生改变，当固有的经营方式受到外部变动的冲击时，企业会陷入生产风险中，甚至面临被快速发展的新兴企业所替代的危机，迫使这类成熟的企业为了维持现有的市场份额，不断地调整战略以适应外部环境。环境动态性在给企业带来机遇的同时也可能会给企业带来创新绩效的损失，因此，环境动态性对高新技术企业创新效率的作用可以分为正面和负面两类。

关于环境动态性的正面作用，谢洪明（2005）认为，环境变动虽然不直接影响组织学习，但会进一步促进企业以市场为导向，从而对组织学习产生显著的正向影响。张映红（2008）实证研究了创新战略与创新绩效的关系在动态环境中的表现，结果显示动态环境会削弱管理者的判断能力，此时采用侵略性的竞争战略能够快速帮助企业在所处的行业占据有利地位，提高其创新绩效。王凤斌和陈建勋（2011）在研究领导行为时发现，当企业处于高动态环境中，一方面是由于高层领导者难以预料市场趋势而面临决策压力；另一方面是员工由于不稳定的市场环境担忧被裁员，此时变革型领导行为是最能适应动态环境的领导风格，该类型领导者会主动通过探索性尝试正向调节企业的创新绩效。陈力田（2015）认为，动态环境下，企业的吸收能力对于企业竞争优势的获取更为重要，环境动态性能促进企业对外部新知识的吸收与整合，从而促进企业的创新绩效。

关于环境动态性的负面作用：Aldrich 和 Howavd（1979）指出，环境动态性导致外部因素发生变化，这对决策者来说是模糊的，无疑给计划的制订与实施增加了难度。Pfeffer 和 Salancik（1978）认为，不确定和不稳定的环境带来的变化无法预知，并且这种变化会产生管理者和员工都无法预料的后果。在动态环境中，环境动态性会降低企业高层管理者预测未来事件的能力，组织原计划的实施会受到一定程度的影响，因此对组织绩效产生负面影响

（Khandwalla，1977）。在这种环境下，更需要企业高层领导者理性对待不确定风险的决策问题，尽量减少环境动态对组织的负面影响。同时，由于环境的动荡和产业的不稳定因素会使员工对自身的就业前景以及组织的发展前景产生担忧，这种心态之下会影响组织创新计划的落实，从而导致进一步加大环境动态性所带来的一系列负面影响。Shen 和 Li（2010）研究发现，环境的动态性越强时，资源需求变化越剧烈，造成联盟冲突对相关企业的创新绩效造成负面影响，因此企业面临高动态环境时，需要优先考虑资源价值和资源需求的改变，及时调整未来的发展方向，保证企业创新绩效的持续增长。陈国权和王晓辉（2012）认为，当组织学习与外部环境不匹配时，环境的动态变化会使组织学习变得越发困难，即环境动态性会更加弱化利用式学习和探索式学习对组织绩效的影响，因此环境动态性不利于企业创新绩效。余绍忠（2013）认为，环境动态性的提高所引起的不确定性会弱化企业对行业形势的把握，阻碍企业开展创新的活动，环境动态性负向调节了资金资源、人才资源、管理资源以及政策资源与创业绩效之间的关系。

（二）环境动态性对组织冗余与创新效率作用机制分析

环境动态性是指外部环境不断变化、不确定性较大，如市场需求的快速变化、技术进步、政策法规的调整等。环境动态性增加了企业获取其他资源的机会，为知识获取、知识内化、知识运用创造可能，同时较高动态性通常与企业面临技术变革、制度变迁、经济波动等环境变化有关，在环境不稳定或环境不可预测情境下，企业会面临各种非结构性问题（Galibraith，1973），此时企业对于机会的把握以及获取信息的准确性会大大降低，迫使企业通过推动新知识、新技术转移来促进创新成果向市场转化，从而获取新的竞争优势。同时，当环境的动态性较高时，刺激企业为了满足不断变化的客户需求而快速将组织冗余的资源变现成经济效益，形成适应动态环境条件下所需的资源能力，从而在动态的市场环境中运行得更稳定，有利于最大限度地提升企业的创新绩效。

环境动态性对组织冗余与高新技术企业创新效率的作用机制从组织学习与知识积累、风险管理与缓冲以及动态能力三个角度来阐述。

1. 组织学习与知识积累视角

当高新技术企业处于稳定的外部环境时，由于市场需求变化以及行业技术更新缓慢，企业面临的问题大多是结构性问题，企业可以利用原有的常规惯例解决这些问题，落实企业的战略目标。相反，当市场需求转变以及技术更迭换代时，企业面临的问题大多是非结构性问题，原有的技术基础和知识的价值与作用将随着这种快速变化而不断贬值，难以继续帮助该企业赢得市场竞争力。动态环境中，高新技术企业需要不断学习和积累经验以适应变化，关键是增强企业的环境洞察能力，企业要更好地了解顾客需求导向和技术发展趋势，以便能够科学地做出战略决策，这样就可以得到顾客的认可和市场的追捧，进而引领相关行业内的产品更新和技术升级，从而获得由快速变化的市场需求和技术更迭所赋予的机会，在创新中实现飞跃，保持可持续发展的竞争优势。

知识是学习的基础，拥有冗余资源的企业更容易实施组织学习，当企业内部员工个体或者团队感知到外部环境的变化，刺激他们学习和利用冗余资源不断产生创新的想法，这些创意性的成果在企业内部迅速传播、扩散，这就带动了全体员工的学习，一名员工全身心投入学习中的企业会对所处动态环境保持敏感性，及时通过变化规律捕捉到环境中可能的机遇与威胁，并且提前预测其对企业产生的影响，同时知识的积累可以促使企业改变现有技术结构进而快速适应环境变化。通过组织学习利用冗余资源创造出新知识并且把所创造的新知识传递给每位员工，从整体上提升了组织动态能力。另外，冗余资源可以为企业提供创新学习的保障，使其能够更加灵活地调整战略和运营方式。

2. 风险管理与缓冲视角

高新技术企业在创新过程中常常面临较高的风险，环境动态性带来的不确定性对高新技术企业的创新活动构成了更大的挑战，尤其在技术不稳定或市场不确定的情况下。组织冗余在关键时刻可以作为一种风险管理机制，通过提供多样化的资源和能力，降低创新过程中的风险，避免失误，此外，冗余还能充当一种缓冲机制，特别是可利用冗余资源，可以在动荡环境下有效减缓风险的冲击，减轻外部环境变化对企业创新活动的冲击，从而提高高新技术企业的创新稳定性和效率。潜在冗余因为具有模糊性，在遇到紧急情况下，企业不能及时发现潜在冗余的价值，因此需要花更多的时间和精力去发现潜在冗余并且将其深入剖析，转化为企业可直接利用的冗余资源。

3. 动态能力视角

高动态性环境通常会给企业带来更多的潜在机会，同时伴随更多的不确定性，它通常与技术变革、全球化和制度变化等因素有关，而这些因素通常会带来新的发展契机。企业需要不断地调整其战略、产品和服务，以便对不同的环境变化程度做出有效反应，更好地满足顾客不断变化的偏好和掌握对竞争对手的一举一动。但是当高环境动态性时，管理者往往面临着一个模糊的、缺乏清楚的判断标准的经营环境，这些因素可能迫使管理者在只能对企业的经营环境作出有限观察的情况下，快速地作出战略决策，从而建立企业动态能力。环境的动态性越高，就越需要保持高水平的企业动态能力，以便有效地对顾客环境、技术环境和市场环境的变化做出反应，实现较高的创新效率水平（焦豪，2008）。

但组织实施动态能力战略需要大量的冗余资源做支撑，为了确保企业在技术或行业的快速变革中能始终领先，动态环境下，不仅需要更高素质的管理人才和科研人才，更需要企业增强自身的动态能力以适应环境。动态能力是一种以内外部环境变化为导向的战略能力，在企业制定战略、实施战略和控制战略过程中，动态能力能对组织结构、企业文化、经营模式等要素进行动态调节，帮助企业管理者不断调整甚至重构企业竞争能力，使企业始终保持并增强对环境的适应能力，维持企业竞争优势并提高企业创新绩效。动态能力能帮助高新技术企业减少因技术或行业的快速变革所带来的各种矛盾与冲突。而且企业要想在高动荡的环境中抓住机会发展自己，组织冗余会帮助企业继续开发和保护自己的核心技术与能力，增强核心竞争力和动态能力。

总之，环境动态性对组织冗余与高新技术企业创新效率的调节机制是一个复杂且多变的过程，也可能受到行业特性、企业规模、地理位置等因素的影响。

二、环境适宜性对组织冗余与高新技术企业创新效率的作用机制

（一）环境适宜性与创新效率作用机制分析

李冬伟和汪克夷（2009）认为，环境适宜性反向调节人力资本与企业绩效关系、正向调节流程资本与企业绩效之间的关系。企业在适宜条件下能获取的环境资源较多、市场竞争压力较少时，人力资本对企业绩效的促进作用反而减弱，而此时加大对流程资本的投资能显著提升企业创新效率。因此在激烈竞争的环境中，加大对人力资本的投资以及加强人力资本的管理是企业应对激烈竞争的外部环境、提高企业创新效率的有效途径。

张晓昱等（2014）认为，适宜性是外部环境能够支持企业持续增长的能力，并将其分为资源丰足性和稀缺性两种情况讨论，外部环境如果能够提供企业维持正常经营所需的丰富资源，那么企业开展创新活动获取资源压力就会减少，从而加快获取新的资源以实现产品差异化等战略目标，形成自己独特的资源优势；当外部环境不适宜、资源稀缺时，企业会充分整合组织内部冗余资源，为企业带来新的发展机会，提高市场竞争能力和创新绩效。

Khan 和 Mir（2019）指出，获取关键资源是企业实现核心竞争力的重要保障，在适宜环境下，企业拥有较丰富的知识和资源，通过充分获取、内化与运用这些知识和资源，能够快速形成自己独特的竞争优势，为企业进行知识转移提供充足准备。另外，在适宜的环境下进行知识转移，能够有效增强团队进行技术创新的信心与决心，加快企业战略差异化、产品差异化、技术差异化的步伐，因此环境适宜性正向地促进了知识转移与创新效率。

（二）环境适宜性对组织冗余与创新效率作用机制分析

环境适宜性与环境敌对性是两个反义词，环境敌对性对应的是资源匮乏

并且市场环境竞争非常激烈，这意味着企业内只能拥有维持生存的少量冗余资源，企业决策制定和实施的灵活性都受到限制，并且战略选择的范围很窄。而环境适宜性提供了企业所必需的闲置资源，这些闲置资源能促进企业在适宜环境中增加人力、技术、知识等方面的投资，提升企业创新效率，在人力资本的投资有助于扩充企业的知识库并提高员工的技能，打造高素质的员工团队。在技术和知识这类创新资本中的投资，可以作为阻碍竞争对手进入行业的壁垒，促进创新转化为商品和服务，因而，环境的适宜性将正向调节组织冗余与企业创新绩效之间的关系，而且当环境适宜性较高时，组织冗余和企业创新效率的关系将得到加强。本研究从资源配置、创新能力以及创新合作与知识共享三个视角来阐述环境适宜性对组织冗余与高新技术企业创新效率的作用机制分析：

1. 资源配置视角

环境适宜性对高新技术企业的创新效率产生重要影响的是资源配置机制，环境适宜性为企业提供了充分认识环境的能力，即能够分析所处环境的变化规律、变化特征以及环境变化对企业可能产生的影响，而且适宜的环境又为企业提供创新所需的可利用资源，为企业发展提供充足的机会，从而使高新技术企业管理层对未来发展持有乐观预期。管理者又出于乐观预期，认为冗余资源短期内会被企业的创新活动所吸收，所以会一直维持一定的闲置资源，而组织冗余可以为企业面临风险时提供备用资源和能力，这是一个良性循环的过程。因此，在环境适宜的情况下，企业会倾向于开展多样化的技术创新活动，适应性资源配置机制能够帮助高新技术企业在动态环境下更好地应对市场需求、技术变化等因素，企业通过提升其构建和重组组织内外部资源，灵活地调整资源配置来适应变化，保持创新活力，从而提高创新效率。

2. 创新能力视角

环境适宜性为高新技术企业提供了更多的创新资源（如人才、技术、信息等）。环境适宜性可能促使高新技术企业转变为更加注重创新的组织，尤其是具有冗余资源的企业在环境适宜的情况下更有可能捕捉新的商机，利用自身资源和创新能力优势，不断提高创新效率，支持企业进行更多的创新活动，为企业发展提供持续的动力，最终在众多竞争对手中胜出。

3. 创新合作与知识共享视角

环境适宜情况下，组织内外的合作与共享变得更加频繁。一方面，环境适宜性可能促使高新技术企业加强与其他组织的合作，形成创新联盟、技术联盟等，共享资源和知识，加速创新效率的提升，组织冗余为企业提供了更多样化的资源，使其更具吸引力、更有可能与其他企业展开合作，进而实现知识的共享与创新的互补。另一方面，环境适宜性会让员工对企业未来的发展充满希望，员工会主动地通过集体互动、知识分享推动企业创新活动，寻求创新机遇，这个过程是组织内互相学习、积极参与知识转移的动态过程，最终会实现知识的更新与创新能力的提升。

第五节　总结与评述

本章从动态环境以及知识转移两个角度分析了组织冗余对高新技术企业创新效率提升的机制。主要内容包括知识转移定义内涵和维度划分、知识转移过程模型、知识转移的机制、高新技术企业知识转移的过程、知识转移（知识获取、知识内化、知识运用）对组织冗余与高新技术企业创新效率的作用机制分析；动态能力定义内涵和维度划分、动态环境的理论基础、动态环境（环境动态性和适宜性）对组织冗余与高新技术企业创新效率的作用机制分析。

关于知识转移对组织冗余与高新技术企业创新效率的作用机制分析方面，首先，基于知识转移的过程视角，将知识转移分为知识获取、知识内化、知识运用三个维度；其次，为了深入剖析知识转移对组织冗余与高新技术企业创新效率的中介作用，进一步梳理了知识转移的过程模型以及作用机制；最后，从知识转移过程中的知识获取、知识内化以及知识运用三个阶段分析其在组织冗余与高新技术企业创新效率提升的作用机理以及分析知识转移的中介效应。

关于动态环境对组织冗余与高新技术企业创新效率的作用机制分析方面，首先，基于外部环境变化特征视角，将动态环境划分为环境动态性、环境适宜性两个维度，梳理了国内外学者关于动态环境这两个特征的内涵定义；其次，分析了动态环境的理论基础，为后续分析动态环境对创新效率的影响打下基础；最后，分别从两个维度分析动态环境在组织冗余与高新技术企业创新效率中的调节效应机制。

本章引入组织冗余、知识转移、动态环境三个重要概念，并对其进行维度划分，分析其与高新技术企业创新效率的关系机理。得到的主要结论有以下三个：

（1）高新技术企业创新效率、组织冗余、知识转移和动态环境四者之间是互为影响、彼此依赖的关系。动态环境是企业组织冗余与创新绩效之间的诱发因素，知识转移是企业应对环境变化进行对组织冗余资源利用的必要因素，组织冗余是企业提高创新绩效的重要条件。当前处于数字经济时代背景下，企业所处的环境极为不稳定，在这种情境下，不仅需要注重创新的投入，还需要注重创新的产出，在研究企业创新绩效时一般要考虑组织学习能力、吸收能力，但是组织冗余的资源也会对企业创新绩效产生影响，因此本书研究组织冗余与企业创新绩效的关系，企业需要充分利用闲置的资源来提高企业创新绩效，并保证企业有对抗风险的能力，而组织冗余资源的有效利用又离不开企业的知识转移。一方面，知识转移是一种关键的组织冗余获取条件，不同的冗余资源给企业提供了不同的利益，高新技术企业要在动态的环境中获取技术和创新能力，则需要战略性地重组和再利用冗余资源，环境与企业资源的任何不匹配都会给创新效率带来严重的损害。在稳定的环境下，企业可以依赖现有的技术与知识基础，开展创新活动，但在动态环境下，企业更需要知识转移能力来解锁组织冗余的可利用性，给企业带来更多的创新可能性。另一方面，高新技术企业创新所需的知识往往是对原有知识较大程度的改变，或者需要整合不同领域的知识。企业会通过不断地向科研机构、高校以及同行企业寻求帮助，获取更多新知识，知识库的不断扩充会出现大量组织冗余，企业在聚焦创新活动过程中往往会忽略一些暂时闲置的资源，但当外部环境发生剧烈变化，企业不得不主动将知识库的全部技术和知识资源整合再利用，来寻求新的创新机会。因此，高新技术企业创新效率、组织冗余、知识转移和动态环境四者之间是互为影响、彼此依赖的关系。四者之间的关系表现为从缓冲应对到动态调整再到逐步适应的关系，具体表现为当企业所处的环境缺乏稳定性时，内部的组织冗余就会起到缓冲的作用，本书将企业冗余资源分为可利用冗余和潜在冗余，可利用冗余资源能够直接给企业提供缓冲作用，企业最先利用冗余资源通过知识转移来减少外部不利因素对企业造成的负面影响，该阶段的组织冗余主要表现为一种趋于被动的缓冲能力；初步缓冲过后企业将考虑对组织冗余采取一定的调整政策来积极适应外部环境的变化，该阶段的组织冗余则主要表现为一种积极的适应能力；紧接着企业会进一步抓住环境中对企业有利的部分，通过积极的战略调整，进行研发创新，提升企业的创新绩效。在整个过程中，动态环境是企业组织冗余与创新绩效之间的诱发因素，知识转移是企业应对环境变化进行组织冗余资源利用的必要因素，组织冗余是企业提高创新绩效的重要条件。企业只有事先保留一定的组织冗余，才能在出现外部不利环境时积极进行应对，积极重组、利用组织的冗余资源，主动进行产品研发，从而提升企业的创新效率。

（2）知识转移在组织冗余与高新企业创新效率中起到中介作用。随着知识经济的不断发展和企业外部环境变化的加剧，企业的管理及创新活动出现了一系列新的趋势或要求。作为一种重要的异质性资源，知识在企业成长中起到了重要作用，因此知识管理日益成为企业管理者和国内外学者共同关注的焦点。而知识转移作为知识管理活动过程的重要一环，正在成为企业的一项重要工作，企业从自主研发创新到实现产业化效益的过程离不开知识转移。如何开发和运用蕴藏在组织内部庞大的无形资源，促进知识在不同部门和人员之间转移是高新技术企业需要重点关注的问题。越来越多的高新技术企业通过知识转移来塑造自身可持续的竞争优势。

从过程视角来看，知识转移的主要活动有知识获取、知识内化和知识运用。知识获取具有累积性，企业各项创新活动是基于知识积累而顺利开展的，所以知识获取是高新技术企业进行创新活动的基础。同时，知识获取为知识内化提供了更多可能性，知识内化是企业充分利用其吸收能力将获取的新知识成功转化为组织内部知识库。这个过程是企业根据自身情况将获取的新知识适当整合、更新然后再吸收的过程，知识经过内化之后更容易被企业运用到创新的产品研发和创新流程中，知识运用的过程是知识转移的结果，真正将新知识转化为创新成果。高新技术企业知识转移的过程是对组织冗余进行有效转换和利用的过程，一家企业知识转移能力越强越能提高组织冗余利用效率，越能够实现服务与技术创新效益的提升，并提高企业的创新效率。

（3）动态环境在组织冗余与高新企业创新效率中起到调节作用。随着经济全球化和信息技术的迅速发展，高新技术企业所处的商业环境正经历着巨大的变化，充满了动态性，本研究从动态环境的动态性和适宜性两个角度探究其对组织冗余与创新效率的影响。当企业处于稳定的市场需求和技术发展环境之中时，组织面临的问题多为结构性问题，高新技术企业很少寻求新颖的方式解决这类问题，一般可以利用常规模式来维持企业正常的运转。相反，当市场呈现急剧动态性的特征时，企业将会面临很多非结构性问题，原有的知识和技术的价值与作用会降低，而且环境的不确定性给创新活动的开展增加了难度。此时，环境动态性会刺激企业在现有经营模式和运营流程的基础上做出调整或改善，并对企业内现有的组织资源进行整理，组织内大量冗余资源被再次利用，组织冗余经过整合之后可以被用于企业研发新产品和更新技术等创新活动，为企业提供风险缓冲；同时，环境适宜性能有效提供人力、物力、财力资源支撑，加快组织创新进程，提升高新技术企业创新效率。

第六章　组织冗余对高新技术企业创新效率提升的路径构建

第一节　优化资源配置与协同合作，提升组织冗余对企业创新的赋能

优化资源配置与协同合作既对组织冗余产生效益，也对企业创新效率存在一定的作用机制。其对两者之间的影响起到正向的调节作用，改善了资源的可调配性，可以提升组织冗余对企业创新的正向赋能，也可以进一步促进组织冗余对企业创新效率的正相关影响。优化资源配置与协同合作主要通过充分利用冗余资源、降低风险、提升创新能力、建立创新生态系统、改善绩效和效率以及促成知识共享，使企业能够实现资源的聚焦、知识的共享、合作伙伴关系的建立，推动创新的快速实施和迭代，并最终提高企业的创新效率。

一、优化资源配置与协同合作的概念以及作用

优化资源配置是指通过有效的资源分配和利用，最大限度地实现组织目标和任务的过程。资源可涵盖人力、资金、设备、技术和信息等方面，这些资源是组织运作和发展的核心要素。优化资源配置的关键要素包括资源评估、

优先级设置、资源分配与调度、时间管理和风险评估。资源评估涉及对现有资源的全面评估，以确定其可用性、容量和限制。优先级设置是基于战略目标和任务需求，确定资源的重要性和优先级，以确保资源的合理配置和使用。资源分配与调度涉及将资源分配给不同的项目和任务，并根据需求进行灵活调整。时间管理和进度控制有助于确保资源在适当的时间内可用，并根据项目进展进行调整。风险评估和管理涉及识别和评估潜在的风险，并制定相应的管理措施，以减轻资源配置中的潜在风险。

资源协同合作是指不同资源之间的协同作用，通过协作和合作实现更好的绩效和结果。它涉及组织内部和外部资源之间的协同合作，以促进知识共享、信息流动和任务协作。资源协同合作的关键要素包括知识共享和信息流动、跨部门和跨功能协作、合作伙伴关系的建立、协同决策和共同目标设定。知识共享和信息流动通过打破信息孤岛，促进团队、部门和个人之间的知识交流和共享，从而提高组织内部的协作和创新能力。跨部门和跨功能协作通过建立跨部门的工作组和项目团队，实现不同功能和部门之间的合作和协同，实现更好的协同效应。合作伙伴关系的建立使组织能够与外部合作伙伴建立紧密的合作关系，从而获取更广泛的资源和专业知识，促进创新和共同发展。协同决策和共同目标设定通过集思广益，减少个人偏见，制定更有效的决策方案，激发团队合作和协同努力，实现更好的绩效和结果。

从相关研究来看，优化资源配置与协同合作对企业有以下几点作用：一是优化资源配置和资源协同合作有助于提高资源利用效率，减少资源浪费，提高生产力和绩效水平。合理分配和资源调度、有效管理时间和进度，有助于项目的顺利进行和高质量的交付。二是促进创新和变革，资源协同合作为创新和变革提供了更广泛的资源和多元化的思维。知识共享和合作能够激发创新思维、引入新的观点和创意，推动组织的创新能力和竞争力。三是优化资源配置和协同合作使组织能够更好地适应变化和不确定性。资源的灵活调度和协同工作能力，使组织能够更快地应对市场变化和竞争压力，提高灵活性和适应性。四是通过风险评估和资源协同合作，组织能够降低项目和运营中的风险。资源的集中管理和风险共担，使组织能够更好地应对挑战，并提高可持续发展的能力。五是资源协同合作有助于组织建立更广泛的合作关系和创新生态系统。与外部合作伙伴的合作以及创新社区的参与，为组织提供了更多的创新资源和机会，促进共同发展和创新能力。

综上所述，优化资源配置和资源协同合作对于组织管理的效率、绩效和创新能力至关重要。通过有效利用有限的资源、促进资源之间的协同作用，组织能够实现更高水平的绩效，并具备应对变化和实现战略目标的能力。这两个概念和实践对于企业的长期规划、创新以及可持续发展具有重要意义。

二、优化资源配置与协同合作对组织冗余的效益

优化资源配置与协同合作可以对组织冗余产生积极的影响和作用，主要体现在以下六个方面：

（一）冗余资源的利用

冗余资源可以通过优化资源配置得到更充分的利用。这些资源可以被重新分配给创新项目或新兴领域，为组织的创新活动提供支持和动力。通过合理规划和管理，冗余资源可以被有效地转化为创新和增长的机会，从而提升组织的竞争力和创新能力。

例如，从设备和设施冗余来看，组织可能拥有闲置或未充分利用的设备和设施。通过优化资源配置，可以将这些资源重新分配给其他部门或项目，避免浪费并提高生产效率。闲置的设备可以用于新产品的试验和研发，未使用的办公空间可以成为创新团队的工作区。从人力资源冗余来看，组织可能存在人力资源的冗余，即某些部门或团队的人员过剩。通过协同合作，可以将这些人力资源调配到其他部门或项目中，以满足新的需求和挑战。这样可以充分利用人力资源的专业知识和技能，提高工作效率和产出。从财务资源冗余来看，冗余的财务资源可以用于支持创新项目和风险投资。优化资源配置和协同合作可以确保这些财务资源得到有效管理和利用，使其为组织创新

和增长提供支持。

（二）风险缓冲作用

冗余资源可以作为应对不确定性和风险的缓冲工具。当组织面临突发的挑战或变化时，冗余资源可以提供额外的回旋余地和灵活性，减少冲击对组织正常运营的影响。通过优化资源配置和协同合作，组织可以更好地调配和利用这些冗余资源，降低风险并增强组织的韧性。简而言之，冗余资源可以作为应对不确定性和风险的储备，以确保业务的连续性。

例如，在关键设备出现故障时，拥有备用设备可以快速恢复生产，减少停工时间和损失。通过优化资源配置，确保适当的冗余资源可用，并与协同合作的团队共享风险，组织可以更好地应对突发事件和市场波动。

（三）提升创新能力

优化资源配置与协同合作可以促进组织的创新能力，并激发创新的潜力。通过合作伙伴关系、知识共享和跨部门合作，冗余资源可以为创新活动提供更多的支持和动力。冗余资源的利用可以降低创新项目的成本和风险，提供更大的灵活性和创新空间，从而促进组织的创新和变革。也即冗余资源的利用可以支持创新和研发活动。同时，未使用的研发设施和专业人员可以参与新产品开发和技术研究，推动创新能力的提升。通过优化资源配置和协同合作，组织可以将这些冗余资源调配到创新项目中，加速创新过程并提高研发效率。

（四）建立创新生态系统

优化资源配置与协同合作有助于组织建立一个支持创新的生态系统。通过与外部合作伙伴、供应商、学术界和创新社区的紧密合作，冗余资源可以与外部资源相互补充和交互，形成创新生态系统。这种生态系统为组织提供了更广阔的资源池和多元化的创新机会，推动组织的创新能力和竞争力。

（五）绩效改善和效率提升

通过优化资源配置和协同合作，冗余资源的有效利用可以带来绩效的改善和效率的提升。冗余资源的合理分配和调度可以降低资源浪费，提高资源的利用效率和产出效能。协同合作可以促进资源之间的协同作用和互补，提高资源的整体绩效和效能，以及跨部门协同合作和知识共享。

（六）促成知识共享

优化资源配置和协同合作可以促进不同部门之间的协同工作和知识共享，实现更好的业务协调和创新能力。通过建立跨部门的合作机制和共享平台，组织可以促进知识的流动和协作，从而为创新项目提供更多的洞察力和创意。这种协同合作可以打破组织内部的信息孤岛，促进知识的跨界融合，推动创新能力的提升。

综上所述，优化资源配置与协同合作对组织冗余资源产生积极的影响和作用。通过充分利用冗余资源、降低风险、提升创新能力、建立创新生态系统、改善绩效和效率以及促成知识共享，组织能够实现更高水平的绩效、更进一步的创新、可持续的发展。这些概念和实践对于组织冗余资源的有效管理和利用至关重要，为组织创造更大的价值和竞争优势。

三、优化资源配置与协同合作对企业创新效率提升的作用

优化资源配置与协同合作对企业创新效率提升具有重要的作用，主要体现在以下六个方面：

（一）资源优化与创新聚焦

优化资源配置可以确保企业将资源集中用于关键的创新项目和活动，避免资源的分散和浪费。通过对资源进行优先级评估和合理分配，企业能够将有限的资源集中用于具有高创新价值和有潜力的项目，从而提升创新效率。资源的集中和聚焦有助于减少重复投资和冗余工作，提高资源的利用效率和创新投入的回报率。优化资源配置的关键在于将资源集中用于关键的创新项目和活动，以提高创新效率。例如，企业可以通过对不同项目的资源需求和价值进行评估，确定哪些项目是最有前途和高潜力的，从而将有限的资源投

入这些项目中。举例来说，一家科技公司可能决定将更多的资金和人力资源投入研发新产品的团队中，而将较少的资源投入到市场营销部门。

（二）跨部门和跨功能协作

优化资源配置与协同合作鼓励跨部门、跨功能的协作与协同工作。通过建立协作机制和共享平台，不同部门和功能之间可以共享资源和知识，加强合作与协同，提升创新效率。跨部门、跨功能的协作有助于整合不同的专业知识和技能，促进多元化的思维和创新观点的涌现，从而推动创新的快速实施和迭代。例如，当一个创新项目涉及多个部门或功能时，通过建立协作机制和共享平台，各部门可以共享资源、知识和专业技能，加强协同工作，提高创新效率。举例来说，一家汽车制造商的新产品开发团队可能需要与设计、工程、供应链和营销部门合作，以确保新产品从设计到上市的顺利推进。

（三）知识共享与创新活动

优化资源配置与协同合作促进知识的共享和交流，为创新活动提供更广泛的支持和资源。通过建立知识共享平台、专家团队和培训机制，企业可以将知识和经验在组织内部进行共享，避免信息孤岛和重复努力。这种知识共享和交流有助于加速创新进程、减少错误和重复工作，从而提高创新效率和质量。例如，企业可以建立内部知识共享平台，让员工分享最佳实践、经验教训和创新想法。这样的共享有助于加速创新过程、减少错误和重复工作，提高创新效率和质量。举例来说，一家跨国制药公司的研发团队可以通过内部博客和专家论坛分享最新的研究成果和药物开发技术，以促进团队之间的知识共享和创新。

（四）合作伙伴关系与外部创新资源

优化资源配置与协同合作也涉及与外部合作伙伴的紧密合作和建立合作伙伴关系。通过与供应商、合作伙伴、学术界和创新初创公司的合作，企业可以获取更广泛的创新资源和知识，从而加快创新速度和提升创新效率。外部合作伙伴可以提供新技术、市场洞察和专业知识，弥补企业内部资源的不足，促进创新能力的提升。

（五）快速实验与迭代

优化资源配置与协同合作可以支持快速实验和迭代的创新方法。通过资源的灵活配置和协同合作的团队，企业能够更快地进行试错和学习，及时调整创新方向和策略，提高创新效率和响应速度。快速实验和迭代有助于快速验证概念、减少失败成本，并推动创新的快速推出和商业化。

例如，一家软件开发公司可能采用敏捷开发方法，通过小规模的实验和反馈循环，不断迭代产品的功能和设计，以快速满足客户需求。

（六）绩效改善与创新结果

通过优化资源配置与协同合作，企业可以提高创新绩效以及结果的质量、数量。资源的有效配置和利用有助于提升创新活动的质量和产出，加快创新的商业化和推广速度，增加创新项目的成功率和市场占有率。优化资源配置与协同合作的实践能够实现创新过程的规范化和持续改进，提高创新效率和创新绩效的可持续发展。

综上所述，优化资源配置与协同合作，对企业创新效率的提升具有重要的作用。通过资源的优化配置和协同合作，企业能够实现资源的聚焦、知识的共享、合作伙伴关系的建立，推动创新的快速实施和迭代，并最终提高创新效率和创新绩效的质量和数量。

四、优化资源配置与协同合作，提升组织冗余对企业创新的赋能

正如前文所述，首先，优化资源配置与协同合作对组织冗余资源产生积极的影响和作用。通过充分利用冗余资源、降低风险、提升创新能力、建立创新生态系统、改善绩效和效率以及促成知识共享，组织能够实现更高水平的绩效、更进一步的创新、可持续的发展。这些概念和实践对于组织冗余资源的有效管理和利用至关重要，为组织创造更大的价值和竞争优势。其次，优化资源配置与协同合作对企业创新效率的提升也具有重要的作用。通过资

源的优化配置和协同合作，企业能够实现资源的聚焦、知识的共享、合作伙伴关系的建立，推动创新的快速实施和迭代，并最终提高创新效率和创新绩效的质量和数量。因此，基于以上研究，建立于组织冗余对企业创新效率影响的正向机理分析，本书认为优化资源配置与协同合作可以提升组织冗余对企业创新的正向赋能，进一步促进组织冗余对企业创新效率的正相关影响。

进一步来看，前文提到 Sharfman（1988）根据组织资源的流动性和灵活性，将组织冗余分为高流动性冗余和低流动性冗余；而李晓翔等（2015）将其区分为沉积冗余和非沉积冗余。由此可见，资源可调配性是提升组织冗余对企业创新的赋能的关键，当资源具有高度流动性和灵活性时，它们可以根据需要从一个部门或任务转移到另一个部门或任务中去，以适应变化的需求和优化资源利用。优化资源配置与协同合作能力，正是作用于此，主要体现在以下六个方面：

（一）优化资源配置减少资源沉积冗余

优化资源配置意味着将资源分配到最有价值和战略意义的项目和活动中，从而减少资源的沉积冗余。通过对资源需求和优先级的评估，组织可以将资源集中用于关键的创新项目和核心业务，避免将资源浪费在低价值或重复的活动上。例如，一家制造企业可以通过优化生产线的布局和调整产能，减少库存积压和过剩的原材料，从而减少资源的沉积冗余。

（二）跨部门流程整合减少资源沉积冗余

优化资源配置和协同合作鼓励跨部门流程的整合，从而减少资源的沉积冗余。通过整合和优化不同部门之间的工作流程，可以避免重复的工作和资源的重复配置。例如，一家医疗设备制造公司可以通过整合研发、生产和销售部门的工作流程，减少信息传递和协作的时间和成本，提高资源的利用效率，减少资源的沉积冗余。

（三）跨部门协同合作减少资源非流动性冗余

跨部门协同合作是减少资源非流动性冗余的关键因素。通过建立协作机制和共享平台，不同部门和团队可以共享资源和知识，避免资源的僵化和局限性。这种跨部门协同合作有助于资源的流动性和灵活性，使资源可以根据实际需求在不同部门之间流动和共享。例如，一家跨国企业的不同地区办事处可以通过共享最佳实践和资源调配，减少地区之间的资源非流动性冗余。

（四）灵活资源配置减少非流动性冗余

优化资源配置和协同合作可以提供灵活的资源配置，从而减少非流动性冗余。通过灵活配置资源，组织可以根据需求快速调整资源的分配和使用，避免资源长期闲置或无法适应新的需求。例如，一家软件开发公司可以通过弹性的团队设置和项目调度，灵活配置开发人员和设备，以适应不同项目的需求和时间表，减少非流动性冗余。

（五）外部合作与资源共享减少非流动性冗余

外部合作与资源共享是减少非流动性冗余的有效途径。通过与供应商、合作伙伴和外部机构的合作，组织可以共享资源、知识和技术，避免资源的僵化和非流动性。例如，一家科技公司可以与外部合作伙伴建立共享研发设施的合作关系，从而减少研发设施的闲置时间，降低非流动性冗余。

（六）数据驱动决策减少资源沉积冗余和非流动性冗余

数据驱动决策是减少资源沉积冗余和非流动性冗余的重要工具。通过数据分析和决策支持系统，组织可以获取实时的资源使用情况和需求信息，从而更精确地进行资源配置和协同合作。例如，一家零售企业可以通过数据分析系统监测库存和销售数据，及时调整采购和仓储策略，避免库存积压和资源的非流动性冗余。

第二节　强化灵活人才管理与培养，加速组织冗余对企业创新的赋能

灵活人才管理在人员配置与需求匹配、弹性雇佣方式与资源共享、跨部

门合作与多技能发展、敏捷决策与灵活调整、绩效管理与优胜留才，以及数据驱动的决策与预测等方面对组织冗余产生重要影响和作用。通过灵活的人力资源管理策略，组织可以减少冗余，提高资源的利用效率和灵活性，从而增强组织的竞争力和可持续发展能力。而灵活人才培养在人员多样性与岗位匹配、跨岗位培养与灵活调配、激发创新能力与项目协作、个性化发展与绩效激励，以及数据驱动的人才管理与预测等方面对组织冗余产生重要影响和作用。通过灵活的人才培养策略，组织可以减少冗余，提高人才的适应性、创新能力和灵活性，增强组织的竞争力和可持续发展能力。

在这些因素的作用下，灵活人才管理与培养对于提升企业创新效率起到重要作用。通过引进和培养创新人才、组建跨部门和跨功能团队、营造创新文化和环境、优化创新流程与敏捷化、促进跨界合作和开放创新，以及持续学习与知识更新，企业能够提高创新效率，实现持续创新和竞争优势。加速了组织冗余对企业创新效率影响的进程，加速了组织冗余对企业创新的赋能。

一、灵活人才管理的概念及作用

灵活人才管理是一种以适应性、弹性和创新为核心的人力资源管理方法，旨在应对不断变化的业务环境和组织需求。从另一个角度来看，灵活人才管理以灵活性为导向，强调组织在人员招募、雇佣、培养和离职等方面的灵活性和适应性。它鼓励组织采用多样化的雇佣方式，如全职员工、兼职员工、临时工、合同工和外包人员等，以满足组织在不同阶段和业务需求下的灵活性要求。灵活人才管理还强调人员的多技能发展和跨职能合作，以应对快速变化的市场需求和组织战略。

强化灵活人才管理能给企业带来许多益处，具体体现在以下五个方面：

（1）提升适应性和弹性。灵活人才管理使企业能够快速调整人员配置，以适应市场需求的变化。通过引入灵活的人才组合，企业可以更好地应对季节性需求波动、项目变更和业务扩张等挑战。

（2）创新和专业技能：灵活人才管理鼓励人员的多技能发展和跨职能合作，促进知识和经验的交流和共享。这有助于推动创新和复杂问题的解决，因为员工能够跨越传统职能边界，提供新的思路和解决方案。

（3）成本控制和效率提升：灵活人才管理使企业能够更好地节约人力资源成本，根据实际需求进行人员配置，避免过度雇佣和非必要的成本开支。企业可以根据业务需求和项目周期性进行人员规模调整，以提高效率和灵活性，降低人力资源成本。

（4）增强员工满意度和忠诚度。灵活人才管理提供了更多的工作选择和灵活性，满足员工多样化的工作需求和个人目标。这有助于提高员工满意度和忠诚度，减少人才流失率。员工感受到组织对他们的关注和支持，可以更好地平衡工作和生活，提升工作动力和积极性。

（5）增强组织的竞争力。灵活人才管理赋予企业更强的竞争力，使其能够更好地应对市场竞争和变革。企业可以更迅速地调整组织结构和人员配置，吸引高素质人才，提升创新能力和市场敏捷性。

灵活人才管理在适应性、弹性、创新、成本控制、员工满意度和组织竞争力等方面对企业产生重要影响。通过采用灵活的人才配置和跨职能合作，企业能够更好地应对市场需求变化，提高创新能力和效率，并吸引和留住高素质的人才。这种灵活性和适应性使企业能够在竞争激烈的商业环境中占据优势，实现可持续发展。

二、灵活人才培养的概念及作用

灵活人才培养是一种注重员工学习和发展的人力资源管理方法，旨在提高员工的适应性、创新能力和灵活性，以应对快速变化的业务环境，满足组织在不断变化的环境中的人才需求。它强调员工的适应性、创新能力和灵活性的培养，通过提供多样化的学习机会和发展途径，使员工能够快速适应变化、应对挑战，并在不同岗位和角色之间灵活转换。灵活人才培养注重培养员工的综合能力和跨职能技能，以提高员工的适应性和组织的灵活性。

强化灵活人才培养能促进企业高素质人才的养成，提高了员工的忠诚度，同时也增加了与员工黏性，更进一步提高了企业的整体实力，促进并保障了企业的长远发展，具体体现在以下五个方面：

（1）提高员工适应性。灵活人才培养注重培养员工的适应性和变革能力，使他们能够快速适应新的工作要求和业务环境。通过提供灵活的学习和发展机会，如培训课程、跨部门项目和岗位轮岗，员工可以不断学习新知识和技能，增强适应变化的能力。

（2）培养创新能力。灵活人才培养鼓励员工的创新思维和创造力的发展，以推动组织的创新和竞争力。通过提供创新培训、创意工作坊和团队项目等机会，员工可以学习创新方法和技巧，培养解决问题和提出新思路的能力。这种创新能力的培养有助于推动组织的产品创新、流程改进和市场竞争力。

（3）提升灵活性和跨职能能力。灵活人才培养注重培养员工的灵活性和跨职能能力，使他们能够在不同岗位和角色之间灵活转换，适应组织的变化和需求。通过跨部门项目、岗位轮岗和跨功能培训等方式，员工可以学习和掌握不同领域的知识和技能，提升跨职能合作和工作灵活性。这种能力的培养有助于提高组织的灵活性和资源的流动性。举例来说，一家跨国企业可以为员工提供跨国培训和国际交流机会，培养他们的跨文化合作能力和全球视野。

（4）强化员工参与和忠诚度。灵活人才培养鼓励员工积极参与学习和发展，增强员工的工作满意度和忠诚度。通过为员工制订个性化的学习计划和提供发展机会，满足他们的学习需求和职业目标，组织可以增强员工对组织的认同和忠诚度。员工感受到组织对他们发展的关注和支持，会更有动力和积极性地投入工作中。

（5）提升组织竞争力。灵活人才培养提升组织的竞争力，使其能够更好地应对市场变化和挑战。通过培养员工的适应性、创新能力和跨职能能力，组织能够更快地适应市场需求，提高创新能力和灵活性，吸引和留住高素质人才。这种灵活性和适应性使企业能够在竞争激烈的商业环境中取得优势，实现可持续发展。

综上所述，灵活人才培养在员工适应性、创新能力、灵活性、跨职能能力、员工参与度和组织竞争力等方面对企业产生重要影响。通过提供学习和发展机会、培养创新能力和灵活性、增强员工参与度和忠诚度，组织可以培养适应快速变化的员工队伍，推动创新和提升竞争力，实现可持续发展。这种注重员工发展的人力资源管理方法能够满足组织的人才需求，打造有竞争力的人力资源优势。

三、灵活人才管理与培养对组织冗余的影响

灵活人才管理以及灵活人才培养不仅有利于员工提升个人素养，也有利于企业发展，其对组织冗余的影响和作用是多方面的。

（一）灵活人才管理对组织冗余的影响

灵活人才管理在人员配置与需求匹配、弹性雇佣方式与资源共享、跨部门合作与多技能发展、敏捷决策与灵活调整、绩效管理与优胜留才，以及数据驱动的决策与预测等方面对组织冗余产生重要影响和作用。通过灵活的人力资源管理策略，组织可以减少冗余，提高资源的利用效率和灵活性，从而增强组织的竞争力和可持续发展能力。主要体现在以下六个方面：

1. 人员配置与需求匹配

灵活人才管理鼓励组织进行精确的人员配置，以满足实际需求，避免过度或不足的人员配置带来的冗余。通过灵活的人员招募、雇佣和离职流程，组织能够根据实际业务需求进行人员配置，避免过多的员工导致的冗余和资源浪费。同时，通过人员需求的准确评估和预测，组织可以及时调整人员配置，以适应变化的市场需求。例如，一家零售企业可以在销售旺季雇佣临时工来应对需求高峰，而在淡季及时解雇临时工，避免不必要的人员冗余。

2. 弹性雇佣方式与资源共享

灵活人才管理倡导采用弹性的雇佣方式，如兼职、临时工、合同工和外

包人员，以减少组织内部冗余。通过雇佣临时工或外包人员，组织可以根据需求灵活调整人员规模，避免过度雇佣固定人员。此外，资源共享也是灵活人才管理的重要组成部分，组织可以与其他组织或机构合作共享人力资源，避免重复的人员配置和冗余。例如，一家技术公司可以通过与专业外包服务提供商合作，雇佣外包人员来完成特定项目，从而避免招聘过多技术人员导致的冗余。

3. 跨部门合作与多技能发展

灵活人才管理鼓励跨部门合作和多技能发展，以减少组织内部的冗余和重复工作。通过跨部门合作，不同部门之间可以共享资源和知识，避免重复投入和工作冗余。此外，多技能发展也有助于减少冗余，员工能够具备多个领域的技能，灵活地在不同部门和岗位之间转换。例如，一家制造企业可以通过跨部门合作和多技能培训，让工程师兼具研发和生产的职能，避免因为部门间界限导致的冗余。

4. 敏捷决策与灵活调整

灵活人才管理使组织能够更敏捷地进行决策和调整，从而减少冗余。通过灵活的人员配置和资源管理，组织能够更迅速地调整资源分配，满足变化的需求。组织可以根据实际情况调整团队规模、调配人员，以适应市场变化和战略调整。例如，一家创业公司在市场竞争激烈时可以灵活增加销售团队的规模，而在市场需求下降时可以及时减少销售人员，避免过度冗余。

5. 绩效管理与优胜留才

灵活人才管理强调绩效管理和优胜留才，有助于识别和奖励高绩效员工，减少冗余。通过有效的绩效评估和激励机制，组织能够识别出对业绩贡献显著的员工，并提供更好的发展机会和激励措施，增强他们的留存意愿和忠诚度。同时，对低绩效员工进行及时调整和优化，避免因绩效不佳而导致的冗余。例如，一家金融机构可以通过绩效评估和奖励机制，鼓励高绩效销售人员，同时对低绩效人员提供辅导和培训，以优化团队配置，减少冗余。

6. 数据驱动的决策与预测

灵活人才管理依赖于数据驱动的决策和预测，帮助组织更准确地预测人员需求和优化资源配置，从而减少冗余。通过数据分析和人力资源管理系统，组织可以实时了解员工的工作情况、技能和离职风险等信息，以便及时调整人员配置。

（二）灵活人才培养对组织冗余的影响

灵活人才培养在人员多样性与岗位匹配、跨岗位培养与灵活调配、激发创新能力与项目协作、个性化发展与绩效激励，以及数据驱动的人才管理与预测等方面对组织冗余产生重要影响和作用。

通过灵活的人才培养策略，组织可以减少冗余，提高人才的适应性、创新能力和灵活性，增强组织的竞争力和可持续发展能力。主要体现在以下五个方面：

1. 人才多样性与岗位匹配

灵活人才培养注重员工的多样性和岗位匹配，有助于减少组织内部的冗余。通过培养员工的多技能和跨领域知识，组织可以更好地利用员工的潜力和能力，避免同一岗位上的冗余。此外，通过岗位匹配的评估和调整，组织可以确保员工与其所担任的岗位之间的最佳匹配，避免过多或过少的人员导致的冗余。例如，一家技术公司可以通过员工培训和发展计划，培养员工在技术、销售和项目管理等不同领域的技能，从而减少特定岗位上的冗余。

2. 跨岗位培养与灵活调配

灵活人才培养鼓励员工进行跨岗位培养和灵活调配，有助于减少组织内部的冗余。通过跨岗位培训和轮岗计划，员工可以学习和拓展不同岗位的技能和知识，提高工作灵活性和适应性。这样，组织可以在不同项目或业务领域中灵活调配员工，避免特定岗位上的人员过剩或不足。例如，一家制造企业可以培养员工在生产、质量控制和供应链管理等不同岗位之间进行轮岗，以适应需求的变化，减少冗余。

3. 激发创新能力与项目协作

灵活人才培养注重培养员工的创新能力和项目协作能力，有助于减少组织内部的冗余。通过提供创新培训和激励机制，组织可以激发员工的创新思维和解决问题的能力，避免重复工作和冗余过剩。此外，通过鼓励员工在项目中的跨团队协作和知识共享，组织可以减少重复的工作和资源冗余，实现高效的项目管理。例如，一家科技公司可以通过项目团队的跨部门合作和知识共享，减少重复的研发工作和资源浪费，提高创新效率。

4. 个性化发展与绩效激励

灵活人才培养强调个性化的员工发展和绩效激励，有助于减少组织内部的冗余。通过了解员工的兴趣、能力和职业目标，组织可以提供个性化的培训和发展机会，避免浪费资源在对员工无益或不合适的培训上。同时，通过根据员工的绩效和贡献进行差异化的绩效激励，组织可以激发员工的工作动力和表现，减少低绩效员工的冗余。

5. 数据驱动的人才管理与预测

灵活人才培养依赖于数据驱动的人才管理和预测，有助于减少组织内部的冗余。通过人力资源管理系统和数据分析，组织可以实时了解员工的技能、绩效和发展需求，预测人才的供需情况，从而准确地进行人员配置和决策，这有助于避免人员过剩或不足导致的冗余问题。

四、灵活人才管理与培养对企业创新效率的作用

灵活人才管理与培养对于提升企业创新效率起到重要作用。以下从六个方面详细阐明灵活人才管理与培养对提升企业创新效率的作用：

（一）创新人才的引进与发展

灵活人才管理和灵活人才培养帮助企业吸引和培养具有创新能力的人才。通过灵活的招聘渠道和多样化的人才培养计划，企业能够吸引具有不同背景和经验的人才，从而促进创新思维和创造力的涌现。这些人才可以带来新的

想法、观点和方法，推动企业的创新活动。例如，一家科技公司可以通过与高校合作、参与创业孵化器等方式，吸引到有创新思维和创业精神的人才，并通过培训和导师制度培养他们的创新能力。

（二）跨部门和跨功能团队的组建

灵活人才管理和灵活人才培养促进跨部门和跨功能团队的组建，从而促进协作和创新。通过将不同部门和功能领域的员工组合成跨学科团队，企业能够汇集多元化的知识和技能，促进创新的碰撞和合作。这种协作和跨学科的团队合作有助于提高创新效率，加速问题的解决和创意的产生。例如，一家制造企业可以组建由研发、设计、生产和市场营销等不同部门的员工组成的创新团队，共同探索新产品的设计和开发，从而提升创新效率。

（三）创新文化和创新环境的营造

灵活人才管理与培养有助于营造鼓励创新的文化和环境。通过培养员工的创新意识和创新能力，以及提供相应的资源和支持，企业可以打造积极的创新氛围。这种文化和环境鼓励员工提出新的想法、尝试新的方法，并为创新提供必要的支持和资源。例如，一家科技创新公司可以通过设立创新奖励制度、组织创意竞赛和激励创新实验等方式，营造鼓励创新的文化和环境，提高企业的创新效率。

（四）创新流程的优化与敏捷化

灵活人才管理与培养有助于优化创新流程并使其更加敏捷。通过培养员工的敏捷思维和团队协作能力，企业可以加快创新流程中的决策和执行速度。灵活人才管理还强调快速迭代和试错学习，鼓励员工在创新过程中不断调整和改进。这种敏捷化的创新流程有助于减少冗余步骤和资源浪费，提高创新效率。例如，一家软件开发公司可以采用敏捷开发方法，通过短周期迭代和快速反馈，优化产品开发流程，提高创新效率。

（五）跨界合作与开放创新

灵活人才管理与培养鼓励跨界合作和开放创新，促进企业与外部合作伙伴、供应商和客户之间的合作。通过与外部合作伙伴的合作，企业可以获取更广泛的知识和资源，拓展创新的可能性。这种跨界合作和开放创新有助于加速创新过程，降低创新风险，并在竞争激烈的市场中获得竞争优势。

（六）持续学习与知识更新

灵活人才管理与培养强调员工的持续学习和知识更新，有助于提升企业的创新效率。通过提供学习和发展机会，企业可以培养员工的新技能、新知识和新观念，使其能够应对不断变化的市场需求和技术发展。持续学习和知识更新使员工保持敏锐的观察力和学习能力，能够及时获取最新的行业趋势和技术动态，促进创新的驱动力。例如，一家互联网公司可以为员工提供在线学习平台和技术培训，使他们不断更新技能，提高创新效率。

综上所述，灵活人才管理与培养对于提升企业创新效率起到重要作用。通过引进和培养创新人才、组建跨部门和跨功能团队、营造创新文化和环境、优化创新流程与敏捷化、促进跨界合作和开放创新，以及持续学习与知识更新，企业能够提高创新效率，实现持续创新和竞争优势。

五、灵活人才管理与培养加速组织冗余对企业创新的赋能

灵活人才管理与培养对于加速组织冗余对企业创新效率的影响过程至关重要，使其能更快地释放组织冗余，提高组织冗余的转化效率，加快了组织冗余对企业创新效率作用的过程。主要体现在以下五个方面：

（一）人才需求的敏捷匹配

灵活人才管理与培养可以通过敏捷地匹配人才需求加速组织冗余对企业创新效率的影响进程。灵活人才管理注重快速响应和灵活调整，可以根据企业创新需求快速招募和配置人才。这有助于避免人力资源的冗余和浪费，确保组织拥有适当的人力资源来支持创新项目。例如，当企业需要进行新产品开发时，灵活人才管理可以迅速招募研发人员并建立专门团队，以加速创新项目的推进。

（二）弹性化人力资源配置

灵活人才管理与培养可以加速组织冗余对企业创新效率的影响进程，通过实现弹性化的人力资源配置。灵活人才管理鼓励组织采用弹性雇佣方式，如兼职、临时工和外包人员，以适应创新项目的临时性或特定性需求。这种弹性化的人力资源配置有助于避免长期雇佣固定人员带来的冗余，同时为创新项目提供了更灵活和经济高效的人力资源支持。

（三）跨部门合作与知识共享

灵活人才管理与培养可以加速组织冗余对企业创新效率的影响进程，通过促进跨部门合作和知识共享。灵活人才管理鼓励员工在不同部门和项目组之间进行跨界合作，促进知识和经验的交流与共享。这种跨部门合作和知识共享可以避免重复的工作和资源浪费，提高创新效率。例如，一家制造企业可以通过组建跨功能团队，将研发、生产和市场营销等不同部门的人才聚集在一起，共同解决创新项目中的问题，加速创新效率的提升。

（四）创新文化的塑造与创新意识培养

灵活人才管理与培养可以加速组织冗余对企业创新效率的影响进程，通过塑造创新文化和培养创新意识。灵活人才管理注重创新文化的营造，鼓励员工提出新的想法、尝试新的方法，并为创新提供必要的支持和资源。灵活人才培养通过提供创新培训和发展机会，帮助员工培养创新意识和创新能力。这种创新文化的塑造和创新意识的培养有助于激发员工的创造力和创新潜能，加速组织冗余对企业创新效率的影响。例如，一家创新型企业可以通过举办创新研讨会、提供创新奖励和设立创新项目基金等方式，鼓励员工积极参与创新活动，加速创新效率的提升。

（五）持续学习和技能更新

灵活人才管理与培养可以加速组织冗余对企业创新效率的影响进程，通过促进持续学习和技能更新。灵活人才管理注重员工的持续学习和发展，通过提供学习机会和制订培训计划，帮助员工不断更新知识和技能。这有助于员工迎合快速变化的市场需求和技术发展，提高创新效率。

综上所述，灵活人才管理与培养通过敏捷的人才需求匹配、弹性化的人力资源配置、跨部门合作与知识共享、创新文化的塑造与创新意识的培养，以及持续学习和技能更新等方面加速了组织冗余对企业创新效率影响的进程，加速了组织冗余对企业创新的赋能。这些措施有助于优化资源配置、提高团队协作效能、促进创新意识和能力的发展，从而推动企业创新效率的提升。

第三节　鼓励创新文化与积极失败，促进组织冗余对企业创新的赋能

一、企业创新文化的概念、作用

企业创新文化是一种组织内部的价值观、信念、行为和实践的集合，鼓励员工以创新为核心，不断尝试新的思想、方法和解决方案，从而推动组织的创新和持续发展。是在组织内部树立起一种鼓励创新、支持创新的价值观和行为准则的文化氛围。它涵盖了组织的价值观、领导风格、员工行为、沟通方式、奖励和认可机制等多个方面，以促进创新意识、创造力和创新实践的培养和发展。企业创新文化可以分为以下五种类型：①开放性创新文化。强调开放和包容的价值观，鼓励员工积极提出新的想法和解决方案，倡导团队合作和知识共享。②实验性创新文化。鼓励员工进行试错和实验，接受失败并从中学习，促进持续改进和创新的探索。③自主性创新文化。赋予员工更多的自主权和决策权，鼓励他们在工作中积极创新和提升创造力，培养创新的驱动力。④学习型创新文化。注重学习和知识的积累，鼓励员工不断学习新知识、技能和经验，以支持创新的持续性和不断改进。⑤客户导向创新

文化。以满足客户需求和创造客户价值为中心，强调与客户的紧密合作和反馈，促进创新的导向和迭代。

企业创新文化有利于激发创新意识和创造力，创新文化鼓励员工积极思考、探索和尝试新的思想、方法和解决方案，激发他们的创新意识和创造力；有利于促进持续改进和创新实践，创新文化鼓励员工不断进行试验和实验，接受失败并从中汲取经验，推动持续改进和创新实践；有利于增强组织的竞争力，创新文化使组织能够更好地应对市场变化和挑战，推动产品和服务的创新，提高竞争力和市场份额；有利于增强员工参与度和忠诚度，创新文化激发员工参与创新活动的积极性，提高员工的工作满意度和忠诚度，促进人才的吸引和留存；有利于建立学习型组织，创新文化培养组织的学习型能力，鼓励知识共享和团队学习，推动组织不断进步和创新。

构建创新文化需要以下七个关键方法和实践：①领导力的示范和支持。领导者要以身作则，展示对创新的支持和重视，通过自身行为和决策传递创新的价值观和信念。②创新激励和奖励机制。设立激励机制，如创新奖励和认可制度，鼓励员工参与创新活动并获得相应的奖励和认可。③提供资源支持和培训机会。为创新提供必要的资源支持，包括财务投资、技术设施和培训等，以提升员工的创新能力和实践。④建立开放的沟通渠道。鼓励开放和透明的沟通，促进员工与员工之间和与管理层之间的知识共享和创意交流。⑤创建创新团队和项目。组建跨功能的创新团队，提供一个创新实践的平台，鼓励团队合作和共同创新。⑥培养创新思维和方法。开展创新培训和教育，培养员工的创新思维、问题解决能力和创新方法的应用能力。⑦接受试错和学习的文化。鼓励员工接受失败和试错，将其视为学习和改进的机会，建立学习型组织文化。

通过以上方法和实践，企业可以逐步构建和培育创新文化，激发员工的创新潜能，推动组织的创新和持续发展。创新文化的建立需要全员参与和持续的努力，同时也需要与组织的价值观、战略目标和业务需求相一致。

二、积极失败的概念、作用

企业积极失败是指企业鼓励员工在创新过程中接受失败，并将失败视为学习和改进的机会的一种文化和态度。它强调在创新和探索过程中，不害怕失败，而是鼓励员工积极尝试新的想法、方法和解决方案，接受失败并从中获取宝贵的经验教训。通过培养积极失败的文化，企业可以打破传统的失败观念，鼓励员工勇于创新，推动组织的持续创新和进步。它提供了一个积极的环境，鼓励员工积极尝试、学习和成长，从而促进创新能力的提升和企业竞争力的增强。

积极失败的关键在于以下六个方面：①积极失败的理念是认可失败作为创新过程中的一部分，并将其视为学习和改进的机会。企业鼓励员工勇于尝试新的想法和实验，在这个过程中可能会遇到挫折和失败，但并不因此而灰心丧志，而是鼓励员工从失败中吸取教训，并进行改进。②积极失败将失败视为学习的机会。当员工在创新过程中失败时，他们有机会反思和分析失败的原因，找出不成功的因素，并从中学习到有价值的经验和教训。这种学习可以帮助企业避免重复相同的错误，提高创新的质量和效率。③积极失败是构建创新文化的重要组成部分。它鼓励员工勇于冒险和尝试，以推动创新的发生和持续改进。通过培养积极失败的文化，企业可以激发员工的创新潜力，鼓励他们放手尝试新的想法，并为失败提供支持和学习的环境。④积极失败强调失败后的反思和改进。员工应该在失败后进行自我评估和团队讨论，探讨失败的原因，分析不成功的因素，并制订相应的改进计划。这种反思和改进的过程帮助员工和组织从失败中吸取教训，提高创新的质量和成功率。⑤积极失败鼓励员工以创造性的方式解决问题。当遇到挫折和失败时，员工被激励去寻找创新的解决方案，尝试不同的方法和途径，以克服困难和推动创新。这种创造性的思维和行动能力促进了创新能力的发展。⑥在构建积极失败文化中，领导者起着重要的作用。他们应该树立榜样，积极示范并支持积极失败的态度。领导者应该鼓励员工在创新中承担风险，并提供支持和反馈，以帮助他们从失败中学习并成长。

积极失败对员工来讲，①有利于培养创新精神，积极失败激励员工勇于创新和尝试，培养他们的创新精神和冒险精神。员工更有动力尝试新的思路和方法，不再害怕失败，从而提高创新能力和创造力。②有助于学习和成长，积极失败提供了学习和成长的机会。当员工面对失败时，他们有机会反思和分析失败的原因，并从中获取经验教训，改进和优化创新的方法和过程，从而不断提升自己的能力和知识。③有利于增强适应能力，通过接受失败，员工能够培养适应变化和挑战的能力。他们要学会从失败中总结，并寻找新的机会和解决方案，提高应对变化和不确定性的能力。④有利于增加自信心，积极失败让员工从失败中学到宝贵的经验和教训，这有助于增强他们的自信心。员工不再害怕失败，而是更有勇气和信心去尝试新的创新和改进。

积极失败对企业来讲，①有利于创新推动，积极失败鼓励员工积极尝试和创新，推动组织的创新能力和创新文化的发展。它激发员工的创新潜能，促进新思维和解决方案的涌现，推动组织在市场中保持竞争优势。②有利于完善持续改进流程通过接受失败并从中学习，企业能够不断改进和优化自身的业务流程和工作方式。积极失败推动员工和团队在工作中寻找改进的机会，从而提高效率、质量和创新水平。③有利于创新文化的建立，企业积极失败培养了一种鼓励创新、支持学习和成长的文化氛围。它为员工提供了一个安全的环境，鼓励他们敢于冒险和尝试，从而推动创新的发生和持续改进。④有利于增强员工参与度和忠诚度，积极失败鼓励员工积极参与创新活动，提高员工的工作满意度和忠诚度。员工在一个支持创新和接受失败的环境中感到更能全身心投入和有动力，从而增强员工与企业的联结和合作关系。

引导企业构建积极失败的职场氛围的方法与构建企业创新文化类似。①领导者示范。领导者应以身作则。展示对创新和失败的支持和认可。他们可以分享自己的失败经历，并强调失败是给学习和成长创造机会。②奖励和认可。设立激励机制，如奖励和认可制度，鼓励员工尝试新的想法和创新实践。这可以是经济奖励、荣誉奖励或其他形式的认可，以激励员工积极参与创新并接受失败。③建立学习文化。鼓励员工持续学习和自我提升，创造一个学习和成长的氛围。提供培训、研讨会和学习资源，支持员工在工作中不断学习和尝试新的知识和技能。④沟通和反馈。建立开放和透明的沟通渠道，鼓励员工分享他们的想法、意见和失败经验。提供及时的反馈和支持，帮助员工从失败中吸取教训，并提供指导和改进的建议。⑤创建实验和创新空间。为员工提供实验和创新的机会及空间，建立创新实验室或专门的项目组，为员工尝试新的想法和解决方案提供支持和资源。⑥鼓励团队合作和知识共享。促进跨部门和团队之间的合作和知识共享，鼓励员工分享失败和成功的经验，从中学习和互相启发。

通过以上方法和实践，企业可以引导和构建积极失败的职场氛围，激发员工的创新潜能，推动组织的创新和持续发展。积极失败不仅为员工提供了学习和成长的机会，也为企业创造了持续创新和竞争优势的环境。

三、鼓励创新文化与积极失败对企业创新效率的作用

鼓励创新文化是指企业营造一种积极支持和激励员工进行创新的文化氛围和价值观。它强调鼓励员工提出新的想法、尝试新的方法和解决方案，这促进了创新行为的发生和持续改进。主要作用体现在以下六个方面：

（1）激发员工的创新意识和创造力。鼓励创新文化通过传递积极的创新价值观，激发员工的创新意识和创造力。它鼓励员工从不同角度思考问题，勇于挑战传统观念，提出新的想法和解决方案。这种创新意识和创造力的激发，促使员工积极参与创新活动，推动创新的发生和实施。

（2）提供创新支持和资源。鼓励创新文化为员工提供必要的支持和资源，以促进创新行为的发展。这包括提供创新培训和教育，创新工具和技术的应用，以及专门的创新项目和团队。通过提供这些支持和资源，企业为员工创造了一个有利于创新的环境，鼓励他们积极参与创新活动。

（3）建立开放的沟通和合作机制。鼓励创新文化强调开放的沟通和合作机制，促进知识共享和协作创新。它打破了部门间的壁垒，鼓励员工跨部门合作，分享经验和想法。通过开放的沟通渠道，员工可以从彼此的经验中得到提升，并得到他人的反馈和启发，从而促进创新的发生和发展。

（4）接受试错和学习的文化。鼓励创新文化鼓励员工接受试错和学习的文化。它扭转了传统的失败观念，将失败视为学习和改进的机会。员工被鼓励在创新过程中尝试新的想法和方法，接受可能的失败，并从中吸取经验教训。这种学习和改进的文化促进了企业持续的创新和创新效率的提高。

（5）奖励和认可创新行为。鼓励创新文化通过奖励和认可制度，激励员工积极参与创新行为。这可以是经济奖励、奖项、晋升和公开表彰等形式，以鼓励员工的创新意愿和行动。这种奖励和认可机制提供了一种正向激励，促使员工更加投入和积极地参与创新活动。

（6）创新导向的绩效评估。鼓励创新文化将创新作为绩效评估的重要指标之一。员工的创新表现和成果被纳入绩效评估体系中，以确保创新行为得到公正评价和回报。这激励员工在工作中积极尝试新的创新方法，提高创新效率和创新成果。

通过鼓励创新文化，企业能够激发员工的创新潜能，促进创新行为的发生和持续改进。这将提高企业的创新效率，推动组织的持续创新和发展，增强竞争力并适应快速变化的市场环境。而企业构建积极失败氛围则是指进一步创造一个鼓励员工尝试创新、接受失败并从中学习的文化环境。这对创新效率的作用有以下七个方面：

（1）鼓励创新思维。构建积极失败氛围的第一步是鼓励创新思维。企业应激励员工从不同角度思考问题，挑战传统观念，并鼓励他们提出新的想法和解决方案。通过鼓励创新思维，员工能够更敢于尝试新的方法，推动创新行为的发生。

（2）支持试验和实验。为了提高创新行为和效率，企业应提供支持和资源，让员工进行试验和实验。这可以是分配专门的创新团队，提供实验室或试验场地，或提供经费和技术支持。支持试验和实验的环境能够鼓励员工积极尝试新的想法和方法，加速创新进程。

（3）接受失败并鼓励学习。构建积极失败氛围的关键是接受失败并鼓励学习。企业应鼓励员工把失败视为学习和成长的机会，从失败中获取经验教训，并应用于改进和优化创新过程。这种文化将减少员工对失败的恐惧，鼓励他们积极尝试新的方法，提高创新效率。

（4）提供反馈和支持。企业应建立有效的反馈和支持机制，帮助员工在创新过程中应对失败和挫折。领导者和同事可以提供反馈和指导，帮助员工分析失败的原因，并提供解决方案和支持。这种反馈和支持机制有助于员工从失败中学习，并迅速调整心态从而继续推动创新行为。

（5）建立知识共享和协作文化。构建积极失败氛围的一部分是建立知识共享和协作文化。员工应被鼓励分享失败的经验和教训，促进相互之间的学习和启发。开放的沟通渠道和团队合作能够促进知识的流动，提高创新效率。

（6）创造积极失败的激励机制。为了提高创新行为和效率，企业可以创造激励机制，鼓励积极失败。这可以包括奖励和认可制度，奖励员工的积极尝试和创新成果。通过这种激励机制，企业向员工传递积极失败的价值观，并增强他们参与创新行为的动力。

（7）领导者的角色建设。领导者在构建积极失败氛围中发挥着重要的作用。他们应以身作则，展示对创新和失败的支持和认可。领导者应该提供明确的目标和愿景，并为员工创造一个安全和信任的环境，鼓励他们尝试新的想法和方法。

通过鼓励创新文化与构建积极失败的职场氛围，企业能够激发员工的创新潜能，促进创新行为的发生和持续改进。这将提高企业的创新效率，推动组织的持续创新和发展，并增强竞争力。

四、鼓励创新文化与积极失败促进组织冗余对企业创新的赋能

企业鼓励创新文化和积极失败对组织冗余有着积极的作用，可以有效地

减少和优化组织冗余，提高资源的利用效率和效能。这使企业能够更好地应对需求变化、持续改进和优化、创造新的资源利用方式，并进行风险管理和资源配置。最终促进组织冗余对企业创新的赋能，实现可持续发展。

从企业鼓励创新文化来看，其对组织冗余的主要作用有以下四个方面：

（1）资源优化与集中。鼓励创新文化可以促使企业对资源进行优化和集中。当企业鼓励员工提出新的想法和解决方案时，他们往往会挑战现有的资源配置方式，并提出更高效和有效利用资源的方法。这有助于企业减少资源冗余，并将资源集中在关键领域和项目上，提高资源的利用效率。

（2）创新驱动的需求变化。鼓励创新文化使企业能够更好地应对需求变化。创新常常源于对市场和客户需求的洞察，当企业鼓励员工提出创新想法并将其付诸实践时，他们能够更敏锐地捕捉到市场的变化和客户需求的演变。这使企业能够调整资源配置，满足新的需求，减少不必要的资源冗余。

（3）持续改进和优化。鼓励创新文化使企业能够持续进行改进和优化。当员工被鼓励提出新的想法和方法时，他们会不断地寻找改进现有流程和操作的机会。这种持续改进和优化的过程有助于企业识别和消除资源冗余，提高资源的效能和利用率。

（4）创造新的资源利用方式。鼓励创新文化能够激发员工探索和创造新的资源利用方式。员工在创新过程中可能会提出新的资源配置模式或者利用现有资源的新方法。这些新的资源利用方式有助于优化资源配置，减少资源冗余。

从企业鼓励积极失败来看，其对组织冗余的主要作用有以下四个方面：

（1）快速试错和学习。积极失败鼓励企业进行快速试错和学习。企业在创新过程中接受失败，可以迅速识别不起作用的资源配置和冗余部分，并及时进行调整和优化。这有助于企业避免长期的资源浪费和冗余。

（2）效率改进和流程优化。积极失败推动企业进行效率改进和流程优化。当企业接受失败并从中学习时，他们能够发现和修正资源配置中不必要的冗余部分，优化流程，提高资源的利用效率。

（3）风险管理与资源配置。积极失败有助于企业进行风险管理和资源配置。通过在创新过程中接受失败并从中学习，企业能够更好地识别和管理潜在的风险，避免资源过度配置和冗余。

（4）创新资源释放与再分配。积极失败释放了企业的创新资源，并促使其重新分配到更有价值的领域。当某个项目或领域的创新失败时，企业可以及时释放相关的资源，并将其重新分配到其他具有更高创新潜力的项目或领域。这有助于优化资源配置，减少资源的浪费和冗余。

当企业鼓励创新文化与构建积极失败的职场氛围时，可以采取以下更加详细的措施和方法来提高企业的创新行为和创新效率，促进组织冗余对企业创新的赋能。主要体现在以下六个方面：

（1）建立容错文化。建立容错文化是鼓励创新文化与构建积极失败氛围的重要一环。企业应鼓励员工在尝试新想法和方法时接受失败，并将其视为学习和改进的机会。例如，谷歌公司的"20%时间"政策允许员工将 20%的工作时间用于追求自己的创新项目，无论最后的结果如何，都被视为有价值的尝试和学习经验。

（2）提供创新资源和支持。企业可以提供必要的资源和支持，以促进创新行为和创新效率的提高。例如，3M 公司的"15%规则"鼓励员工将 15%的工作时间用于自由探索和实验，同时提供实验室设施和资金支持。这样的创新资源和支持能够激发员工的创造力和创新能力，加速创新过程。

（3）建立知识共享平台。建立知识共享平台和协作工具，促进员工之间的交流和合作，有助于提高创新行为和创新效率。例如，亚马逊的内部知识共享平台 DoorDesk 允许员工分享他们的想法、经验和教训，从中学习和启发他人。这种知识共享平台能够促进创新思维的交流和合作，提高创新的质量和速度。

（4）创新决策和资源分配的灵活性。为了鼓励创新行为和提高创新效率，企业需要具备决策和资源分配的灵活性。这意味着能够快速响应和适应新的创新机会，不拘泥于传统的决策流程和资源分配模式。例如，苹果公司的 DRI（Directly Responsible Individual）模式赋予个人对特定项目的决策权和资源分配权，加快了创新的决策和实施过程。

（5）奖励和认可创新成果。企业应设立奖励和认可制度，激励员工的创新成果。这种奖励和认可可以是经济奖励、奖项、晋升或公开表彰等形式，以鼓励员工的创新行为和成果。例如，微软公司的 Innovation Expo 是一个年度活动，展示和奖励员工的创新项目和成果，激励他们继续进行创新实践。

（6）领导者的角色建设。领导者在构建创新文化和积极失败氛围中发挥着关键的作用。他们应以身作则，展示对创新和失败的支持和认可。领导者可以通过分享自己的失败经验、提供支持和反馈，以及鼓励员工的创新尝试来建设积极失败的文化。他们的激励和示范对员工的创新行为和创新效率有着重要的影响。

综上所述，企业鼓励创新文化与构建积极失败的职场氛围可以通过建立容错文化、提供创新资源和支持、建立知识共享平台、灵活的决策和资源分配、奖励和认可创新成果，以及领导者的角色建设等方式来提高企业的创新行为和创新效率。这将激发员工的创新潜能，促进创新的发生和持续改进，增强企业的创新能力和竞争力，促进组织冗余对企业创新的赋能。

第四节　引入灵活管理模式与流程创新，释放组织冗余对企业创新的赋能

一、企业灵活管理模式的概念、方式以及作用

企业灵活管理模式是一种以灵活性和适应性为核心的管理方法论，旨在使组织能够适应快速变化的市场环境、业务需求以及把握创新机会。它涉及多个方面，包括组织结构、人力资源管理、决策制定、工作流程、创新和文

化等。它强调组织的敏捷性、弹性和适应性，通过优化资源配置、改进流程、提升人才能力和激发创新等手段，实现企业的快速响应和持续竞争优势。

从组织结构与管理来看，灵活管理模式要求组织结构具有较强的灵活性和适应性。这意味着组织结构应能够快速调整和适应变化，允许跨部门和跨功能的协作，并鼓励横向沟通和知识共享。此外，组织应建立灵活的管理机制和决策层级，以便快速做出决策和调整战略方向。从人力资源管理来看，灵活管理模式要求人力资源管理具有灵活性和创新性。这包括灵活的雇佣模式，如兼职、合同工和外包人员，以适应业务需求的变化。此外，灵活管理还注重员工发展和培养，通过培训、跨部门轮岗和制订个性化发展计划，提升员工的多技能和适应能力。从决策制定来看，灵活管理模式要求快速决策和敏捷决策。这意味着组织应建立快速决策的机制和流程，赋予决策者适当的自主权和责任。此外，灵活管理还鼓励试错和学习，通过快速实验和反馈机制，推动决策的优化和持续改进。从工作流程与流程改进来看，灵活管理模式要求灵活的工作流程和持续的流程改进。这包括将流程设计为可调整和可配置的，以适应变化的需求。此外，灵活管理还鼓励员工参与流程改进和创新，提高工作效率和质量。从创新和企业文化来看，灵活管理模式要求鼓励创新和培养创新文化。这包括为员工提供创新机会和资源，建立创新激励机制，以及培养创新思维和创业精神。此外，灵活管理还强调开放式的沟通和合作，鼓励团队共同探索新的想法和解决方案。

实施企业灵活管理模式的方式可以多种多样，取决于组织的具体情况和需求，以下是一些常见的方式：①制定灵活的战略规划。组织应制定灵活的战略规划，明确业务目标和发展方向，并允许在执行过程中根据市场需求和反馈进行调整和修正。②建立敏捷团队和项目管理。组织可以采用敏捷团队和项目管理方法，促进快速迭代、快速响应和高效协作，以提高项目交付的速度和质量。③推行跨功能和跨部门协作。组织应鼓励不同部门和功能之间的协作和知识共享，建立横向沟通渠道和合作机制，以促进创新和问题解决。④采用灵活的人力资源管理策略。组织可以采用弹性雇佣、灵活调配和个性化发展计划等人力资源管理策略，以适应业务需求的变化，并提高员工的适应能力和创新能力。⑤建立创新激励和培训机制。组织可以建立激励机制，奖励员工的创新思维和创新成果。同时，组织还应提供创新培训和发展计划，培养员工的创新意识和创新能力。⑥引入扁平化管理结构、推行分散化决策权。采用扁平的组织结构可以促进快速决策和高效沟通。减少层级可以加速信息传递和决策制定的过程。赋予员工更多的自主权和责任，使他们能够更快速地做出决策和应对问题的方案，提高组织的灵活性。

企业灵活管理模式具有以下作用：①提高响应速度。灵活管理模式使企业能够更快速地适应市场变化和业务需求的变化，以及更迅速地做出决策和调整战略方向，从而提高响应速度。②增强适应能力。灵活管理模式使企业能够灵活调整组织结构、人力资源配置和工作流程，以适应新的业务需求和市场竞争环境，提升组织的适应能力。③促进创新和创造力。灵活管理模式鼓励创新和创造力的发展，通过建立创新激励机制、培养创新意识和创新能力，以及促进跨功能和跨部门的合作，推动创新的发生和落地。④提高工作效率。灵活管理模式通过优化工作流程、流程改进和培养员工的多技能，以及强调快速决策和敏捷决策的重要性，提高工作效率和质量。⑤增强员工满意度和参与度。灵活管理模式关注员工的发展和参与，通过灵活的工作安排、制订个性化发展计划和激励机制，提高员工的满意度和参与度，增强员工的归属感和忠诚度。

综上所述，企业灵活管理模式是一种注重灵活性和适应性的管理方法，它涉及组织结构、人力资源管理、决策制定、工作流程、创新和文化等。通过灵活的战略规划、敏捷团队和项目管理、跨功能和跨部门协作、灵活的人力资源管理策略、创新激励和培训机制等方式，企业灵活管理模式能够释放组织冗余对企业创新效率的影响势能，提高企业的响应速度、适应能力，促进创新和创造力的发展，提高工作效率，增强员工满意度和参与度，从而使企业在快速变化的市场环境中获得竞争优势。

二、企业灵活流程创新的概念、方式以及作用

企业灵活流程创新是指通过对工作流程进行改进和优化，以提高企业的灵活性和适应性，从而增强组织的竞争力和创新能力的一种方法。可以将其看作企业灵活管理的一方面，它涉及重新设计、重新配置和重新组织工作流程，以实现更高效、更灵活、更创新的业务运作。强调对现有流程的审视和改进，以满足不断变化的客户需求、市场趋势和业务挑战。

企业灵活流程创新的方法可以根据具体情况和需求而定，以下是一些常见的方法和步骤：①流程评估与分析。对现有的工作流程进行全面的评估和分析，了解其中的瓶颈、资源浪费、冗余和低效环节，可以通过流程图绘制、数据分析、员工访谈等方式进行。②设定目标和需求。确定企业的目标和需求，包括提高效率、降低成本、增强灵活性、加速创新等，这有助于明确改进工作流程的方向和重点。③创新和重组。根据目标和需求，进行创新和重组工作流程，包括优化步骤、简化流程、引入自动化技术、重新分配任务和职责等。重点是提高工作流程的灵活性、可调整性和响应速度。④试验和改进。将新的工作流程进行试验和实施，并不断收集反馈信息及数据。基于收集的数据和经验，进行改进和调整，以优化工作流程的效果和结果。⑤持续改进。企业灵活流程创新是一个持续的过程。持续地监测和评估工作流程，并进行改进，以适应不断变化的市场环境和业务需求。

企业灵活流程创新具有以下六个作用：①提高效率和生产力。通过优化和简化工作流程，去除冗余和低效环节，提高工作效率和生产力。这可以通过减少等待时间、降低错误率、提高资源利用率等方式实现。②增强灵活性和适应性。企业灵活流程创新使企业能够更好地适应市场变化和业务需求的变化。通过灵活的工作流程，可以快速调整和适应新的市场趋势、客户需求和业务模式。③促进创新和创造力。灵活的工作流程创新可以激发员工的创新和创造力。通过改进流程，提供更多的自主权和决策权，鼓励员工提出新

的想法和创新解决方案。④加强客户体验。优化的工作流程可以提高客户体验感和满意度。通过更快速、更准确地响应客户需求，提供更高质量的产品和服务，增强客户忠诚度和口碑。⑤降低成本和风险。通过消除冗余和低效环节，优化资源利用，企业可以降低成本和风险。这包括节省时间、减少资源浪费、降低错误率和提高合规性。⑥增强团队协作和沟通。灵活的工作流程创新可以促进团队协作和沟通。通过清晰的任务分配、协同工作平台和实时沟通工具，团队成员能够更好地合作和进行组织间协同工作。

综上所述，企业灵活流程创新通过重新设计和优化工作流程，提高企业的灵活性和适应性，从而增强组织的竞争力和创新能力。采用流程评估与分析、设定目标和需求、创新和重组、试验和改进、持续改进等方法，企业能够提高效率和生产力，增强灵活性和适应性，促进创新和创造力，提升客户体验，降低成本和风险，增强团队协作和沟通。通过持续的流程创新，企业能够不断提升业务运作的质量和效率，实现持续竞争优势。

三、灵活的管理模式与流程创新释放组织冗余的效益

企业灵活管理模式能给企业带来许多效益，而其对组织冗余的影响是多方面的，它通过减少冗余、优化资源配置和流程设计、调整组织结构、提高劳动力灵活性、强调快速决策和适应能力、释放创新与创造力等方面的影响，帮助企业实现资源的优化配置和运营效率的提升。这些影响共同促进了组织的精细化管理、灵活性和适应性的提升，也进一步释放了组织冗余的效益，使企业能够更好地适应快速变化的市场环境，实现持续的竞争优势。

具体包括：①冗余减少。企业灵活管理模式通过优化资源配置和流程设计，能够减少组织内部的冗余现象。这包括减少重复工作、去除不必要的环节和流程、避免资源的重复投入等。通过减少冗余，企业能够提高资源的有效利用率，降低成本和资源浪费。②资源优化。灵活管理模式鼓励企业对资源进行优化配置。这包括合理分配人力资源、优化设备和设施的使用、充分

利用现有的资产和技术等。通过优化资源的配置，企业能够提高资源的产出效率和质量，提升组织的运营效率和竞争力。③业务流程优化。企业灵活管理模式推动组织对业务流程进行优化和改进。这包括识别和消除流程中的瓶颈、优化步骤和流程顺序、引入自动化和数字化技术等。通过优化业务流程，企业能够提高工作效率、加速决策和交付速度，提高客户满意度和竞争力。④组织结构调整。灵活管理模式鼓励企业对组织结构进行调整和优化。这包括精简层级、优化部门和职能设置、建立跨职能和跨团队合作等。通过调整组织结构，企业能够降低管理层级和决策路径的复杂性，提高组织的灵活性和决策效率。⑤劳动力灵活性。企业灵活管理模式提倡灵活的劳动力配置。这包括采用弹性工时制度、引入外部合作伙伴、培养多技能员工等。通过灵活的劳动力配置，企业能够根据需求快速调整人力资源，避免过度冗余和人员过剩，提高工作效率和生产力。⑥快速决策和适应能力。灵活管理模式强调快速决策和适应能力的重要性。这包括推行分散化决策权、建立快速决策机制、采用敏捷决策方法等。通过快速决策和适应能力，企业能够更迅速地响应市场变化、抓住机遇、解决问题，增强竞争力和创新能力。⑦创新与创造力释放。企业灵活管理模式有助于释放创新能力和创造力。通过减少冗余和优化工作流程，企业能够提供更多的时间和资源用于创新活动，激发员工的创新思维和解决问题的能力。这有助于推动创新的发生和实施，带来新产品、新服务和新商业模式的创造。

企业灵活流程创新对组织冗余具有广泛的影响和作用。它通过提升效率、优化资源配置等方面的影响，帮助企业降低成本、提高员工满意度和参与度，也减少了企业的非必要冗余情况，创造出足够的流动性资源空间。具体包括：①效率提升。灵活流程创新提升了组织的工作效率。通过优化流程、消除瓶颈、改进协同和通信方式，企业能够提高工作的执行效率和质量，减少时间和资源的浪费，加快产品或服务的交付速度。②资源优化。灵活流程创新有助于优化资源配置。通过重新评估工作流程，优化资源分配和利用，企业能够实现资源的最佳配置，避免资源过度投入或闲置。这有助于提高资源的利用效率和经济效益。③成本控制。企业灵活流程创新有助于降低成本。通过优化流程，减少冗余操作和资源浪费，企业能够降低运营成本、提高资源利用效率，从而实现成本的有效控制和降低。④满意度和参与度。灵活流程创新对员工满意度和参与度产生积极影响。通过优化工作流程，减少不必要的烦琐操作和冗余环节，提高工作的挑战性和意义，增加员工参与决策和问题解决的机会，提高员工的满意度和参与度。灵活流程创新有助于提升客户体验。通过优化流程、加快产品或服务的交付速度，企业能够更快速、更准确地满足客户需求，提供个性化的解决方案，增强客户满意度和忠诚度。⑤物料采购流程的优化创新。企业可以通过与供应商建立紧密的合作关系，实现及时交付和按需供应，从而减少物料库存的冗余。例如，一家制造企业可以与供应商建立协同计划系统，根据生产需求实时调整物料采购计划，减少库存成本和仓储空间的浪费。⑥人力资源流程的优化创新。企业可以通过引入灵活的人力资源管理方法，如弹性工作安排、远程办公和项目团队组织等，实现人力资源的优化配置。例如，一家科技公司可以采用弹性工作制度，根据项目需求和员工个人意愿，灵活安排工作时间和地点，提高员工的工作效率和工作满意度。

四、灵活的管理模式与流程创新激发企业创新并提高效率

企业灵活管理模式是一种适应快速变化和不确定性环境的管理方式，它通过灵活的组织结构、决策机制、资源配置和文化氛围等方面的创新，激发企业进行创新并提高创新效率。其促进了创新文化、强调灵活组织结构、推动敏捷创新、促进跨部门协作和提供资源支持等，激发了企业的创新活力和创造动力。这种管理模式有助于培养创新意识、优化创新流程、提高组织的敏捷性和适应能力，从而增强企业的竞争力和持续发展能力。

具体作用如下：①促进创新文化。企业灵活管理模式通过塑造积极的创新文化，激发员工的创新意识和创造力。这包括鼓励员工提出新的想法和解

决方案、支持试错和学习的环境、尊重多样性和包容性等。企业可以设立创新奖励制度，鼓励员工提出新的创意和解决方案，并提供相应的奖励和认可。例如，一家科技公司可以设立创新基金，资助员工的创新项目，并在项目成功实施后给予奖励。②强调灵活组织结构。企业灵活管理模式倡导灵活的组织结构，以适应快速变化的市场需求和业务环境。这包括扁平化的组织架构、灵活的团队和项目组织，以及快速决策和执行的机制。企业可以组建由不同部门和岗位的员工组成的跨功能团队，共同解决复杂的问题和推动创新项目。例如，一家制造企业可以组建由设计、工程、市场和供应链等部门的员工组成的跨功能团队，以促进新产品的开发和上市。③推动敏捷创新。企业灵活管理模式强调敏捷创新，即通过迭代和快速实验的方式，不断改进和推进创新项目。这包括敏捷开发方法、设计思维和快速原型等。企业可以采用敏捷开发方法，将创新项目拆分为小的迭代周期，通过快速原型和用户反馈，不断优化和改进产品或服务。例如，一家软件开发公司可以采用敏捷开发方法，将项目拆分为短期的迭代周期，以快速响应客户需求和市场变化。④促进跨部门协作。企业灵活管理模式鼓励跨部门协作和知识共享，以促进创新的发生和跨领域的合作。这包括建立跨部门的沟通渠道、共享平台和团队合作机制。企业可以定期举办创新沙龙和工作坊，邀请不同部门的员工参与，共同探讨和解决创新问题。例如，一家医药公司可以组织创新沙龙，邀请研发、销售和市场部门的员工一起探讨新药研发和市场推广的创新策略。⑤提供资源支持。企业灵活管理模式为创新提供必要的资源支持，包括财务投资、技术支持、培训和知识共享等。这有助于降低创新的风险和提高创新的效率。企业可以设立创新基金，为内部的创新项目提供财务支持和资源配备。同时，企业可以设立创新孵化器，提供创新团队的工作空间、技术设施和专业指导，以加速创新项目的推进。

企业灵活流程创新是指通过重新设计和优化业务流程，以适应变化的市场需求和创新的要求，从而激发企业进行创新并提高创新效率的一种管理实践。主要通过创新驱动、流程优化、敏捷创新方法、跨部门协作和知识共享，以及创新技术和工具的应用等方面的作用，激发了企业进行创新并提高创新效率。它涉及的主要流程包括产品开发、制造、服务、决策和市场营销等。通过灵活的流程创新，企业能够更好地应对市场变化，提高创新速度和质量，增强竞争力，实现持续发展。

具体步骤如下：①创新驱动。企业灵活的流程创新以创新为驱动，通过重新思考和改进现有的业务流程，以适应快速变化的市场需求和技术进步的要求。这包括创新思维的引入，鼓励员工运用创新思维，挑战现有的流程方式，寻找新的解决方案和改进的机会。激发创新动力，设立激励机制，如创新奖励和认可制度，以激发员工的创新动力和积极性。建立创新文化，营造积极的创新氛围，鼓励员工提出新的想法和创新实践，支持试错和学习的环境。②流程优化与简化。企业灵活的流程创新通过优化和简化业务流程，提高工作效率和质量。常见的流程优化方法有流程重组和精简，重新设计业务流程，去除不必要的环节和冗余操作，以提高效率和减少资源浪费。自动化和数字化，引入信息技术和自动化工具，实现流程的数字化、自动化和智能化，提高效率和精确性。标准化和规范化，制定标准化的流程和操作规范，提高工作一致性和效率。③敏捷创新方法。企业灵活的流程创新采用敏捷创新方法，以加速创新项目的推进和优化创新流程。以下是一些常见的敏捷创新方法：快速原型和试验，通过快速制作原型和实验，快速验证和调整创新方案，降低创新风险和成本。用户参与和反馈，与用户紧密合作，获取用户需求和反馈，以确保创新方案符合市场需求和用户期望。迭代开发和持续改进，将创新项目分解为小的迭代周期，持续进行反馈和改进，以快速响应变化和优化创新流程。④跨部门协作和知识共享。企业灵活的流程创新鼓励跨部门协作和知识共享，以促进创新的发生和跨领域的合作。常见的实践有组成跨功能团队和项目组，由不同部门和岗位的员工组成的跨功能团队，共同解决复杂问题和推动创新项目。创新平台和沙龙，建立创新平台和沙龙，提供一个交流和分享创新思想和实践经验的平台。知识管理和共享平台，建立知识管理和共享平台，使员工能够轻松访问和共享最新的知识和经验。⑤创新技术和工具的应用。企业灵活的流程创新借助创新技术和工具，提升创新效率和质量。例如，数据分析和智能决策，利用大数据分析和人工智能技术，提取有价值的信息，支持决策和创新方案的制定。虚拟协作和远程工作，采用虚拟协作工具和远程工作技术，促进团队合作和知识共享，降低地理和时间限制。创新管理平台和软件，采用创新管理平台和软件，支持创新项目的管理、协作和追踪，提高创新效率和沟通效果。

五、灵活的管理模式与流程创新释放组织冗余对企业创新的赋能

企业灵活管理模式能给企业带来许多效益，而其对组织冗余的影响是多方面的，它通过减少冗余、优化资源配置和流程设计、调整组织结构、提高劳动力灵活性、强调快速决策和适应能力、释放创新与创造力等方面的影响，帮助企业实现资源的优化配置和运营效率的提升。而企业灵活流程创新通过提升效率、优化资源配置等方面的影响，帮助企业降低成本、提高员工满意度和参与度，也减少了企业的非必要冗余情况，创造出足够的流动性资源空间。

这种适应快速变化和不确定性环境的管理方式，通过灵活的组织结构、决策机制、资源配置和文化氛围等方面的创新，涉及产品开发、制造、服务、决策和市场营销等方面的流程，进一步激发了企业进行创新行为并提高创新效率。促进了创新文化，推动了敏捷创新，促进了跨部门协作，也提供了资源支持，更进一步释放了组织冗余对企业创新的赋能。

第七章　组织冗余对高新技术企业
创新效率提升的典型案例

第一节　组织冗余对高新技术企业创新效率
提升的国外优秀案例——心怀用户：
Netflix 的创新优势构建之路

随着网络的发展，人们获得信息的渠道随之更加丰富，文化性的生活在人们的生活中占据了重要地位，除了阅读书籍这一种较为传统的方式，观影和观剧充斥了人们的日常生活。传统的传媒业多倾向于影院和电视节目这种"线下式"和不可携带性的模式，流媒体恰恰可通过手机这种易携带的工具为载体，来吸引大量客户。时至今日，在国内对于喜爱美剧的观众而言，即使没有使用过 Netflix 的软件，对 Netflix 也存在一定的认知。

2020 年 3 月，Netflix 仍然稳坐流媒体订阅业务供应的"头把交椅"，全球约有 1.8 亿用户订阅 Netflix。几年前已经锁定了全球市场，并且开始布局，如今这种布局带来了可观的回报。截至 2020 年第一季度，新冠疫情所带来的负面影响日益严重之时，Netflix 的下载量不降反升，韩国用户增长率高达33%，首次下载应用程序的中国香港用户增加 1 倍。

2020 年，海外新会员的一季度增长量占据了 Netflix 一季度增长量的最大份额。随着科技的快速发展，互联网成为日用"必需品"，Netflix 在海外的根据点越来越多。欧洲区域内，以英语为主要语言的国家中，Netflix 的订阅量在订阅类视频服务的用户中占到 70% ~ 87%。在以其他语言为主要语言的国家中占比为 55% ~ 64%。Netflix 的内外环境如何？核心竞争力是什么？创新战略如何形成？

一、DVD 租赁业务初露锋芒

20 世纪六七十年代，互联网尚未出现，DVD 租赁之风盛行。Netflix 恰恰在这时紧赶这一潮流趋势，树立起"科技为先，用户为本"的理念，一次性动摇了 DVD 租赁业务的商业惯性，以创新求变化来进行经营。最终红盒子、沃尔玛和百事达这些强劲对手最终不敌 Netflix，败下阵来。Netflix 成功在 DVD 租赁市场中异军突起。

开发 DVD 租赁业务的创意便是从定制开始的，Netflix 创始人之一的马克从定制棒球棒开始，马克认为那是完全个性化的产品。用户可以在网上填写信息，然后按照他们填写的规格，如长度、手柄厚度和球棒的切面直径，用电脑控制的铣床精确制作出符合要求的棒球棒。所有产品都是独一无二的，还可以完全复制其他人的球棒。正是在这一时期，Netflix 初步认识到客户的重要性，开始通过其庞大的产品目录来鼓励客户租用其产品。在鼓励客户租用产品的形式上进行构思，形成了"Netflix"式的租赁方式。首先，按月进行租赁费用收取一改传统按次收费的方式，以独特的月费模式独步市场。月费模式下，用户每月仅仅需要支付 5.99 美元就可以自由地租赁 Netflix 影片库中的影片，滞纳金、邮寄费用及其他费用被免除。相较于带有惩罚性质的滞纳金，用户可以得到更大的实惠。滞纳金的免除也来自 Netflix 创始人里德的一次经历，里德在百视达（Blockbuster）公司租了一部电影《阿波罗 13 号》，他在归还录像带时因为逾期，不得不支付了 40 美元的滞纳金，他当时想的是：要是没有滞纳金这种东西会怎么样呢？创意就此诞生。其次，为使用户拥有更加良好的租赁体验，Netflix 推出了"租赁清单"，即用户可以将自己想看的影片加入清单，当用户将前期租赁的影片归还，Netflix 将会按照清单顺序进行下一步的邮寄工作。一旦客户习惯了这种订阅影片的方式，客户流失的可能性就会大大降低。同时，Netflix 也可以更好地平衡片源流转和物流成本之间存在的矛盾。最后，正如世界上没有两片完全相同的叶子一样，每个人都是独一无二的，"个性化"这一特点也被 Netflix 拿来进行优化用户体验。创立了"个性化"推荐系统，为此 Netflix 在数据挖掘技术方面进行了大量投资，凭借该套系统，Netflix 迅速地扩大了客户基础，使冷门影片从"冷板凳"上下来。也使热门加冷门的形式成为观影者的常态，更好地服务于用户，满足用户对内容高质量的要求。不仅如此，这套系统会将品位相似和行为相似的用户进行比较，进行更加精准的推荐。用户的年龄、性别和租赁历史也会被用来进行优化推荐系统，并且会被作为导向性的数据，连接到未被关注到的内容上。影片使用得到优化，用户需求配置更加合理。Netflix 曾对外宣称，大约 60% 的会员会根据系统的推荐影片进行租赁清单的定制。

在 DVD 影片邮寄方面，创始人马克等考虑到："随着图书、音乐、宠物食品等其他主要门类的商品逐渐转移到线上，电影租赁（该行业每年带来的收入高达 80 亿美元）就成了一个诱人的目标。把赌注押在 DVD 上是有风险的，但这也可能成为我们最终攻破这一门类的方法。在整个市场都被 VHS 录像带租赁占领的情况下，或许可以实现邮寄 DVD 租赁，还能在短期内独占这个通过邮寄方式租赁视频的细分市场"。Netflix 从最初的邮寄洗发水开始构思，马克和里德通过实际的 CD 邮寄过程来测试 DVD 邮寄业务的可行性。并在实验开始前做出约定，如果 CD 不产生损毁，便可以开发邮寄业务部分。如果损毁情况发生，便不再考虑。实验成功后，Netflix 便开始邮寄业务。在邮寄业务方面，Netflix 秉承的理念是"简单、快捷、方便"。"视频 24 小时内发送给大多数用户"，"网上订购，隔夜快递，看完寄回"这一套线上操作使选择、购买、寄回的流程更加顺畅。后台供应链更加完善，全新的租赁服务使 DVD 租赁更加方便。

二、流媒体转型大放异彩

流媒体行业是在互联网大范围覆盖下催生的产物，同为以视频吸引客户的行业，流媒体之间的混战所产生的影响，不可避免地波及美国的整个媒体行业。流媒体作为依托于互联网类别的媒体，所需要面对的竞争对象不仅限于老牌的电视有线行业，还需要面对大量的充斥着高质量的、易于获取最新消息的同类型竞争对手。尽管作为同类型的竞争对手，但是每个能够幸存下来的网站基本不太会提供同质性的内容，这也就造成了内容不可避免的分散，市场分化现象的产生。随着这种现象的日益明显，聪明的消费者也会很谨慎安排自己有限的内容类支出。流媒体大战也就自然而然的演变成了内容之争。

（一）两次构思，横空出世

2007 年，Netflix 的流媒体服务横空出世。用户可以在个人电脑上观看影片，Netflix 也迎来了从传统的 DVD 租赁商到新型流媒体转型的重要时期。其实这并不是 Netflix 第一次想要作出转型的尝试，时间倒回 2000 年，里德·黑斯廷斯（Reed Hastings）作为 Netflix 的创立者兼 CEO 就萌生了创立在线试听服务业务，由于互联网环境还未发展到足够支撑大部分人在低成本下进行使用的阶段，所以想要大范围推广是不切实际的。随着互联网的高度普及，宽带费用降低，在线观看已经成为人们的日常，Youtuber 等网站迅速进入大众视野，并且成功地掀起了巨大的新媒体浪潮，面对自己向往已久的互联网业务，斯廷斯也瞅准时机跻身新媒体革命者的大军。

当技术条件可以充分支持以后，如何依托现有技术提供更好的内容就成了 Netflix 良好发展的重头戏。为了在内容上占据优势，Netflix 拿到了海量的影视作品的授权，影片类别广泛、影片内容丰富。既有 20 世纪 50 年代的史诗级巨作《宾虚》，也有库布里克的《发条橙》。从《早餐俱乐部》到《黄飞鸿之西域雄狮》等应有尽有，极大地满足了用户的观影需求。刚开始为吸引用户，Netflix 以免费在线服务为起点，只要用户订阅公司的 DVD 业务，在线服务会作为附赠礼物赠予客户。

但是，海量的片库并不等价于良好的用户体验。许多案例证明，当面临的选择越多时，选择越困难。恰恰相反，选择越少时，反而更加容易决定。Netflix 多年的 DVD 邮寄生意为其带来了大量的用户数据，也正因为如此，使 Netflix 在流媒体平台的建设方面存在了有力的推动力。当用户登录网站，可以对看过的作品打分，同时建立专属片库。2007 年，Netflix 流媒体推出，带着自己 9 年多来积累的 20 亿条用户打分，成功研发出一套不同以往的视频推荐算法。Netflix 以用户的观影记录和打分情况为依据，通过这套算法为用户进行导向性的推荐，甚至还可以对用户的打分情况进行预判。这套算法成为 Netflix 留住甚至扩大用户规模的法宝。许多冷门的作品也拥有了自己的受众。

（二）各方较量，合理布局

1. 低成本与内容供应

Netflix 之所以能够走到今天，一直将影片出租作为其发展的源动力，如果说 DVD 租赁是最为浅显的影片出租的话，那么在流媒体平台上进行影片放映是先获得影片授权，再将同一部影片不限量的出租给平台用户。从这个角度来看，互联网的平台化内容传递是公司发展的核心方向。因此，如何以低成本、高效率的获得影片就会成为公司发展的首要任务之一。在 Netflix 中，影片资料等内容的获取是由首席内容官 Sarandos 领导的 75 人团队负责的。这些人会与电影公司、广播公司、电影导演及制作人们保持联系，使公司成为众多影视公司的重要分销商。从小型电影公司以及独立制片人的角度来看，Netflix 所承诺的低成本分销渠道具有非常大的吸引力。从 Netflix 的角度来考虑，因为自己可以提供具有诱惑性的承诺，也就会为它自己带来砍价的便利，从而可以低成本来获得影片。同时，冷门影片凭借长尾理论也会为 Netflix 带来可观的红利。

2. 战略联盟与高效邮递

为了保证顾客租借 DVD 及时送达，提高顾客满意度，高效率的邮寄对于

Netflix 的服务质量至关重要。公司与美国邮政服务公司（United States Postal Service，USPS）结成战略联盟，由后者提供邮递服务。Netflix 与美国邮政服务公司实现信息系统互联，信息实时共享，能够有效地协调彼此行动以提高整体物流效率。

3. 设软结合与额外收益

Netflix 与电子消费产业的领导企业（如 LG、三星、微软、索尼、苹果等）开展广泛合作，开发各种设备及软件把用户的电视或电脑与公司、影片资源相连，甚至用户还可以通过手机订阅，从而使会员能够及时获取所需影片。这些合作伙伴为 Netflix 通过互联网传输内容提供了高效的连接手段。虽然即时观看影片部分主要是免费的（在固定月租费下免费观看），但也有一些提供付费服务，能够为 Netflix 创造新的收益来源。Netflix 主营业务包括 DVD 业务和流媒体业务，但随着行业发展，NetflixDVD 业务的比重逐年减少，流媒体服务成为其营业收入的主要内容。

4. 长尾效应与评论稳增

纵观 Netflix 的发展历程，我们可以清晰地看出，Netflix 的推荐机制和老片、冷门影片之间具有绝对性的关联。长尾效应也得以从这种关联中体现出来。

一方面，Netflix 通过购买老片、冷门影片的战略来降低内容成本，在相同预算的情况下，Netflix 可以极大地丰富其影片库。另一方面，Netflix 通过推荐机制可以将冷门影片、老片巧妙地推荐给喜欢同类型影片的用户观看，影片库的使用效率大大被提升。

对于 Netflix 来说，在推荐机制结合冷门影片、老片的战略下，其最重要的固定资产——DVD，也在低成本的情况下获得了高质量的回报。在稳定的收回固定成本的情况下，Netflix 可以更有计划地进行目的性、规模化的投资。在面对规模巨大、财力雄厚的百视达时，Netflix 巧妙地采用差异化战略布局，同时也更好地保护了资金的正常流动。结合推荐机制的辅助，尽管在租赁清单中加入了老片，客户的活跃度仍然有增无减。截至 2005 年初，用户评分数量超过 4 亿次。到 2005 年末，Netflix 用户累计评分超 5 亿。按照 Netflix 用户数量 350 万（年初末平均值）进行计算，12 个月用户评分增量净高达 1 亿次，平均每个用户每个月会新给出 2.7 个电影评分。根据财报数据，Netflix 每个用户平均每月观看 6.6 部电影，说明用户会给 40% 的电影进行评分。

（三）传统影媒隔阂显露

尽管 Netflix 得到了许多用户实实在在地喜欢，但是这也不会妨碍部分媒体行业毫不掩饰地排挤。一年一度的美国影院业主大会，好莱坞大片是绝对不会错过这绝佳的时机。每当此时，传媒行业的"六大巨头"（迪士尼、派拉蒙、索尼、环球、福斯和华纳）都会带着自己的大项目来。但是在福克斯被收购之后，成为迪士尼的一部分，"六大"空出余位，Netflix 瞅准时机，斥巨资得到了福斯空出的位置，但也仅仅止步于加入，同往年一样仍旧被挡在了美国影院业主大会门外。

（四）Netflix 蓄力业绩稳升

2020 年 4 月 16 日，Netflix 在经过了一年的励精图治，在市值方面，以高于迪士尼近 100 亿美元的好成绩，终于又一次赶超迪士尼。这一次 Netflix 不仅在市值上取得了优势，其股价也创造了有史以来的新高，连续三天看涨，最终涨幅高达 18%，华尔街的所有投行一致展现出肯定的态度，给出这家历史悠久的企业买入评级。

当我们再回头思考，当下存在着如此多的流媒体平台，为什么偏偏是 Netflix？到底存在何种魔力使在价格和内容数量方面都不是最优的 Netflix 能够拔得头筹？即使没有暴发新冠疫情，Netflix 仍然可以拿出观看用户量不断上升的傲人成绩。当然我们也不可否认竞争效应尚未充分展现，但是已经显性的用户量确实也是 Netflix 竞争力实实在在地证明。具体如表 7-1 所示。

表 7-1　美国流媒体行业现状

企业	基础套餐价格（美元）	内容数量		订阅人数（人次）
Netflix	12.99	1500+电视剧	4000+电影	1.67 亿
Prime Video	8.99	1900+电视剧	17000+电影	6000 万
AppleTV	4.99	7 电视剧	2 电影	待定
Disney+	6.99	7000+电视剧	500+电影	待定
Hulu	5.99	1700+电视剧	2300+电影	3020 万

（五）组织架构、人才管理助创新

Netflix 一直以来都注重在内部建立一个高度灵活且充满创造力的工作环境。公司在组织架构和人才管理方面采取了一些独特的做法。

Netflix 鼓励员工之间的自由竞争和创新思维。他们将团队组成小规模的"战斗队"（Battle Team），每个团队都有自己的目标和责任，并享有较高的自主权。这种扁平化的组织结构赋予了团队更多的自由和决策权，鼓励员工放手去尝试新的想法和方法。Netflix 在员工管理上采用了一种宽松而高效的方式，即"自愿离职政策"。公司鼓励员工主动意识到自己是否适合组织，并给予员工选择离开的机会。这种政策虽然可能增加了组织的冗余程度，但也让员工更加关注自己的发展和兴趣领域，进而提高了员工的创新动力。同时，Netflix 注重快速迭代和试错学习。他们通过不断尝试新产品、新功能和新业务模式，从中学习并快速调整，以满足用户需求。这种快速迭代和试错的方法帮助 Netflix 在数字化转型中保持敏捷性和创新力。Netflix 通过高度灵活的组织结构和人才管理实践，成功地提高了企业的创新效率。其组织冗余的做法为员工提供了更大的自主权和创造力的空间，激发了团队成员的创新动力。同时，宽松而高效的人员管理方式使员工更加专注于自身的兴趣和发展方向，有利于发掘和培养创新人才。此外，快速迭代和试错学习的方法使 Netflix 能够快速响应市场需求，优化产品和服务。

三、同台竞技，各显神通

当人们在讨论美国流媒体发展状况时，Netflix 作为叙述中心这一点已经不足为其，其他的流媒体平台自然而然也就占据了"挑战者"的位置。

（一）迪士尼+积极入局

2019 年 11 月，迪士尼推出"迪士尼+"。大约 5 个月后，"迪士尼+"就获得了 Netflix "煞费苦心"经营了 7 年才达到的 5000 万用户数量。

迪士尼作为积极入局的"挑战者"，为实现品牌全球化扩张这一目的，同时为更好地实现跨生态系统的营销协同效应，将自己的客户群主力定位在有年幼孩子的家庭，这一特点也在学校停课期间具有十分鲜明的显现。根据相关数据，在 2020 年第一季度中期的统计中，迪士尼的订阅用户中，有 10 岁以下儿童的家庭占 50%，18 岁及以下的青少年家庭也占到了家庭总比例的 42%。自从迪士尼开始决定打造"迪士尼+"，它就开始收回授权给 Netflix 的版权，这无疑会给 Netflix 的内容丰富度上带来不小的冲击，同时也会不可避免地造成部分客户的流失。

（二）HBO Max 另辟蹊径

作为科幻剧集界的"头把交椅"，同时一向被称为"流媒体贵族"的 HBOMax 十分明智地运用了"背靠大树好乘凉"这一特点，背靠 AT&T 和华纳集团这"两棵大树"，上线后仅仅半个月就依托 AT&T 平台推出了"定向免流"的观看服务，只要是 AT&T 的用户在自己移动端上观看 HBO Max 所提供的内容，无需使用套餐内的流量，就可直接观看。但是这项业务最大的特点也就是"定向"，当观看其他平台所提供的内容时，是无法享受流量优惠这一业务的。这恰恰也成为 HBO Max 不可忽略的优势。面对 HBO Max 种种行为，不免招来同行业其他竞争者的反对。许多人直截了当地指出"网络中立性"这一备受美国市场推崇的原则在 HBO Max 大打折扣，偏袒行为也光明正大地被摆上了台面。但是，面对着残酷的市场竞争，各大流媒体平台不遗余力地争夺观众的眼球，"成功"的方式在当今的世界更加值得思考。

（三）福克斯公司补足短板

福克斯公司自从将 Hulu 出售给迪士尼后，也从未放慢前进的脚步。经过多番缜密的考虑，福克斯敲定收购支持免费投放广告业务的流媒体公司 Tubi，此次收购耗费福克斯 4.4 亿美元，资金的来源便是福克斯前期出售所持有 Roku 的 5% 的股份。福克斯的此番行为在某种程度上称得上是对 Hulu 出售后在业务领域所造成空白的一种补偿，为在"流媒体之战"中突围存续能力。

（四）环球影业正式入场

环球影业作为好莱坞旗下老牌的大型电影、电视制作厂商之一，在和 NBC 进行合作后，在 2020 年宣布推出自己的流媒体——孔雀（Peacock），为何要称为孔雀呢？原因就是 NBC 的图标就是一只孔雀。这只"孔雀"背后大有来头，作为仅次于 AT&T 的美国第二大互联网服务的供应商——康卡斯特便是其背后最有力的支撑。康卡斯特旗下的梦工厂也是让人耳熟能详的内容公司之一，不仅如此，迪士尼曾经差点沦为其"囊中之物"。"孔雀"的正式入局标志着北美的最后一家娱乐业巨头正式进入流媒体赛场，流媒体大战日益呈现出白热化状态。

（五）Netflix 稳系内容

随着网络发展迅速，用户不断地受到各式各样内容的冲击，原有内容的市场已经趋于饱和，Netflix 将目光转移到原创内容上，而且还将其作为公司竞争的重要策略。2013 年，Netflix 在自制内容上面开始发力，创作出了如《纸牌屋》《发展受阻》等高质量电视剧，广受好评。其中，《发展受阻》获得多项艾美奖、金球奖，并入选《时代》周刊，成为有史以来最伟大的 100 部剧集之一；《纸牌屋》更是得到广泛好评，斩获最佳剧集、最佳男主角和最佳女主角等 9 项艾美奖提名，Netflix 因此新增 200 多万用户订阅；2014 年，由 Netflix 斥资 9000 万美元的《马可波罗》进入紧张制作期。2015 年，Netflix 迎来了原创剧集大年，仅一年的原创新剧数就超过了前两年原创剧作的总和。

2017 年，Netflix 又陆续推出《怪物奇语》《皇冠》《光明》等原创新剧，使受众规模进一步扩大。原创内容的时长更是高达 1000 小时。其中，《光明》一集的成本就高达 9000 万元。到 2018 年，大约 80 个自制或者采购的原创项目开始推进。Netflix 凭借着这一系列优质的原创内容，不仅在流媒体平台独树一帜，甚至可以和传统的电视传媒行业平起平坐。

（六）全球化布局

一方面，Netflix 开始采购全球部分国家的电视剧。2014 年，Netflix 将《浴血黑帮》从英国广播公司（BBC）处购进；2015 年，因《甄嬛传》的热播，Netflix 也将其引进其平台，此次引进，Netflix 并非全盘接受，而是进行了有策略的改编。将 70 多集精编为 6 集，一集为 90 分钟。到 2017 年，印度的《爱之方寸》的版权也被 Netflix 买入。并且于 2018 年上线其独家平台。另一方面，Netflix 针对性地结合不同国家用户的需求，开始制作具有各国特色的原创内容。在这种布局下，以 Netflix 推出的第一部原创剧《莉莉海默》为例，该剧全部使用挪威语在挪威当地拍摄。2011 年，进军英国市场，在与 BBC 合作后，创作了《神秘博士》《小不列颠》等一系列剧集。在剧集首播 6 个月之后，英国用户可以登录 Netflix 平台直接观看。2016 年，波兰和土耳其的"Netflix 本土化已经实现"。Netflix 通过与日本富士电视台的合作推出了《双层公寓》等剧集。自 Netflix 全球化战略实施之后，Netflix 方面相关的播放量迅速增加。

印度市场方面，据 Netflix 首席执行官德·哈斯廷斯描述，Netflix 斥资约 4 亿美元打开印度市场。想要正式进入印度市场，第一步就是要找到"领路人"。这个"领路人"就是与亚马逊在内的多个平台都有合作的 Viacom18。Viacom18 归属于印度亿万富翁穆克什·安巴尼所掌控的 Network18。双方合作已经创作了 3 部印地语的电视剧，据知情人透露将会增加到 10 个左右的印地语节目。

非洲市场方面，当地媒体行业巨头 MultiChoice 携其流媒体平台 Showmax

积极拥抱 Netflix 和亚马逊这两个来自异国的新媒体平台，尽管该公司的首席执行官卡尔沃·马维拉并未将这一合作"端上台面"，但是通过其向大众公开的信息中已经可以见到与亚马逊和 Netflix 合作的相关协议。尽管双方达成了合作协议，但是受限于非洲除南非市场以外的宽带建设较为落后，未来在非洲市场要走的路还很长。

日本市场方面，Netflix 于 2015 年正式大举进军日本市场，Netflix 主要以买断动画的全球独播权为其经营方式。随着时间的推移，Netflix 正"温水煮青蛙"般渗透到日本动画的核心创作。为深入日本市场，Netflix 积极运用多种方式来同日方进行合作。第一种方式是从人气动画作品和热门番剧入手，对其进行收购，如《火影忍者》《鬼灭之刃》等。第二种方式是买断最新番剧，日本国内想要播放该动画则需要向 Netflix 购买播放权，如《紫罗兰永恒花园》《小魔女乐园》等。第三种方式是和制作公司签订"全面项目合作合同"，全程由 Netflix 注资创作，将主动权牢牢把握在自己手中。

面对着残酷的市场竞争，各大流媒体平台不遗余力地争夺观众的眼球，"成功"也在当今的局面中更为复杂。

四、稳中求变，不忘初心

如何低沉本、快捷化获得高质量的内容是消费者关心的问题，作为内容供应商的 Netflix 设身处地地为用户进行考虑。创始人马克曾经这样描述其开创算法匹配业务的初心，从一开始，我们就知道公司不可能仅仅依赖于运输服务或者某个单一的产品——因为如果是这样的话，一旦技术发生变化，我们就会面临被淘汰的局面。如果想要获得长期的生存机会，我们就必须让用户相信，我们提供的服务绝不仅仅是在线电影库和快速配送。无论是技术还是交付方法，其实都无关紧要，最重要的是将我们的用户与我们知道他们会喜欢的电影无缝衔接。无论未来的技术发展方向如何，这一点始终是有意义的。

作为在线影片租借服务的开创者，Netflix 提出了全新的价值主张：让消费者更快、更便利地取得影片，从而获得与众不同的居家休闲体验。Netflix 全新的价值主张提出来，源于传统影片租借公司对掌握公司发展能否久远的关键是对顾客价值要素的漠视。这一点从传统的影片租借公司为了保证高的流通率都执行严格的逾期罚金制度的特点上就可以看出来。这一特点不仅仅停留在提出的阶段，甚至已经成为见怪不怪的行业现象。面对此种现象，Netflix 反而提出"租借无期限、逾期无罚金"的口号，在为顾客带来租借便利的同时，也为顾客节省了大量潜在的罚金成本。围绕其核心价值，"顾客至上"一直是其追寻的重点。

仅仅在成本上为客户着想仍远远不够。Netflix 还致力于为客户提供良好的视听体验，Netflix 也凭借这种方式为自己长期吸引客户。2017 年 7 月根据市场研究公司 Comscore 发布的互联网电视研究报告，美国用户平均每天会花费 1 个小时 40 分钟观看 Netflix 投放于电视上的节目。用户在 Netflix 节目上所花费的时长要超过包括其他主流媒体平台的总和。同年，为提高用户体验，Netflix 将 10 亿美元用在技术和研发方面，这与综合管理费用相当。Netflix 为提升用户体验进行了各种各样的服务调整。

（一）低价免广告收费降低用户成市

传统视频在播放视频时，往往会把广告穿插其中。而 Netflix 会把这段时间巧妙地利用起来，播放用户感兴趣的原创剧预告片。并且以远低于美国有线电视网络所收取的 50~60 美元的月租费用，仅需要 7.99~13.99 美元。

（二）个性精准化视频定位用户喜好

为了解决用户面临着选择困难和信息过载的问题，Netflix 引入了个性化内容推荐系统。Netflix 的个性化推荐系统使用户能够根据自己的兴趣和偏好发现新的内容。通过分析用户的观看历史和行为模式，系统能够准确预测用户对不同类型的内容的偏好，并据此提供个性化的推荐。这种个性化体验增强了用户的满意度，使他们更愿意在 Netflix 上花费更多的时间和金钱。同时，个性化推荐系统不仅使用户更易于发现和观看内容，还提高了用户的参与度。通过精准的推荐，用户更有可能发现自己感兴趣的内容，增加观看时长和内容消费。根据用户的反馈和行为，Netflix 的推荐系统不断学习和优化，进一步提高了推荐准确性和用户参与度。

于 2000 年 2 月上线的"电影匹配"（Cinematch）功能，能更为直观地推荐引擎，它在将定性评估外包给用户的同时，还能对后端进行优化。为使用户可获得的推荐服务更加精准，Netflix 特意组建了一个非常大的、囊括各个方面专家的实验室，通过大数据挖掘技术，贴近客户需求。如果说过去人们对视频类型的分类只有动作类、冒险类、戏剧类和浪漫类等几种比较简单的类型的话，Netflix 开创性地将视频库细分到约 8 万个。如此庞大的数量并非简单地描述性划分，而是首先对视频的内容进行分类标签，然后在每个标签下划分为 1 个到 5 个量级，这样使视频得到了更加高精度的细化，从而可以更加精准地为客户进行推荐。不仅如此，Netflix 还将电影中的细节、角色职业和发生地点等进行精细划分，精确度又大大提升了一个台阶。Netflix 将这些数据与用户以往的数据进行匹配，进一步形成各种微分类型，从而实现对用户的精准化推荐和个性化服务。

（三）创新内容交付满足客户追剧需求

Netflix 每天需要处理海量的视频内容，并且保证用户能够随时无缝地观看。为了实现这一目标，Netflix 采用了云计算技术作为其基础架构。

Netflix 在云计算平台上实施了冗余策略，以确保内容的高可用性和稳定性。他们将内容和服务分布在多个云计算区域和数据中心中，通过数据复制和备份实现内容的冗余存储。当某个区域或数据中心发生故障时，Netflix 可以无缝切换到其他可用的区域，确保内容的连续交付。并且，Netflix 的云计算平台具备弹性扩展和负载均衡的能力。在用户需求高峰期，可以自动部署更多的资源，确保用户能够获得良好的观看体验。通过负载均衡算法，Netflix 平衡了不同区域和数据中心之间的工作负载，提高了系统的可扩展性和稳定性。此外，Netflix 的云计算冗余策略不仅提高了服务的稳定性，还增强了其故障恢复能力。当一个区域或数据中心发生故障时，Netflix 可以快速切换到其他区域，减少了服务中断和故障对用户的影响。他们还定期进行备份和数据同步，以确保数据的安全性和完整性。通过云计算冗余策略，Netflix 显著提高了他们的创新效率。他们可以专注于创新和内容开发，而不必过多关注基础设施的管理和维护。云计算平台提供了高度可扩展的计算和存储资源，使 Netflix 能够更快速地推出新的功能和改进，满足用户不断变化的需求。

（四）科技革新不断配套用户体验

Netflix 作为一家提供在线视频流媒体服务的公司，服务遍及全球，面临着巨大的数据处理和交付压力，需要建立多个数据中心来确保高质量的内容交付。每个数据中心都位于不同的地理位置，以提供更快、更可靠的服务。

Netflix 采用了多数据中心冗余策略，即将其关键业务和数据在多个数据中心进行备份和存储。每个数据中心都是相互独立的，拥有自己的服务器、存储设备和网络基础设施。这种冗余策略的目的是确保即使一个数据中心发生故障或遭受攻击，其他数据中心仍能够继续提供服务，从而保障业务的连续性和用户体验。而 Netflix 的多数据中心策略不仅是为了冗余备份，它还用于实现就近交付和负载均衡。通过将内容和服务分发到不同的数据中心，Netflix 可以更好地应对用户的地理分布和网络状况。当用户请求流媒体内容时，内容分发网络（CDN）会根据用户所在地理位置，选择就近的数据中心提供服务，以减少延迟和提高视频播放的质量。Netflix 的多数据中心冗余策略还包括容灾和故障恢复策略。每个数据中心都会定期进行备份和同步，以确保即使某个数据中心发生故障，数据也能够快速恢复。此外，Netflix 还会进行灾备演练和制订应急响应计划，以确保在灾难事件发生时能够及时应对和恢复。通过多数据中心冗余策略，Netflix 提高了其创新和扩展能力。由于数据中心冗余，Netflix 能够更灵活地扩展其服务能力，以适应快速增长的用户需求。同时，这种冗余也为 Netflix 的工程师和技术团队提供了一个稳定可靠的基础设施，使他们能够专注于创新和开发新功能，而不必过多关注基础架构的稳定性。

第二节　组织冗余对高新技术企业创新效率提升的国内优秀案例

一、资源整合：中广核引领中国核电逐梦碧海蓝天

（一）企业背景

1. 破解"冷启动"中国核电技术的赶追

在一定条件下，核反应堆中有可能发生核裂变，核电技术就是利用核裂变中释放的能量进行发电。核电具有高效、高能源密度、清洁环保等优点，在未来全球的能源体系中将不可或缺。然而，我国在民用核电领域起步较晚，直到 1983 年才决定重点发展压水堆（压水堆是采用高压水来冷却核燃料的一种反应堆）核电站，技术大多依靠海外引进。作为后发企业，中国核电技术的追赶面临着从无到有的"冷启动"难题。"冷启动"指的是在技术追赶的初期，后发企业的知识、能力基础与先进企业相比，存在着巨大的初始差距，导致后发企业难以依靠自身能力，有效地吸收利用国外的先进技术。核电技术门槛很高，并且掌握先进技术的先发国家会尽可能阻碍技术的扩散，所以"冷启动"问题在复杂技术追赶中变得更加尖锐。当时，中国的核电技术，尤其是商用核电站技术发展，已经遇到了瓶颈。如何调动资源，破解"冷启动"困境成了中国广核集团有限公司（以下简称中广核）最重要的发展问题。

2. 星夜出征：打造"黄金人"队伍

在 20 世纪 80 年代大亚湾核电站建设之初，面对我国在大型商用核电站

建设和生产经营空白，中广核跟随国家战略和行业需求，从全国各地精选100多名优秀青年运营人才，开启大胆深远的育种计划，集中人才封闭学习核电运营技术和外语知识，层层选拔优中选优。在国家外汇储备仅有1.67亿元的艰难岁月里，国家拿出1亿元，全力支持中广核培养核电人才。依据"找最好的教师""按世界一流水平培训"的人才培育方针，中广核在1989～1990年先后分三批送115人到国外学习核电管理技术，人均培训费高达60公斤黄金的价格，相当于一个成年人的体重，因此这期间培育的核电人才被誉为"黄金人"。

台山核电合营公司总经理郭利民就是"黄金人"之一。历经国外高强度专业系统学习、师徒"影子培训"和严苛的国际资格认证，"黄金人"带着强烈使命感和产业报国情怀回归祖国，将世界一流核电站的管理运行、技术安全、运营维修、人才培训经验运用到中广核建设之中。"黄金人"队伍在积极发挥传帮带作用、树立核文化体系的同时，其成功的培养之道被弘扬、复制、贯穿集团人才培养体系之中，通过"白鹭计划"和"红鹭计划"培育集团各阶段各层次人才、战略储备国际化人才、锻造一批懂技术善管理的企业家。30多年来，"黄金人"队伍已从星星之火发展成燎原之势，在推动中广核乃至我国核电事业发展上发挥着重要作用。

3. "天选之子"：引进世界最先进核电技术

台山核电一期工程位于广东省台山市赤溪镇，由中国广核集团、法国电力集团和广东能源集团（原粤电集团）共同投资，是中法两国能源领域在我国最大的合作项目。该工程引进第三代核电EPR（欧洲先进压水堆）技术，计划建设两台单机容量为175万千瓦的核电机组，这项技术吸收了过去40年国际上积累的压水堆核电机组的运行经验反馈和技术进步，是世界上最先进的核电技术。

建设台山核电站，引进EPR核电技术，是党中央、国务院从国家能源战略高度作出的重要决策。台山核电一期工程两台机组采用中外合作、共同设计、共同建设的模式，对中法两国核电装备制造业的发展意义重大。2007年

11 月 26 日，中法两国元首共同见证了建设台山 EPR 核电项目的合作协议的签署。2009 年 10 月 22 日，台山核电一期工程项目获得国务院核准。同年 12 月 21 日，台山核电站开工暨台山核电合营有限公司成立仪式在人民大会堂举行，两国总理为台山核电合营有限公司揭牌。数次与国家领导人的会面让郭利民意识到，台山核电的建设不仅是一个国家级工程，更是一项技术上的突破性尝试和中法两国在核电领域友好合作的见证。他深感肩上的责任重大，也更加坚定了成功建成台山核电站的决心。

自 2009 年 10 月开工建设伊始，中广核集团就牵头中法 8 家主要参建单位，建立了一把手亲自参与的年度高层协调机制，参建各方充分借鉴法国、芬兰参考电站和 CPR1000 批量建设的经验，不仅未发生影响工程进展的重大安全和质量事件，而且创新应用了筏基大体积混凝土浇筑、钢衬里筒体整体吊装、4D 模拟重大设备引入、核岛主管道自动焊等先进施工工艺，保障了土建和主设备安装阶段的顺利推进。由于 EPR 机组是由法国和德国共同研发和设计的第三代核电技术，如果跟随德法两国的建设，在台山核电整个开工建设过程中依靠其技术支持，预计 2013 年就可以投产。

（二）从亦步亦趋到迎难而上：凝聚资源助首堆

开工建设仅两年，台山核电 1 号机组分别于 2011 年 10 月和 2012 年 12 月先于法国项目完成了穹顶吊装和核岛主回路焊接，逐步缩小了与提前四年开工的芬兰参考电站和提前两年开工的法国参考电站的差距。然而喜悦之余，郭利民却更多地表现出对台山核电未来的担忧。由于技术上相继出现问题，芬兰和法国两个参考电站大幅延期，郭利民当时还听到很多关于核岛的设计和供货延误的信息，在与同时负责三个 EPR 项目的法国核岛设计公司 AREVA 的交流中，郭利民察觉到该公司对项目进度也心中没数。这样的处境让郭利民寝食难安。

为了做出决策，郭利民决定动用台山核电特有的资源和专业力量，用最笨的方法，下最大的苦工，期望计算出按照目前的进度，台山核电达到工程中间节点——核回路冲洗（NCC）的时间。在短短几个月内，梳理了 210 个系统，涉及 15000 多台设备，每一台设备都有 72 个属性，经过对大量数据和资料的分析推演，得出的结论是：工程的中间节点至少要比原计划晚三年！台山核电班组凭借对现有资源力量的推演看清了后面的严峻形势，然而这份来自未来的珍贵情报却让怀抱着实现中国三代核电梦想的台山几千员工沉寂了。

郭利民将此情况向集团总部汇报，经过全面评估，集团总部领导一致同意，决定将台山核电作为全球首堆工程。为说服法国和其他合作公司，2012 年 10 月 19 日晚，郭利民在法国阿维尼翁教皇宫的 C8 峰会上，播放了自己全程参与制作的一部短片，虽然没有解说，但是台山核电人的精神在无声中表现得淋漓尽致，台山核电首堆的气质、首堆的灵魂通过短片传递给每一位参会人，满座的掌声也让台山核电成功地在阿维尼翁教皇宫"加冕"——台山核电成为全球 EPR 首堆工程！

（三）从前无古人到乘风破浪：善用资源强建设

合作方同意首堆并不意味着首堆能够顺利完成，对于台山核电，一切才刚刚开始。首堆之后，退路已封，台山核电的命运如今握在自己手里。然而，面对世界上最先进的第三代核心技术，没有了经验参考，中法八家主要参建单位形成了关于推动台山 1 号机组成为 EPR 首堆的初步共识，在台山核电站首堆建设期间，所有参建单位将尽其所能为台山核电提供人力、物力、技术等支持。

1. 整队搬迁定设计规划

开工在前的芬兰和法国两个参考电站的进展不顺利，工程不断延期，台山核电站的进度也受到了严重的影响。要想走上首堆之路，把设计固定下来是当务之急。设计、固化、设备交付、安装调试对整个项目的影响非常大。通过协调把法方核岛设计队伍从巴黎和深圳转移到了现场。从 2013 年 10 月开始，高峰人数超过 400 人，最近的办公地点离机组不到 100 米。这样一来，设计团队更贴近现场，对现场状况的响应能够更快。设计团队的搬迁，使"设计引领现场"逐步转变为"现场驱动设计"，从下游调试反推上游设计和供货，加速推进核岛辅助系统安装和移交，生产队伍也向上游延伸，深度参与工程建设，建立、运作和完善自主技术决策机制，终于成功应对和化解了首堆工程所特有的设计反复迭代带给下游设备制造、安装和调试的叠加和放大效应，接纳和消化了大量不可避免的返工所带来的心理焦虑和痛苦。

2. 专家评审解裂缝难题

在土建阶段，芬兰和法国的两个参考电站在一次性浇筑核岛筏基时都出现了裂缝，致使整个工期延误，进度逐渐赶上来的台山核电站也面临着同样的问题。核岛体积庞大，浇筑时期又长达 86 小时，为了筏基浇筑的顺利进行，台山核电认真研究了筏基浇筑的配方比例和温度控制，在初期进行了多次试验，还组织了国内顶尖的混凝土裂缝控制方面的专家，联合法国和德国专家在台山召开了评审会。

台山核电提出的方案再一次遭到否决，之后继续优化方案并进行试验，最后一次的试验数据各方面指标均达到了要求，得到了中法德三国专家的一致同意。核岛筏基浇筑的 86 个小时内未出现裂缝，浇筑完成。

3. 亲自参与强人才建设

虽然台山核电有着强大的合作资源，但是遇到的难题大多还要自主解决，这就更需要选拔人才。人力资源是台山核电站顺利完工的最强有力的保障，因此台山核电人才的招聘郭利民几乎都会参与，甚至亲自到学校选用人才。在大亚湾核电站建设时期，生产、维修、技术、生活、培训等方面，郭利民都会参与管理。如今为了激励和培养人才，郭利民有意识地将权力下放给各级干部，这样一来，极大地调动了员工的积极性，也培养了一批既有技术水平又有管理能力的领导班子。

4. 长期合作筑施工保障

中建电力建设有限公司（以下简称中建电力）是中广核整合资源进行项目建设的一支重要力量，承担台山核电 2 号机组核岛土建施工任务。在建设过程中，中建电力始终坚持"安全第一、质量第一、追求卓越"的基本原则。2010年4月，项目团队68小时不间断浇筑了9200立方米混凝土后，台山核电站2号核岛筏基浇筑成功完成，创造了中国电力施工史上一次性连续整体浇筑的最高纪录；2012年9月，总重超过231吨、直径46.8米、高度13.6米的核岛穹顶成功吊装就位，2号机组核岛顺利加冕；2015年9月，台山核电2号机组反应堆外穹顶混凝土浇筑提前92天完成，完成了中国建筑首个核反应堆主体工程。

面对全球最先进的核电三代技术和世界上单机容量最大的核电机组，中建电力成立了劳模创新工作室，以技术创新为抓手，解决了大量核电建设领域的关键技术难题。项目团队还研制出耐上千摄氏度高温的牺牲混凝土，"一种预应力管道灌浆用触变型水泥浆及其制备方法"获国家发明专利授权，打破了发达国家对此项技术的完全垄断，也标志着中国完全掌握了牺牲混凝土从研发到使用的全套技术。

类似的合作企业还有中国核工业华兴建设有限公司等，这些企业为工程顺利开展提供了保障。

（四）从披荆斩棘到后来居上：打破"首堆必拖"魔咒

2015年12月30日，台山核电1号机组一回路主泵轴封开始进水，宣告冷态功能试验（以下简称冷试）开始，是全球首台开始冷试的三代核电EPR机组，也标志着台山核电站全球首堆从预期变为现实。28天后，随着SED供主泵轴封水的停运，1号机组冷试正式结束，并由此成为世界首台完成冷试的EPR核电机组。冷试主要是对反应堆冷却剂系统和部分核辅助系统管线进行水压试验，并对相关设备和系统进行功能验证，这是核电站工程建设的重要环节。冷态功能试验结束之后，核电机组经过热试、装料、并网等阶段，最终便能够实现商业运行。

1. "三式分享"：经验成果同分享

2016年某一天下午，郭利民参加了公司内部分享交流会，今天做分享的是一名土建工程师，添堵核岛空洞的特殊材料需要进口，成本相当于一座土建的费用，核岛有 2675 个房间，大大小小的空洞大约有 2 万多个，是为核岛内的管线预留的位置，管道在运行时会有微小震动，这就要求添堵材料有弹性，同时还能防辐射，但是这些进口材料成本惊人。这位工程师利用业余时间研究了各种方案，在去除一些不必要的孔洞后，找到国内厂家共同研发出相同功能的材料，成本只有进口材料的 1/5。最终为材料封堵项目节省了2.88 亿元。

这样的分享还是郭利民偶然萌生的想法。在一次观看 TED 演讲平台时，一个新想法在郭利民脑海中慢慢浮现。如今虽然技术不断突破，但不同团队之间的经验却无法共享，已解决的难题在另外的工程中还在反复试验。首堆过程中，台山核电还需要做很多探索，某些人在局部取得的新经验、新方法、新体会应该被提炼出来，分享给更多的人。于是成立了最初的内部分享交流平台，这个平台逐步演变为"三式分享活动"，即分享式、体验式、启发式学习，每两个月在公司的演示厅举行。任何一个岗位、任何一位职工，只要在某个项目上有突出的解困方法，就有机会走上这个平台。从局部解决问题的过程提炼出更有普适性的可操作性概念或工具，启发听众跨界加以应用，很多只可意会不可言传的经验和体会得到了充分展示和深度解析，形成了强大的品牌效应，也激励更多的员工站上这个舞台。

2. 合闸！台山核电 1 号机组顺利并网发电

2017 年，多国权威专家组成了工作组来到台山，对中国国家核安全局严格监管台山核电厂首堆实验准备和执行的质量控制做出了肯定，并一致认为，芬兰和法国的同类型机组将可以直接使用台山核电 1 号机组的试验成果，不再进行同类型试验，台山核电实现了自己的首堆价值！

2018 年 1 月 9 日，国家主席习近平与来访的法国总统马克龙在北京人民大会堂共同为台山核电站 1 号机组成为"EPR 全球首堆工程"揭牌。

6 月 29 日 17 时 50 分，台山核电并网成功，大屏幕上的闸门顺利合上。10 分钟后，1 号机组成功提升电功率至 163MW 向电网输出电量！为了这一刻，台山核电人等待了 10 年，努力了 10 年。现场的所有员工都露出了激动的神情，有人紧紧地握住了手、有人击掌欢庆、有人相拥而泣。

（五）拨云见日：勇立潮头争一流

2019 年 9 月 7 日，台山核电站 1 号机和 2 号机组全部建成投入商运，为全球第三代核电站建设提供了成功范例。在改革开放的大潮中，中广核依托资源整合，走出了一条从引进到自主的核电发展道路，成为中国最大、全球第三大核电企业和具有国际影响力的清洁能源企业。

台山核电机组建设之前，中广核就对其发电效益做了预估，1 号、2 号机组建成后，预计每年可减少标准煤消耗约 803 万吨，减少温室气体排放超过 2109 万吨，相当于造林 5850 公顷。如今，国家提出"碳达峰""碳中和"战略目标，中广核重任在肩。2022 年 4 月 25 日，国际原子能机构召开首届核法律国际大会，中国代表团表示中国将核能作为实现目标的重要选择，确定了积极安全有序发展核能的政策。

二、合纵连横：江苏天宝汽车电子有限公司的自主创新之路

2021 年 1 月 9 日，江苏天宝汽车电子有限公司会议室内，公司总经理李×正在和研发部人员讨论着公司芯片研发的最新进展情况。早在华为事件发生后不久，为了摆脱可能出现的芯片供应不足对企业生产能力的不良影响，公司就开始着手研究芯片国产化替代方案。当前由于新冠疫情的影响，使"芯片荒"提早带来，芯片国产化不得不加速进程。

（一）曾经辉煌（1986~2005 年）

江苏天宝汽车电子有限公司是江苏徐州一家专业从事汽车电子产品设计、制造和销售的公司。前身是 1986 年 9 月由徐州无线电二厂和香港金山集团合资成立的徐州徐港电子有限公司。20 世纪 90 年代，公司是国家电子工业部"九五"规划重点支持的企业，公司生产的"天宝"牌汽车音响是江苏省名牌产品，"天宝"商标是江苏省著名商标。在徐港电子时期，企业就已经形

成了相对完善的产品体系，不仅生产汽车音响，还有电话机、调谐器、电动车等其他电子产品。客户涵盖高中低端不同层次，既有上海大众、一汽大众等高端品牌厂商以及奇瑞、长城等中端品牌，也有对价格比较敏感的夏利、南汽、中兴等低端品牌厂商。作为徐州市第一家合资企业，徐港电子一度是徐州人的骄傲，其薪资待遇远高于本地其他企业，在多数工资薪酬仅仅数百元的 20 世纪 90 年代，徐港电子大部分员工月收入能超千元。不仅很多事业单位职工跳槽到徐港电子工作，还吸引到东南大学、浙江大学、华东师范大学、西安电子科技大学等一批重点大学的毕业生到公司任职。李×总经理就是在 1992 年从东南大学毕业后进入徐港电子公司的。李×作为名牌大学毕业生，先被分配到研发部门，随后作为第一批技术骨干，被外派到香港地区去学习先进的技术和管理经验，这为他个人发展打下了坚实基础。

但是进入到 21 世纪，随着企业竞争的加剧，企业的营利能力越来越低。客户数量虽然高达 50 多家，但产品类型较少，主要集中在汽车音响领域。随着汽车行业快速发展，每家企业对产品个性化、独特性的要求越来越高。天宝汽车电子公司受制于自身产品创新能力，无法有效满足客户对产品的多样化、差异化需求，企业营利能力一度下滑，亏损严重，甚至一度危及企业生存。当时作为研发部经理的李×为了改善企业盈利状况，利用在香港学到的波士顿矩阵业务管理方法，将客户分为金牛、明星、瘦狗、问题类四种类型，带领研发部同事和客户部一起"优化"客户，将 50 家客户优化到 15 家，以试图将有限的研发资源放在金牛客户、明星客户及其具有较高营利潜力的车型上。经过客户优化，虽然取得了一定的成效，但由于技术资源不足，新产品开发受限，其营利能力还是没有得到本质改善。

当时的天宝汽车电子有限公司根本没有创新基础设施来支持产品研发，公司研发部只具备收音机、卡带机等产品的初步方案设计能力，而具体方案设计、平台软件实现又需要第三方方案公司的支持，核心技术极度缺乏。虽然研发部集聚了一批电子技术人才，但由于缺乏研究条件，也无法施展个人能力。另外，进入 21 世纪后，汽车技术进入到快速发展期，一批批汽车领域的新技术纷纷涌现，并被整合在汽车产品中，"倒逼"零配件企业进行换代升级。但公司无法对相关前沿技术进行追踪研究，大大落后于汽车厂商的需求。作为研发部经理的李×对中国汽车产业日益增加的市场规模、企业逐步被蚕食的市场只能望洋兴叹，没有核心技术就没有与竞争对手竞争的资本，就没有深度满足客户需求的能力，也就没有立足于市场的可能。在 2005 年加入延锋伟世通前，其销售总额还不到 3 亿元。

（二）借力母企，外延创新拓新机（2005~2016 年）

2005 年 5 月，天宝汽车电子有限公司被国内知名汽车电子企业延锋伟世通集团收购。延锋汽车饰件系统有限公司和延锋伟世通投资有限公司共同投资改组天宝汽车电子有限公司。加入延锋伟世通后，公司充分发挥延锋和伟世通中外股东的资源优势，大力推动产品创新，其市场份额和营利能力得到了极大的改善。

1. 锚定母企优势不放松

成为延锋伟世通旗下企业，在当时还是研发部经理的李×看来，并不是简单的公司股权结构的改变，而是存在很大的创新机会需要去发掘。如何发挥并购的整合效应，充分利用母公司优势，推动研发部产品创新成为李×的关注点。当时，公司其他部门还在忙着处理各种并购手续，关注部门利益是否会受到影响时，李×已经带着他的团队对母公司优势进行仔细审视，系统展开关于创新机会的讨论和思考。延锋伟世通汽车电子有限公司是国内知名的驾驶信息系统、中控集成电子、音响娱乐系统、车身控制系统、电池管理系统、动力控制系统等产品的提供商。尤其是在汽车音响仪表行业领域，其市场规模、技术水平遥遥领先于其他国内企业。母公司在全国六个省市建有工厂，其汽车客户遍布全球。在研发方面，母公司具备按照国际汽车工业标准为客户提供设计、制造、售后服务全链条服务能力，在产品设计、产品定型、质量检验、售后服务具有较强的竞争优势。此外，母公司在上海和南京建有两个达到国际水平的研发中心，具有从平台创新、开发到应用工程实现的完整研发团队，两个研发中心的技术研发能力均达到了国际先进水平，得到了全球多家权威机构和主机厂的认可，为世界多个汽车生产商和配件商提供技术咨询、技术合作开发和转让服务。这些资源都将是抢抓汽车市场发展机遇的重要依托。

2. 产品创新结硕果

基于对创新机会的系统思考，李×及其团队决定将充分利用母公司优势作为产品创新的突破点。在被收购之前，产品类型较少就已经成为天宝汽车电子有限公司与一些客户进行深度绑定的障碍。当时，李×作为产品研发负责人就十分重视产品线的拓展，甚至一些关系比较密切的客户曾跟企业商量，试图将一些汽车电子产品如仪表、空调控制器等产品委托给企业生产，但因为没有相关的技术储备，无法开发出新产品而作罢。加入延锋伟世通后，李×作为研发负责人把充分利用母公司客户资源优势、科研优势、管理优势作为推进新产品创新的重要依托，积极将母公司的科技创新平台与徐州本地制造成本优势有效结合，将快速开发新产品，拓展产品线，提升满足客户需求的广度和深度作为研发部门工作的基本着力点。当时，在延锋伟世通集团支持下，以伟世通公司全球再布局战略为契机，研发部门通过产品模仿和产品改进，积极承接集团从欧洲、日本等国转移来的产业技术，引进了伟世通集团一批成熟的生产技术和产品线，在短短的数年时间内，将产品线从单一的影音娱乐系统扩展到驾驶信息系统、车载娱乐系统、中控电子、智能网联、新能源管理系统、TBOX等产品。

作为一种工业品，可靠的质量和较低的成本是影响产品竞争力的关键，也是决定新产品开发成功的关键要素。在李×看来，要提升新产品质量，降低新产品成本，其关键在于融入学习。天宝电子的融入学习在提质降本方面体现在采购和新产品开发推广两个环节。

在采购环节，公司积极融入延锋和伟世通的电子产品全球采购平台以及塑料制品采购平台，实现了关键零配件的全球直接采购。通过融入全球直接采购平台，保证了原材料和零配件的交货效率、货品质量和规模采购的价格优势。

在新产品开发和推广环节，延锋伟世通不仅为天宝汽车电子有限公司提供客户资源、技术资源以及采购资源，同时还带来了先进的成本质量管理理念和方法。延锋伟世通作为一个国际化领先企业，积累了大量的质量和成本控制经验。如何学习激励研发员工的制度方法，以及推广基于精益思想的产品开发管理理念和体系也是实现产品创新的重要前提。为了吸收这些管理经验，李×经常向团队成员强调，跟母公司打交道最重要的是学习，只有学习才能创新。在具体措施上，李×提出了对标国际标杆企业的产品开发战略，针对具体的产品研发项目，他亲自组建研发攻关团队，选派优秀产品开发人员到母公司进行学习。并经常同团队一起，探讨先进管理方法的移植应用，积极进行创新管理革命。经过多年努力，通过借用母公司的客户资源优势、技术优势和管理优势，不仅成为宝马、沃尔沃、奥迪等知名车企品牌的供应商，同时还实现了产品的技术输出。借助延锋和伟世通在全球的生产基地，天宝汽车电子有限公司开发的新产品开始在印度、巴西、墨西哥等地进行本地化生产，供货南非大众、北美大众、俄罗斯大众、东南亚大众等汽车公司等。更为重要的是，新产品创新开发实践还培养了一批优秀的产品研发人才，提高了技术吸收能力，为后来构建自主创新体系奠定了坚实的基础。

（三）破茧成蝶，集成创新破危局（2016年至今）

江苏天宝汽车电子有限公司在加入延锋伟世通后，借助延锋伟世通的资源优势，积极把握汽车市场行情机会，企业得到了快速发展。但2018年后，中国汽车行业经过近20年的快速发展首次出现了负增长，进入到低速平缓期。此外，随着互联网、大数据、人工智能等新科技与汽车行业的融合趋势逐步增强，新兴互联网企业如百度、阿里、华为等也纷纷进入汽车市场，从汽车行业的二线领域进入到一线领域，这些企业与各主机厂深度绑定，更加挤占了诸如天宝汽车电子有限公司等传统一线厂商的市场空间，汽车产业链价值体系和竞争格局被进一步重组分化，内外部竞争压力日益加大。此外，受新冠疫情和中美贸易摩擦的影响，国外技术输入也受到越来越多的限制和打压，天宝汽车电子有限公司如何借助延锋伟世通集团优势进行自主创新，开发自主知识产权技术和产品，尤其是在"缺芯少屏""卡脖子"技术方面形成自己的核心竞争优势就显得尤为迫切。其实天宝电子早在2016年中兴被列入美国实体管制清单后，已经预见到可能出现的"缺芯少屏"瓶颈，并着手推进相关核心技术的发展。

1. 推动产品创新平台数字化

产品创新平台化是企业进行技术创新最为重要的要素，也是实施自主创新重要的基础设施。平台化对于改进产品结构、缩短设计和制造周期、提高产品质量、降低生产成本等方面都起着重要作用。产品平台还能够为各种产品和系统提供接口、平台和互换性，从而提高产品的通用性。基于产品创新平台，产品设计能够实现模块化，在提高产品一致性同时能够提高产品差异化。天宝汽车电子公司被延锋伟世通收购后，在传统收放机领域，全面使用了伟世通的设计平台：Tiger平台、Tiger 2A平台，这些平台经过全面的市场检验，产品开发质量可靠稳定。通过利用伟世通的产品创新平台，企业全面提升了产品设计能力，大大降低了新产品的研发成本和物料成本。不可否认，在合作初期，母公司的产品创新平台对天宝汽车电子公司新产品开发起到了十分重要的作用。但借用伟世通产品创新平台也存在一些问题和风险。除销售产品要付给伟世通数额不菲的许可费外，更为关键的是随着国际政治局势的变化，借用平台面临着较大的技术开发风险，一旦贸易战升级，国外创新平台可能会被禁用，企业创新将遭受重创。这无论对国外投资者还是国内投资者都是不愿意看到的糟糕局面。特别是2016年中兴被列入美国实体管制清单后，更引起了已经升任总经理的李×的警觉。在企业发展务虚会上，李×向董事会提交了采用数字化技术推进平台国产化的建议，立即得到董事会的积极响应，最终批准了这一建议。在集团层面上，董事会积极协调上海和南京延锋伟世通两个研发中心为天宝产品开发平台优化提供支持。在集团人力、物力、财力的大力支持下，天宝汽车电子有限公司先后开发出IMX6平台、智能互联的 MTK 平台，以及用于芯片国产化的芯驰平台等。这些平台为进行相关产品的自主创新提供了基础。

（1）打造硬件设计数字化平台，提升硬件标准化能力。随着个性化需求的兴起，天宝汽车电子有限公司内部出现了各种各样的设计方案。虽然多样化的设计方案满足了客户的独特需求。但也造成了天宝汽车电子有限公司硬件设计缺乏标准，随意化、个性化严重，甚至在天宝汽车电子有限公司里看到一个产品就能知道是哪个工程师设计的，每个工程师的烙印体现在不同的产品设计上。硬件设计缺乏标准化对产品的设计、检验以及零配件的采用都造成了很大的障碍。通过数字化平台建设，使设计非常规范，保证了产品设计的一致性以及零部件的通用性，同时，能够使集团内已经有的零配件直接使用，不用再另外开模，无须额外进行产品检验，大大降低了新产品的开发费用和开发周期，提高了开发效率。

（2）打造数字化软件设计平台，提升软件开发能力。通过数字化技术应用，能够在更大需求范围之内，构建为实现需求而必须具备的一些基本功能和执行逻辑的软件框架。这个架构和具体的产品无关，仅定义一些为实现不同产品设计而必须具备的软件接口。并通过这些接口来搭建起一个完整的、可操作的软件框架，在这个平台上，可以根据不同产品和客户需求，用平台定义的软件接口实现具体的内嵌式软件设计。软件平台化把公司软件开发人员从详细且烦琐的开发工作中解放出来，让他们可以把更多的精力集中到软件底层逻辑开发和搭建软件平台上，从而大幅度提升了软件的开发可行性和效率。在数字化软件平台设计方面，江苏天宝集团借助延锋伟世通上海研发中心的科技研发力量，在底层逻辑架构层面上借鉴印度伟世通软件平台，前期主要在应用层面上进行学习，熟练掌握应用层的软件逻辑。从 2016 年开始，在学习伟世通底层逻辑平台的基础上，逐步实现了核心技术的有效突破，开发出自身的底层架构平台。从而在 2019 年公司成功获得组织级能力成熟度 Class2、Type A 认证。这是国内首批汽车零部件软件研发企业通过的系统级过程组织成熟度 Class2、Type A 的认证。

2. 重组价值链条，推动显示屏制造自主化

汽车显示屏是天宝汽车电子有限公司生产相关产品的重要原配件之一。在 2016 年前天宝汽车电子公司所有显示屏都是来自京东方、友达光电、天马、信利等供应商的组件来料，单机成本较高。此外，上游组件供应商纵向一体化趋势十分明显。例如，Conti、航盛等公司已经外购模组中的单零件，自己开始进行组装；同时原有做显示屏配件的公司也开始向第一线进军：京东方已经做车载中控前屏，给北汽开始供货；创维公司组建汽车电子部门，并通过低价竞争与一汽捷达建立了合作关系，这些公司通过显示屏价格优势，顺利打入下游市场。上游厂商绕道营销下游客户行为，使李×感受到一种前所未有的危机。总经理李×意识到，如果在显示屏价值链中不能占据有利位置，下游业务将有可能被上游企业所蚕食，天宝汽车电子公司将面临极大的市场风险。

（1）拆分现有显示模组，构建核心优势环节。为了应对显示屏市场风险，在总经理李×的部署下，2016 年天宝汽车电子公司将显示器研发从研发部独立出来，组建了专门的显示器工程部，全力开发自制显示模组制造技术，以降低和显示模组供应商的黏性。但核心技术缺乏、技术逻辑路线不通是其面临的最大障碍。其中显示屏的核心部件主要集中在美国、日本、中国台湾这三个群体中。屏组技术主要集中于日本 JDI 以及中国台湾的友达、群创、瀚宇等公司，背光膜片技术主要集中在美国 3M 公司，光学膜片核心技术主要集中在日本迪睿合、大赛璐等公司。企业充分发挥数字化技术平台优势，向显示工程部注入大量资源，招聘了一批电子领域的高级人才，并同南京大学、东南大学等国内知名大学展开项目合作，对现有显示模组进行拆分，发展自己的核心光学贴合技术，三年的时间内，企业获得发明专利 10 多项，基本上形成了完善的核心光学贴合技术体系，为显示屏生产自主化奠定了技术基础。2019 年，企业获取本田的业务，第一次开始生产 T-BOX 成品，建立了显示屏自制生产线。天宝汽车电子有限公司不仅具备深度满足客户显示屏系统需求的能力，对降低显示屏的模组成本，降低对国外技术的依赖起到了

很好的作用。在拆分供应商模组的同时，公司也掌握了相应的单零件设计规范和要求，为创新性的开发相关产品提供了规范要求，反过来又进一步提升了产品平台能力。

（2）联合屏幕生产企业，实现屏幕的大规模定制。在掌握光学贴合以及相关零件知识的基础上，与显示屏制造商京东方达成战略合作。企业提供显示模组和设计方案，由京东方负责为企业定制化制造产品，以充分利用京东方在显示屏的制造优势资源。为了进一步降低成本，根据天宝产品的特点，以 10.25 寸和 12.3 寸液晶显示屏作为主要设计屏。在后续开发的项目中，优先使用 0.25 寸和 12.3 寸的显示屏，从而有效地获取规模优势，降低成本如表 7-2 所示。

表 7-2　价格对比

项目	模组来料（元/组）	自制贴合组装（元/组）	成本降低比（%）
10.25 寸显示屏组	525	487	7.24
12.3 寸显示屏组	582	510	12.4

3. 深度融合创新链，推动芯片制造国产化

（1）芯片危机。全球新冠疫情暴发给国际物流带来困难，汽车芯片上游供应雪上加霜。国内部分车企的功率半导体芯片、电池管理芯片、汽车控制芯片等核心零部件存在因国外供应商停产而断供的风险。汽车缺"芯"更加凸显芯片国产化的必要性。据 Wind 数据显示，国内汽车行业中车用芯片自研率仅占 10%，90% 的汽车芯片都必须依赖从国外进口。中国汽车工业协会预测，芯片短缺将会成为困扰我国汽车产业发展的一个长期问题。NXP 的 IMX6 芯片缺货，导致大众中断生产一周，奇瑞中断生产两周；苹果蓝牙芯片被美国海关扣押无法发货到国内……NXP 的 IMX6 芯片甚至短缺到采购商已经到了提钱到市场上去扫货的局面。整个 2020 年下半年，很多汽车电子企业一直都在疲于应对各种芯片缺货。由于汽车核心芯片主要依赖进口，随着国际局势不稳定因素增加、全球半导体原材料和产能日益紧张、新冠疫情暴发

等因素，汽车芯片存在随时断供风险，且将成为阶段性和结构性问题长期存在，汽车芯片逐渐成为我国汽车工业发展中的主要"卡脖子"瓶颈。在 2021 年的两会上，有代表提出，主机厂在整车开发过程中应与国内汽车芯片商及早开展汽车芯片定制化研发，通过深度协作来提升汽车芯片品质与供应稳定性。并建议强化产业生态融合，在产业链生态上给予政策鼓励以及资金支持，推动芯片生态与部件生态、整车生态融合发展。

（2）构建芯片制造创新联盟。在 2020 年第三季度，江苏天宝集团已经深刻体会到由于严重依赖国外芯片带来的断货风险。为了避免风险发生，仅靠一家的力量是不够的，只有整合国内的设计、生产、封装等研发资源，才能实现芯片制造的国产化。基于此，李×提出了推动创新链深度融合思路。公司利用自身平台优势，和国产智能座舱芯片供应商芯驰科技共同达成战略合作，共同引入芯片制造技术研发机构，致力于汽车芯片制造技术开发。芯驰科技是汽车智能芯片的引领者，其设计的芯驰科技 X9 系列处理器是专为新一代汽车电子座舱设计的车规级汽车芯片，集成了最新的高性能 CPU，GPU、AI 加速器以及视频处理器，能够满足新一代汽车电子座舱应用对强大的计算能力、丰富的多媒体性能等需求。在未来汽车智能化革命中，天宝汽车电子公司将与母公司延锋伟世通集团、芯驰科技一起积极与产业链上下游合作伙伴深度协同，在高性能智能座舱芯片——X9 芯片架构平台基础上进行应用开发，构建软件底层架构和逻辑架构，助力整车企业打造智能汽车芯片。在延锋伟世通集团支持下，天宝汽车电子有限公司将与芯驰科技进行深度合作，进行资源共享、优势互补、成果共有，携手打造智能汽车芯片产品解决方案。根据协议，双方将充分依托天宝汽车电子有限公司在汽车智能座舱领域的领先技术与开发经验，发挥芯驰科技公司在人工智能、汽车智能芯片、视觉感知、语音技术等领域的雄厚实力，共同推动智能座舱领域的芯片技术创新。同时，芯驰科技将提供"芯片+算法+工具链"的开放式 AI 基础平台，充分满足天宝汽车电子公司对于智能汽车制造的多元化需求。

为了尽快推进芯片制造项目研发，两家公司深层次参与到对方设计开发中，设立了有双方高层领导共同管理的研发机构，实现"融为一体"的联合办公，资源共享、信息共享、平台共享。天宝汽车电子有限公司利用 X9 芯片逻辑层关系，结合平台性能要求以及智能座舱长期发展规划，设计出满足不同配置需求的平台架构，并在此基础上实现软件底层架构更新；江苏天宝集团作为延锋伟世通的重要基地，芯片项目将首先在天宝汽车电子有限公司落地生产。芯驰芯片开发平台的成功应用，将大大缓解因为芯片短缺导致的客户停供风险，同时也在很大程度上降低了芯片生产成本。虽然双方合作过程中可能会遇到资源配置问题、人员沟通管理、思维理念问题等问题，但是双方都有着一个共同信念：尽快实现车载智能座舱芯片量产，实现自主可控共赢。

第三节 总结与评述

通过对国内外优秀案例的分析，国内高新技术企业创新效率存在的问题可以从宏微观结合的角度进行详细分析。宏观环境对企业的生产经营活动至关重要，企业所处环境带来的不确定性因素容易产生市场失灵，从而导致研发活动的成果转化率下降。在影响高新技术企业创新效率的宏观要素中，创新基础环境、企业创新主体和产学研机制对高新技术企业的持续健康发展起到引导、促进和保障的重要作用；在影响高新技术企业创新效率的微观要素中，企业内部的财务风险和营运能力对高新技术企业的创新效率具有重要的影响。

一、宏观层面

（一）创新基础环境统筹协调不够

创新基础环境主要涉及政府监管与服务、市场环境建设、信息基础设施建设、资源禀赋、环境规制等方面，我们的总体目标是在保证绿色发展的基础上提高创新效率，实现"双赢"局面。但相关部门的服务意识仍有待提升，相关制度建设存在"部门短板"，而且"以罚代管"甚至"以罚代管、罚而不管"的现象依然存在，在交通、环保、建筑领域尤为普遍，在生态环保方面动辄"顶格罚款"，医药、医疗、餐饮等相关企业左右为难。服务人员的整体服务能力仍可提升，体制内部的工作人员长期服务于党政机关，缺乏社会实践经历，难以真正站在企业的角度换位思考，在优化营商环境方面的思路不宽、办法不多。在日常工作完成之余没有进行系统的学习，对市场的深入调研机会不多。因此，服务人员对市场整体大环境存在的"堵点"和"痛点"基本不了解，对企业的需求更是完全不知道。因此，在优化创新基础环境方面做的参谋、统筹协调不够。

（二）企业创新主体作用发挥不足

企业在研发活动中是否占主导作用也对高新技术企业的创新效率有重要影响，企业作为进行研发活动的主体，需要投入自身的人力、经费等生产要素开展研发活动，并且要协调企业内部各项资源，进行合理配置，而且把握技术溢出的机会，同时增大技术溢出效应，利用技术溢出的推动力激发自身的创新活力。企业是研发活动的最终受益者，也是风险的主要承担者，在享受研发成果所带来的经济效益时，要承担研发活动失败所带来的损失。这种"危机"意识以及"奖励"机制将从某种程度上降低研发活动的风险，遏制失败率，从而使高新技术企业的创新效率得到保障。这对调动企业自身的积极性和创新性具有重要的作用，因此强化企业在研发活动中的主导作用有助于创新效率的提升。

（三）产学研合作的水平亟须进一步提升

高新技术企业的产学研合作水平仍有较大的提升空间。企业、高校和科研机构的合作形式较为单一，从人才培养来看，高校培养的课程内容与企业工作所需技能的匹配程度较低。产学研合作中，一般是企业作为研发的需求方，高校和科研机构属于供给方。产学研交流体系有待进一步完善，交流体系一旦割裂，将严重制约地区科技创新水平的提升。产学研合作作为提高社会技术创新水平的关键路径之一，能有效推动科研成果的转化，将研发活动中的各个主体联系在一起，加强各主体的之间的协作。自提出产学研合作这一概念以来，在实际执行时遇到许多困难，许多深层次的问题不断浮出水面。例如，在激发市场活力的同时，如何使高校、企业和科研机构之间产生交流的动力与机会。另外，产学研交流体系的不完善也将导致人才培养的效率降低。企业人才引起的要求和高校培养的人才目标存在一定的出入，这种信息不对称的现象会导致企业的人才对接方面效率低下。技术创新活动的关键点之一就是要首先保证开展研发活动的人员综合素质，否则就会降低其他研发资源的投入的利用率，资源的不充分利用导致创新效率的下降。

二、在微观层面

（一）企业的融资风险较高

高新技术企业较多利用债务融资的方式，而债务融资最不利于创新活动的成功，因为需要支付定期利息的债务融资会带来财务风险，公司破产风险加剧。通常情况下，债权人不会投资于公司的创新项目，由于公司创新活动无论成功与否，债权人的利益都会受到损伤，当创新活动成功时，公司获得创新产出，利用产出获得的利润都属于公司所有，债权人只获得固定利息收益，无法分享公司创新收益成果，当创新活动失败时，债权人需要和公司一同承担失败后果，即使公司进行破产清算，也不能偿还所有债务，债权人此时损失巨大。创新活动成果多为无形资产，没有实物，需要大量进行创新活动的公司实物资产较少，没有实物资产进行担保，债务人无法通过实物担保降低风险，债务融资渠道很难获得资金，就无法保证高新技术企业创新效率有足够的研发投入资金，从而影响创新效率的提升。因此，高新技术企业的财务风险有待进一步降低。

（二）短期和长期偿债能力有待进一步提升

由于研发活动的高风险性、高投入性，这对企业资金的要求较高，资金管理水平不佳也会对研发活动造成影响。就短期偿债能力来说，企业应该提高自身的短期偿债能力，即通过提高流动资产或者降低流动负债来提高流动比率以提高高新技术企业的创新效率。过低的流动比率会导致资金利用率的降低。如果出现资金流动性不充足，资金短缺的情况，可能会影响研发活动的正常周期活动。在高新技术行业，企业难以回收资金，开展新的研发活动。如果此时无法融资，企业将陷入困境。关于长期偿债能力，高新技术企业的财务柔性储备仍有提升的空间，对于长期偿债能力较好的企业，其财务状况良好，保证了有充足的资金进行研发创新，为企业的创新效率的提升提供了坚实的基础。在市场经济环境下，企业的竞争非常激烈，对于高新技术企业来说，激烈程度更甚。研发创新作为一种高风险的活动，企业在大量进行人员和经费的投入之后可能无法取得任何研发成果，此时如果企业无法保证资金的合理筹集和利用，将不利于研发活动的开展。

三、创新效率宏微观角度的提升策略

为了准确地定位创新效率的薄弱环节，本书基于宏观和微观结合的角度，结合国内外优秀案例的分析，不仅考虑了宏观产业方面高新技术企业创新效率的提升路径，还要考虑微观方面，即企业自身的因素对创新效率的影响。进而从宏观产业和微观企业方面提出以下高新技术企业创新效率的提升路径。

（一）创新效率宏观角度的提升策略

1. 优化企业开展研发活动的创新基础环境

创新基础环境主要包括信息基础设施的建设、资源禀赋、环境规制等方面，我们的总体目标是在保证绿色发展的基础上提高创新效率，实现"双赢"局面。长三角地区是中国经济发展最有活力的区域之一，创新资源较丰富，研究表明发现长三角地区的情况与"波特假说"趋同，即较高的环境规制强度更可能刺激企业进行技术研发，这不仅会降低企业的成本，而且会刺激企业进行研发创新，从而带动企业创新效率的提升。创新效率得到提升之后，企业将获得在市场上的营利能力方面的竞争优势，生产效率提升。同时，根据技术溢出效应，这也能使国内企业获得在国际上的竞争优势，提高整体技术水平和创新效率。由此形成一个良性循环，有助于高新技术企业创新效率的持续提升。

2. 创造以企业为主体的制度环境

持续提升贸易自由度，增强高新技术产品和服务等在地区之间、国家之间的流动性，充分发挥技术溢出效应，贸易自由度越高，通过增强地区的技术溢出效应更强，高地区也越容易受益于其他地区的技术溢出效应。通过地区间的技术、产品或服务的转移，充分发挥技术溢出效应的优势。企业在技术转移的基础上进行科技研发活动，可以提高研发效率，降低研发风险。引导企业发挥主体作用，需要投入自身的人力、经费等生产要素进行技术开发，并且要协调企业内部各项资源的配置，甚至把握技术转移的机会，将外部技术内化成企业内部的自有技术。企业是科研活动的受益者，同时也是风险的主要承担者，在享受科技成果所带来的经济效益时，要承担技术研发活动的风险损失。即企业需要自负盈亏，这种"危机"意识以及"奖励"机制将从某种程度上降低研发活动的风险，遏制失败率，从而使高新技术企业的创新效率得到保障。这对调动企业自身的积极性和创新性具有重要的作用，因此强化企业在研发活动中的主导作用有助于创新效率的提升。

3. 深入推进产学研合作

高新技术人才的储备对创新效率的影响也非常重要，但是，在产学研交流体系的建设方面，高新技术企业产学研合作情况还有待提升。高校人才的培养模式与企业的需求还存在不合理的现象。因此，高新技术企业应该找出制约企业自身创新效率提升的因素，如人员投入冗余、经费投入冗余或者是投入不足等问题，适当调整资源的分配情况，进一步推进产学研合作，突破制约因素的障碍，创新发展新领域；在当今信息化发展的时代，信息技术和通信技术都非常快捷，企业、高校和科研机构可以合作构建完善的产学研交流体系和相关的信息发布平台；为维护产学研交流平台的有效性，建立相关的评价体系，为体系内的各方提供相关咨询服务。

（二）创新效率微观角度的提升策略

1. 提高企业自身的短期偿债能力

提升短期偿债能力，通过提高流动资产或者降低流动负债以提高流动比率来降低 R&D 人员和 R&D 内部经费的冗余量。适当的提高短期偿债能力可以提高资金的利用率，资金利用率的低下说明企业管理水平有待提升，企业经营情况亟须优化。因此，提高资金的利用率对企业来说至关重要。另外，营业周期也是一个非常重要的因素，能影响企业的流动性。在信息化时代，高新技术产业的更新换代速度极快。在这种大环境下，如果企业因管理不善导致营业周期落后于平均水平，会导致高新技术产品和服务的技术滞后性。高新技术企业跟不上技术发展的步伐，创新效率随之降低，这直接影响整个企业的生存竞争力。当高新技术企业的生存竞争力受到长期威胁时，企业可能面临淘风险。所以，企业应该降低这方面的风险，以全面投入研发创新，提高创新效率。

2. 增加高新技术企业的财务柔性储备

企业的长期偿债能力较强，就能保证有充足的资金进行研发创新，为企业的创新效率的提升提供了坚定的基础。在市场经济环境下，企业的竞争非常激烈，对于高新技术企业来说，激烈程度更甚。研发创新作为一种高风险的活动，企业在大量进行人员和经费的投入之后可能无法取得任何研发成果，此时如果企业无法保证资金的合理筹集和利用，将不利于研发活动的开展。所以，企业应当做好筹资的规划，保证资金链的持续，多样化筹资渠道，如发行股票、债券、融资租赁等权益性和债务性筹资方式相结合。多样化的筹资渠道能有效抵御财务风险，保证高新技术企业正常的生产经营的基础上，致力于提高创新效率。

3. 合理统筹创新资源

研发活动的重要环节始于创新资源的投入，主要表现为人才和经费的投入。高新技术人才是研发活动的主体，经费投入是研发活动的重要保障。但是如果不合理地增加创新资源的投入，将导致研发人员全时当量冗余量或研发经费内部支出的冗余量增多，这不仅会导致资源浪费，资源不合理的分配，而且会导致企业其他经营活动无法正常进行，对创新效率造成负面影响。因此，企业应当高效招聘人才，并建立适当的培训机制，避免高端人才浪费，把人才安排在适当的岗位，实现人尽其才的效应；此外，要注重经费配置的重要性，避免资源浪费。因此，各省市和各企业都要根据自身的实际情况对投入要素进行调整，避免资源浪费或投入不足的情况，合理统筹要素资源。

国内高新技术产业技术创新过程分为科研投入阶段和经济转化阶段两部分，科研投入阶段创新效率值较高，相比之下，经济转化阶段效率值普遍偏低，因此导致技术创新整体效率偏低。创新的根本目标是获得商业利益，当务之急是提高专利等科研产出转化能力，把更多的科研产出转化为商业利益。目前的国内高新技术企业没有把握好市场的需求和方向，导致虽有大量科研成果，但是市场不认可。因此，应当适当把重心偏向经济转化阶段，调研市场需求，加快市场化进程，以期获得更高的经济收益。

第八章 高新技术企业创新效率评价研究

第一节 高新技术企业创新效率评价的目标

随着知识经济时代的到来，高新技术在一个国家社会经济发展的作用越来越重要，根据《国家创新驱动发展战略纲要》规划，要加快建设创新型强国，高新技术企业掌握尖端技术是创新发展主力军，高新技术企业创新能力和效率在一定程度上决定了区域创新和经济发展水平。目前，我国经济发展正处于转型阶段，需要从创新低质量向高质量发展，脱离只注重数量和效益的困境。然而，许多高新技术企业只有重视创新过程中的"能力"，盲目地通过高投资、高收益来提升创新能力，而忽视了"效率"，没有意识到创新能力和效率协调发展的重要性和必要性，削弱了创新的意义。在我国创新资源短缺的情况下，进一步研究创新效率提升的问题，促进企业创新能力和效率协调发展具有非常重要的理论和现实意义。

高新技术企业拥有当代尖端知识，具有高新技术、高投入、高创新和高成长特性，对其他行业有较强的渗透性，是现阶段创新发展的主要载体。在国家大力提倡加强自主创新能力，建设创新型国家的战略背景下，深入探索衡量高新技术企业创新效率的评价方法，并给出促进高新技术企业创新效率提升的对策建议，无疑具有重要的现实意义。已有关于我国高新技术企业的研究，无论从研究思路、研究方法还是研究结论等方面都有待细化和完善。为此，本书致力于构建高新技术企业创新效率的指标体系，改进创新效率的测度方式，厘清高新技术企业创新效率的影响因素。对于创新效率评价首先应从研究和建立投入产出指标体系入手，这是一项关键性的工作，评价的其他工作要在指标体系建立之后才能进行。指标体系是技术创新效率评价的基础和核心，建立科学公正的指标体系是非常重要的，其主要目标有以下四点：

一、充分认识评估对象的本质和内在联系

指标体系的建立过程是对评价对象进行深刻分析和认识的过程，是对评价对象的总体性认识转化为对评价对象某些局部方面的认识过程。对任何对象的评价，都离不开剖析其本质、揭示其规律和判断其发展趋势。由此形成的指标体系自然凝聚着人们全面地、客观地、科学地认识评价对象本质和内在的联系，并反映在各级指标及相应的权重之中。人们提出一项指标并给予相应的权重系数，实质上就是把人们的价值认识客观化、标准化。只有在达成对评价对象的一致认识后，才能获得统一的评价标准，顺利开展评价工作。

高新技术企业是知识密集和技术密集型企业，是行业尖端技术的拥有者，是行业共性和关键技术的破解者，在国家间的经济竞争逐步演化为科技竞争的当下，高新技术企业作为市场的重要主体之一，作为高新技术领域的先锋部队，代表了一国企业创新能力的最高水平，是国家科技发展布局中的"掌上明珠"。但是现在横亘在我们面前，迫切需要重点突破的一点就是高新技术企业的创新效率。科技投入比例持续增长是为企业创新发展注入的强力剂，高新技术产出是企业创新发展的最高和最新成果，两者之间的转化效率，即创新效率。较高的创新效率意味着在相对较低水平的投入下，企业能获得更高的收益。面对创新资源紧缺的现状，高新技术企业所能支配的资源有限，低投入高回报是企业占据优势市场地位，获取更多稀缺资源的前提，也是决定企业能否把握关键创新时机，占领市场先机从而跃升世界科技产业链高端

位置的关键。而如何实现高新技术企业创新效率的提高，则需要对影响高新技术企业创新效率的因素"追根刨底"。诚如熊彼特所说，企业的规模、市场环境等因素是企业创新效率的重要影响因素，但考虑到企业的异质性，企业的特质早已上升为企业创新制胜的关键法宝。尤其对于高新技术企业来说，企业研发投入强度大、研发周期长、风险和不确定性水平高、技术的公共物品属性是每一家以创新为"食粮"的高新技术企业所需要应对和克服的困难，企业的高效运转依赖于创新能力、运营能力等综合能力的提高，敏捷地应对市场变化，准确推出科技含量高且锁定用户的新技术、新产品，快速完成产品的高效高质生产、完善柔性供应链，并适时调整战略定位。

由此可见，高新技术企业与传统企业已产生巨大差异，大规模批量生产早已不能满足高新技术企业的发展需求，差异化、人性化、高性能的前沿技术产品才能逐步满足当代用户日益增长的对美好生活的需求。企业自身综合实力、技术和市场已成为高新技术企业创新效率提高的"三驾马车"。

此外，面对开放创新的新趋势，网络化、开放式创新是企业谋求发展的必经之路。仅就瞬息变化的技术发展、竞争环境和用户需求而言，就难以说某家企业能独立拥有全部前沿技术、了解一切市场动态、拥有解决难题所有力量，不受制于其他企业、不被模仿和超越、不失去市场、不需要帮助。"大鹏展翅九万里"，犹以风为依托，因而企业的发展不是孤军奋战，不仅需要多方创新主体的合作，包括企业间、企业与高校和科研院所间、企业与政府间、企业与用户间的合作，也需要技术、金融中介市场等交通要道的顺畅，而且需要制度、政策的支撑和保障。通过构建创新网络和开放式创新，才能实现协同创新，而只有实现多方通力协作，高新技术企业才能在高度竞争的激烈环境中持久发展。也正因为如此，高新技术企业创新受多重主体的约束，其创新效率的提高有赖于企业环境适应能力的提升和外部创新环境的改善。

本书从组织冗余、知识转移和动态环境视角深入分析高新技术企业创新效率提升机理，聚焦于创新投入与创新产出之间关系，即创新效率。根据创新驱动发展战略及创新型国家建设的目标，创新效率对于高新技术企业的创新能力及发展起到关键提升作用，而组织冗余资源是创新发展过程中均会存在没有被企业充分使用的、暂时闲置的资源，本书基于资源归属性视角，将组织冗余划分为财务资源冗余、人力资源冗余、客户关系冗余及经营运作冗余。组织冗余对创新过程技术研发及转化两阶段产生重要影响，为保证创新效率有效提升，高新技术企业需探究创新过程中组织冗余成因、组成构成及影响因素，进一步将冗余资源转变为有价值的资源资本，以提升高新技术企业创新效率。

高新技术企业具有知识密集和创新创造等特性，知识转移可有效促进组织内外部知识资源的流动与整合，加快高新技术企业精准获取、高效存储、快速运用到自身创新发展领域的过程，以此提高企业创新投入与产出水平。本书基于知识转移的过程视角，将知识转移分为知识获取、知识内化、知识运用三个维度。外部知识获取和内部知识创造是互补的，组织外部具有相对于内部而言更为独特的知识与信息，有助于降低企业创新的风险和不确定性，有助于企业提高自身学习的广度及深度，推动企业创新绩效的改善。企业创新的过程就是整合内外部技术知识、市场知识的过程。技术知识能够提高产品开发质量，加快开发的速度，有助于培养企业的技术能力，足够的技术知识是新产品研发成功和生产的重要条件，也是提高产品差异性和附加值的重要保障。企业知识内化的过程是其组织成员主动学习新知识的过程，企业内外部知识的获取为知识内化提供了可能，同时也为组织学习提供了更多机会。高新技术企业在知识运用环节，通过充分利用各类知识资源的优势，以实现新知识、新技术的转化或转移，从而提高创新效率。

动态环境对企业发展理念、资源的利用效率及自主创新意识均会产生影响。本书基于外部环境变化特征视角，将动态环境划分为动态性、适宜性两个维度。环境动态性的变化幅度及复杂性会影响企业冗余资源的利用效率，决定成本损耗程度，环境动态性也增加了企业获取其他资源的机会，为知识获取、知识内化、知识运用创造可能。在适宜的环境下进行知识转移，能够有效增强团队进行技术创新的信心与决心，加快企业战略差异化、产品差异化、技术差异化的步伐。同时，环境的适宜性也决定企业获取、吸收、转化、运用内外部知识资源能力强弱、决定市场支持度与认可度，进一步影响创新效率。因而，把动态环境整合进来，研究组织冗余、知识转移与高新技术企业创新效率的关联，提出高新技术企业创新效率提升路径，对于拓展创新效率研究的视角具有非常重要的理论意义和实践意义。

二、得到科学、客观、公正的评价结论

如果指标体系中各指标内涵明确，选择恰当的测量方法，统一测量标准，并利用现代科学技术进行核实，去伪存真，就能获得与所测对象的实际情况较为一致的结论，可信度高。而且指标体系附有权重集、评估标准、量表和统计方法，易于得出综合评估分值，便于定量地处理评价结论，有利于有效地消除"光环效应"和"主观片面"带来的误差。科研评价的重要目标之一，在于详细地向人们报告科研的执行情况，存在的问题和取得的成就，为科研管理提供信息。人们常常需要这方面的信息，以考察他们所要投资的对象及其取得的各方面成就。可以说，评价是获取科研管理信息的一种重要来源。

对研究高新技术企业创新效率的评价方法具有一定的理论意义。创新活动是一种经济行为。对于企业而言，创新是为了追求利益最大化而进行的多投入、多产出、多阶段的价值实现过程。这里的创新价值，是指创新主体进行创新活动的最终价值，主要以经济效益指标为代表，如销售收入、利润水平等，而专利、论文、产值等指标仅是创新过程的中间产出。创新活动参与主体（利益相关者）众多、创新过程环环相扣，创新产出多种多样，影响创新效率与效果的因素复杂，因此，关于创新的研究与评价，要遵循创新活动的内在特征与规律。一般来讲，创新的投入产出过程，涉及创新参与主体、创新投入来源与结构、创新组织模式、不同类型的创新产出、科技成果转化、生产制造与商业化、实现最终创新价值并进一步增加创新投入等环节和内容，

理论上应该是一个良性的循环往复过程。但现实中，增加创新投入，并不一定会带来相应的创新价值，原因何在？本书从高新技术企业创新资源投入、产出及创新三个视角及其过程子系统间的关系，对高新技术企业创新效率的测度指标、测度方法及改进措施进行整合分析。根据高技术企业创新的两个阶段划分法，相应地将技术创新效率进行分解，丰富了技术创新效率的内涵，新构建的投入产出指标体系更能体现高技术企业技术创新投入产出活动的实际过程，这对研究高技术企业的技术创新效率具有一定的理论意义。

另外，指标体系的构建能够为评价高新技术企业创新效率提供合理的指标体系及评价方法。合理的指标体系既要全面地反映投入产出的内容，又要根据投入产出的实际过程体现出其针对性，还应注重应用的实用性；合理的评价方法应该考虑到 DEA 模型在效率评价中应用的局限性，避免边际收益递增特性和凸性假设的隐蔽性冲突，还能使评价结果反映投入产出过程的内部结构特征。本书把研究视角定格在高新技术企业，对其创新效率展开深入研究，目的是引导企业重视并提高技术创新效率，推动整个社会经济的进步。国家对高新技术企业进行大力扶持，有一定的政策倾斜以及资金支持。其中可能会导致一些企业忽视创新效率这一关键因素，在研发活动中投入过多的资源，由于没有有效利用造成效率低下。因此，本书对高新技术企业的概念以及特点做了阐述之后，对创新效率相关理论和研究进行了文献梳理，接着对创新能力与效率间的关系进行了深入分析。在此基础上，选取国内外典型优秀案例进项分析，建立投入产出指标体系进行评价，针对选取可能的影响因素进行分析。以期能够在理论上丰富创新效率的内涵，完善高新技术企业创新效率的相关理论内容。

三、为加强宏观管理，促进创新效率评价的改革与发展

在高新技术企业内开展创新效率评价工作是进行高新技术企业管理的一种重要手段，而这一手段的正确运用主要体现在指标体系的建立上。一方面，

我们利用指标体系的导向作用，为加强和改进创新活动服务；另一方面，我们既可以从整体上，又可以从局部上分析评价结论和大量的定性定量资料，找到影响技术创新活动发展的不利因素，调整有关政策，促进高新技术企业创新机制的改革与发展。

评价可以对科研决策产生直接影响。例如，对科学政策进行评价，可以发现它产生的积极影响和消极后果，为下一阶段制定科学政策提供有价值的经验和建议。特别是对期限较长的研究活动，评价对研究决策的影响尤为显著，因为，它在下一阶段能否获得连续成功依赖于对上一阶段研究绩效的评价。

构建高新技术企业创新效率评价指标体系，为高技术产业管理部门制定产业政策提供依据。通过案例研究分析总结国内外高新技术企业创新效率提升的相同点和不同点，借鉴国外高新技术企业创新效率提升的有效措施，整理目前国内高新技术企业创新效率提升存在的问题和高效举措，并验证新的评价方法的合理性和科学性，为高技术产业管理部门制定产业政策提供依据。同时，有利于各地区高技术产业的自身定位，为各地区制定高技术产业政策提供针对性指导。本书将创新效率分解后，新的方法不仅能指出各个地区高技术产业各个阶段的技术创新效率的实际位置，而且有利于各地区高技术产业进行自身定位，为各地区制定高技术产业政策提供针对性指导。另外，还有利于分析各个创新单元创新资源的实际利用状况，可以有针对性地寻找创新效率高或低的原因和根据，从而为效率低的地区寻找差距，提高该地区的效率提供帮助，这对于提高我国高新技术企业创新效率，促进我国高技术产业的发展又具有一定的现实意义。

区域创新体系作为驱动区域经济发展的发动机，不仅能够提高区域经济发展，而且能够作为其核心来促进地区产业结构升级。高新技术企业既是建立区域创新体系的主体，也是一个区域创新和经济发展的重要推动力量。本书通过国内外案例对企业技术创新活动进行解析，从而对企业技术创新活动的发展规律进行探讨，指出企业技术创新过程中存在的问题。通过高新技术企业技术创新政策机制的完善，制定科学创新政策，有利于提高技术创新政策的针对性和系统性，从而使高新技术企业技术创新政策水平得以提高。对政府制定相关政策提供理论依据和指导，建立和完善高新技术企业技术创新的政策体系，促进区域经济发展具有重要的理论和现实意义。

在不对称的全球化经济技术竞争模式中，要想在高新技术领域占有一席之地，就必须缩短中国企业与发达国家之间的差距，摆脱中国与发达国家之间不对称竞争的被动地位。中国必须发展高技术，将新技术成果付诸实践，尽快建立高新技术产业，同时，还要鼓励高新技术企业的发展，鼓励风险投资，提高技术创新的必要元素，使我国的高新技术产业具有较强的创新动力，进而将这种创新动力进行培养、吸收、消化和生成经济全球化产生收益的能力。面对新技术革命的发展和全球经济的出现，发展高新技术企业只有抓住机遇，形成更强的竞争力。中国的高新技术企业总体处于发展阶段，缺乏完整、科学、合理的知识产权开发运营系统，严重阻碍了创新能力和效率，研究高新技术企业创新效率提升问题，帮助高新技术企业进行内部调整和指明改进方向。适应经济全球化的趋势，高新技术企业必须加强技术创新能力和效率，才能真正实现"走出去"的目的。

四、为创新单元明确努力方向，及时改进工作

根据指标体系，一方面，创新单元可以从整体上或局部上看到自己的长处与不足，找到关键环节和薄弱环节；另一方面，创新单元也可以依据指标体系，制定规划和奋斗目标，明确今后的努力方向，有计划、有步骤地改进工作，保障和提高创新活动的质量和效率。评价是管理者和研究人员认识其工作质量和绩效的一种机制。通过评价，可以提供成功与失败的有关证据，分析成功的经验和失败的教训，向人们揭示成功与失败的过程。同时，也可以促进研究人员努力使自己的研究符合评价框架内确定的质量标准，从而影响研究人员的行为。由此，评价能提高研究活动的质量和绩效。

高新技术企业创新效率评价指标体系的构建，能够帮助我国高新技术企业认清现有的问题和短板，从而有助于解决存在的创新问题以提高创新效率。创新效率的影响因素一直是国内外学者高度关注的问题，而政府支持度、企业规模、创新氛围等因素是学者更为关注的影响因素。因为研究对象和指标体系的不同，这些因素对创新效率的影响作用并未达成一致，仍然需要继续深入研究。目前，关于组织冗余、知识转移、动态环境与高新技术企业创新效率关系有较多的研究成果，为本书研究提供一定的理论基础，上述研究成果对本书进行的高新技术企业创新效率研究提供了一定的帮助和借鉴，但是这些研究仍然存在一定的局限性。主要体现在以下两个方面：①学术界将组织冗余关注点集中在创新绩效上，忽视创新效率的提升。闲置资源是组织冗余资源界定的重点，应进一步明确各类冗余特征及关系，提高冗余资源的利用效率，帮助企业寻找到有价值的资源满足自身发展，组织冗余需对多种资源进一步细化。②现有研究并未将组织冗余、知识转移和动态环境纳入一个框架内研究因素的影响作用。本书从组织冗余、知识转移和动态环境角度测度高新技术企业的创新效率，以案例分析的方式明确高新技术企业创新效率的制约要素，有助于我国高新技术企业认清现有的问题和短板，从而有助于解决存在的创新问题以提高创新效率。

高新技术企业的发展能够更好地推动国家经济向高质量发展，培养更具专业化的科研人员，同时在国际舞台上能够精准提升国家竞争力。高新技术企业实现技术创新，获取新的技术或改进生产方式，对其进行成果转化后能够产生新产品从中获取高收益，并且在技术创新过程中能够更好地改进生产各要素投入的比例，减少冗余的产生，更加科学合理地分配资源，提高技术创新效率。尤其是当技术创新产生的科技成果，能够有效地进行成果转化成为新的产品，占领更多的市场份额。当这样的创新累加起来形成规模化的创新时，将会取代传统的技术甚至是生产方式，从而加速企业经济的快速发展并取得高效的收益。本书以加快建设创新型国家为目标，以创新驱动战略为引领，以创新发展中的主要载体——高新技术企业为研究对象，运用创新管理理论、知识管理理论、新资源基础理论和资源约束理论，从组织冗余视角深入分析高新技术企业创新效率提升的影响因素、作用机制和有效路径，构建高新技术企业创新效率理论框架和评价指标体系，提升高新技术企业创新效率，为高新技术企业提高技术创新效率的水平提供了有针对性和可操作性的措施。

高新技术企业进行技术创新、使用新发明成果和实现技术进步，并通过生产要素的有机结合，使各种生产要素得以改变，特别是劳动力和资本的相对边际生产力，以改变其收益率之间的平衡。此外，创新改变了生产要素的组合，从而使劳动力、土地、资本和其他元素的投入相对减少，因此根据既定产量将大大减少这些相对于输入，提高投入—产出水平。另外，专利成果在一段时间后成为创新成果，能够有效地促进经济增长。特别是当这种创新达到一定规模时，不仅会取代传统的投资动力，还会成为经济增长的主要推动力，突破经济资源的瓶颈约束，从而持续、快速促进企业经济效益的增长。本书从组织冗余、知识转移和动态环境角度对高新技术企业创新效率进行深入研究，为高新技术企业创新效率的提高提供决策参考。科学、合理地评价高新技术企业创新效率，对高新技术企业来说，通过比较评价，发现问题，对企业技术创新效率低的原因进行分析，从而提出可行的对策以提高高新技术企业创新能力和效率，进而使高新技术企业的竞争力能够得到提高，获得最佳的经济效益，具有重要的现实意义。

第二节　高新技术企业创新效率评价的原则

任何评价设计都要根据其所在行业、领域的本质属性和客观规律来筛选评价所依据的原则，以避免评价偏颇或评价无效（秦在东和祁君，2021）。高新技术企业创新效率综合评价是一项系统性和复杂性的工作，是企业员工认识和理解高新技术企业创新效率并影响企业创新效率的重要手段之一，它既是一种管理认知过程，也是一种管理决策过程，在企业发展中具有重要的作用。具体来说，高新技术企业创新效率评价是深刻理解和客观认识高新技术企业创新效率的重要手段，是为研究提升高新技术企业创新效率，在有限的企业资源中对创新资源进行排序和优选的决策基础，既是改善创新实践过程、优化创新效率管理措施的关键支撑，也是实施奖惩等管理行为的重要依据。

在评价高新技术企业创新效率存在的问题时，如果没有一套科学的评价指标体系，无论前期采取哪种方法来确保收集数据真实客观，采用评价方法前瞻科学，使用软件高端有效，数据处理精妙准确，最后得到的评价结果也会偏离评价目标。进一步地，基于此评价结果所做出的创新管理决策不仅不会有效地服务于创新管理实践，改善创新过程、优化创新措施和提升创新效率，甚至会错误地引导创新实现过程，产生消极负面的创新效果，导致创新成果可能会不符合市场要求和市场偏好。因此，构建一套科学的综合评价指标体系，是进行科学有效评价的前提。

高新技术企业创新效率评价指标体系构建特征主要体现在以下五个方面：

（1）高新技术企业本身的复杂性。学者对高新技术企业的界定各有不同，高新技术企业的数量在不断地增多。以云南省为例，2022 年，云南高新技术企业净增 523 家，增长 25%。高新技术本身就存在于经济、社会、科技和教育等领域的创新实践中，它涉及企业的高新技术发展、区域经济的高新技术发展或者整个国家高新技术的发展和推进，其可能是小型系统、复杂系统或复杂巨系统，一般地，评价工作的复杂性和对象系统的复杂性保持很强的相关关系，但无论是小型系统、复杂系统还是复杂巨系统，系统本身就是一个复杂的和动态的整体。

（2）高新技术企业的多样性。评价指标体系的广泛应用直接决定了其对象系统来自各个领域的各个层面，不同类型的高新技术企业的特征必然存在差异，千差万别的对象系统要求指标体系的构建必须考虑主体个性化特征。例如，2022 年对云南省区域科技创新能力和产业转型升级形成有力支撑的企业类型有新材料、绿色能源、数字经济、装备制造等领域，主要涉及开发重点新产品及新装备、研发生物医药新品种、获批上市新药以及银铜镍系电接触材料、铂基超高温合金材料、半导体用高纯材料等多项技术实现突破和产业化应用。

（3）评价目标的多样性。高新技术企业创新效率评价指标体系管理中很多评价问题是一个多目标决策或群决策问题，涉及管理者、决策者、咨询顾问和评估者等很多人员时，如何权衡和综合多目标或多主体的意见，也是指标体系构建中经常面临的一个复杂问题。

（4）指标的定义和选取较抽象化。创新效率是创新领域的一个重要研究课题，涉及创新资源的利用程度，高新技术企业的效率包括创新技术进步、创新技术效率和规模创新效率三个部分，而在概念定义的基础上对高新技术企业创新效率的特征指标化是一个抽象化过程，用"名词"或"术语"对高新技术企业创新效率的特征进行准确完整地描述和定义具有较大的难度。

（5）评价活动的动态性。随着高新技术企业数量的增长，企业技术创新能力不断增强，跨区域和跨领域的企业间合作现象不断增加，评价活动随之不断发展和变化，高新技术企业的创新效率也处于不断发展和变化的过程中，高新技术企业的特征和评价目标随之发生变化，其会对指标体系提出新的要求。

正是由于评价指标体系的构建具有一系列复杂性的特征，因此需要用系统性的思维来科学构建综合评价指标体系。评估指标体系是对评估对象的构成要素、本质特征和结构以及功能的客观而具体的描述。建立完善的评价指标体系是科学、合理、公正地评价项目效率和绩效的重要保证，是准确评价项目效率和绩效的一种有效方法。因此，为了构建一个具备可操作性和实用性的评估指标体系，在进行评价指标体系的设计时应从实际出发，做到既科学，又切实可行并应恪守一定的原则。根据企业创新能力和创新效率的特征和构成要素来建立评估指标，因此，需遵循六大原则，主要包括目标性原则、可用性原则、可比性原则、针对性原则、科学性原则和系统性原则。

一、目标性原则

指标是目标的具体化描述。因此，评价指标要能真实地体现和反映综合评价的目的，能准确地刻画和描述对象系统的特征，要涵盖为实现评价目的所需的基本内容。同时，评价指标也要为评价对象和评价主体实现评价目的或提高评价目标提供努力和改进的方向，即评价指标在体现评价目的的基础上应具有一定的导向性。要从评估指标体系设计的角度作为评估企业创新效率的出发点和落脚点，衡量指标体系是否合理、可行和有效的一个关键标准是看它是否满足评估的目标，因此，指标的选择要有利于企业开展技术创新工作。本书构建高新技术企业创新效率的评估指标体系的目标是使企业创新效率评价更加标准化，从而能对企业创新效率进行指导和监督。

二、可用性原则

可用性原则要求设计的指标具有实用性、可行性及可操作性，是指评价指标的可观测性以及观测成本的问题。首先，综合评价指标体系中的每一个评价指标，无论是定性指标还是定量指标，都要能够被观测与可衡量，换句话说，评价指标的评价数据可被采集，或者可被赋值，否则该指标的设定就没有任何意义。其次，评价指标的设计要能够尽量规避或降低评价数据造假和失真的风险，评价指标数据应尽可能地公开和客观获取。最后，要综合权衡评价指标数据的获取成本与评价活动所带来的收益问题，一般情况下，评价指标的数据应易于采集，观测成本不宜太大。如果某个指标的实际观测成本太大，在实践中，要么直接摒弃该指标，要么采取其他途径来近似获取，如计算机仿真、实验模拟等。

可用性原则要求评价指标体系的设计要繁简适中，计算评价方法要简单易行；评价指标只要能反映基本情况即可，不可太繁杂，否则难以达到实用的目的；评价指标所需的数据易于收集，各种所需的数据应可能从现有的统计资料信息和会计资料信息中获取，或者能够从其他合理合法的途径取得，保证资料数据的易得性；指标容易量化，对定量指标要保证其可信度，对定性指标应尽量适用，或选择那些能间接赋值或计算予以转化的定量指标。设计各项指标及其计算方法要明确，各项指标的内涵和外延要限定，以便不同的人都能够进行实际操作和利用。例如，虽然非专利技术能反映研发的产出成果，却由于其保密性使得数据难以获得，就无法将此指标列入测算技术开发效率的指标体系。

要把握好指标的信度、效度、难度和区分度。根据目标管理原理，可以将评价指标按照不同属性分为三类：①预期性指标，指经过努力可以实现的目标，如新产品产值、新产品销售收入、利润、新产品市场占有率需达到的具体数值，根据指标的完成情况好坏进行评分。②约束性指标，指必须实现的目标，实现则得分，未实现则不得分。③导向性指标，指应该努力的方向性目标，既可以完全实现，也可以不完全实现，目的主要在于发展导向，根据实现程度和努力程度给出评价得分。

在指标类型中，可量化的"硬指标"与难以量化的"软指标"作用不同，需要设计可量化与可定性相结合的评价指标，得出综合评价结论。对提高高新技术企业创新效率的，进行肯定性评价，对不提高高新技术企业创新效率的，进行否定性评价；对于能量化的指标通过量化直接进行评价，对于不能量化的指标，转换评价形式，借助定性评价；测定创新效率的满意度，是一个比较认同的评价方法。对客观性指标，主要采用指标评分表方法；对主观性指标，主要采用问卷调查方法，测评满意度。

对企业创新满意度等"软指标"的评价，评价时应先定性、后定量，可以根据需要设计多个测评等次进行定性测评，通过不同等次的定义数值，转换为可计量、可统计、可比较的评价结果。选项设计要有一定的区分度，适当拉开层次，既便于评价中理解和把握，又便于对评价结果进行分析比较。在数据库的设计上，在强化数据处理功能的基础上，增加文本信息处理功能，既能进行数据集中处理，又能对文字信息准确、全面地进行反馈和利用。

理论来源于实践，同样也用于指导实践。对于研究过程和研究结果，必须能够真实反映现实问题，研究结论必须能够切实解决实际问题，具有较强的可操作性。由于创新过程极其复杂，评价方法各异，评价指标也数量众多，但受到研究能力等限制，只能结合研究需要，选取恰当的评价方法与评价指标，量力而行。为了使构建的指标体系具有可用性，使企业能够更好地评价创新效率，所以构建的指标应该能够从企业内部的财务信息和统计数据直接获取并可进行计算，即构建的指标应该具有普适性。根据该原则可得出，指标的选择应该便于掌握和推广，尽量相对简单，少而精，如果是计算公式，则要具备科学、合理、简单易用等特点。指标的设计应考虑到实际的可行性，应限制在时间和成本的范围内，应适应于指标使用者的理解和判断能力，指标体系的可用性原则主要体现在以下三个方面：①简明扼要易于理解。当评估过程和评估结果涉及管理者、决策者、咨询顾问和评估者等很多人员时，为了确保评估结果的准确性和便于讨论性，指标应简明扼要易于理解，公式不宜太复杂，数量不宜太多。否则将会呈现出太多难以理清楚的细节，导致不能抓住评估对象的本质，影响评估结果的准确性，同时，这样的指标还可以减少时间和成本，评估活动的进行也会更加方便易行。②结构性。在保证评估目标的基础上，为了便于不同地区不同行业的学者进行相关工作的交接，为了便于评估结果的可比性、高效性和普适性，应该使用那些被普遍认识、具有高度成熟性并为结构化的指标来进行评估工作。③数据和信息基础。为了使评估工作顺利开展，所构建的指标应该具有可适用性的数据和信息基础，并且这些数据和信息一定要是可收集易整理加工型的，最好是一些结构化的数据和信息。

三、可比性原则

不同企业的企业规模、企业文化和企业能力各不相同，不同行业的研发内容、生产方式和经营手段也不尽相同。因而仅仅从评估指标的绝对数上来看，往往是不能进行比较的，但从相对数的角度观察，结果就会大相径庭了。采用相对指标，企业可以纵向比较，即企业自身进行的比较，当然企业也可以横向比较，如大小型企业之间的比较，不同文化类型企业之间的比较，国内外企业之间的比较等。因此，在构建企业创新效率评估指标体系时应充分考虑企业指标的不同点，包括指标的名称、含义、范围和统计口径，使指标尽量标准化，确保在纵向上历年的指标计算方法和统计口径范围都要一致，在横向上每个评估指标口径一致，以确保指标具有可比性。

可比性原则还要求所选用的各项指标要具有相互独立性，同一层次上的指标之间必须相互独立，避免交叉重叠，否则就无法比较。评价指标既要充分体现当时当地的实际需要与客观条件，又要对未来的近期发展有所预见而力求保持一定的连续性。在建立指标体系时要尽可能采用国内通用的、普遍认可的指标。指标设置尽量符合统计制度的标准要求，方法统一、口径一致、计量单位规范，以达到不同年份不同阶段的动态可比性。

四、针对性原则

高新技术企业创新效率的评价指标体系不仅应强调指标体系的完整性，还应针对创新活动本身的性质、特点和运行过程，反映创新活动在投入产出内容的差异性和产品线上的延续性。因此，高新技术企业创新效率的评价指标体系不仅要涵盖开发阶段和转换阶段的投入产出内容，还应该根据技术创新过程的二阶段划分分开设计，使该指标体系具有针对性，能反映技术创新活动的不同特点和技术创新效率的不同形态。

要使高新技术企业创新效率的评价指标体系更具有针对性，应坚持多类型多层次设置。由于创新项目的类型以及承担科研的部门的不同，指标体系的设置要适应不同部门项目评价的需要，不同类型的项目要根据不同的标准和考核依据来设置指标，同时充分考虑不同类型项目、不同类型成果之间横向比较的需要，既要反映出不同类型项目的整体创新效率和整体绩效，也要反映出项目在某一层面的创新效率和绩效。同时应注意不同类型、不同层次指标之间的衔接。

紧扣高新技术企业创新效率，发挥评价的导向功能是进行指标设计的一条贯穿始终的主线。根据不同的评价对象设置不同的指标体系，突出指标的针对性和适应性。对于高新技术企业创新效率整体的评价，指标设计是基本一致的；在对高新技术企业各职能部门创新效率的评价中，应坚持企业的一般职能与业务职能相分离的原则，进行指标体系设计时，为了测度和比较，主要选择了部门所具有的共性方面进行设计，去除特性，提炼共性，能较好地反映一个部门的创新效率情况，即采用一种"普适性"的企业创新效率评估形式。

五、科学性原则

科学评价原则指客观、准确、全面反映被评价对象的本质特征。科学评价原则包含三个方面的内涵：①评价指标内容的科学性，评价指标的内容应是对被评价对象的客观反映，所评价的每个指标均要对其内涵有一定程度的理解，评价指标本身也应有明确的内涵，在对其进行评估时，其口径范围和计算方法均应有明确的规定。②由评价指标所构成的指标体系，应能客观地体现评价的目的。③由评价指标所构成的评价指标体系，其构建方法具有科学性，换句话说，评价指标体系构建有其内在的规定性，任一事物的存在和发展都是有其根据以及大致的模式。

彭张林等（2017）认为，科学性是设计评价指标体系应该遵循的最重要的目标，评价指标体系是否科学性直接决定了综合评价结果的科学性、可信性与可靠性。对高新技术企业的创新效率评价必须符合企业发展规律，遵循创新价值实现过程，基本概念和逻辑必须严谨、合理，指标选取和评价方法必须科学，具有充分的理论和现实依据。科学性是企业创新能力评估的意义所在，是确保评估结果准确合理的根本，是指标体系设计的根本原则。指标的客观、清晰和科学反映了自然社会发展的规律。构建评估指标，应该遵循企业创新效率的本质，指标也要能反映企业创新能力和创新效率的基本要素，反映企业创新效率评价指标之间的关联性和层级结构。

科学性原则包括以下四个方面：①特点性。这是指标的基本含义，即所构建的指标要能够反映评估对象的某些特点。评价指标体系必须能够明确地反映目标与指标间的相关关系和特殊关系，指标体系的大小也必须适宜。评价指标体系过大过于笼统，指标层次过多、指标过细，会将评价过程集中在细小的问题上，增加评价的工作量，既不能反映高新技术企业创新效率的特点，往往也会扭曲评价的结果；仅仅针对某一领域的高新技术企业或部分领域的高新技术企业，涵盖领域不全面，评价指标体系过小，指标层次过少、指标过粗，又不能充分反映被高新技术企业的整体状况。②准确性。要求所构建的指标要准确，具体来说，指标名称要准确，指标含义要清楚，尽量不要掺杂个人的主观臆断，指标与指标之间的关系要明确协调，指标的层级结构要合理而易于理解。指标体系应能准确反映高新技术企业的创新效率，要克服主观因素的影响，对各种评价指标的定义要清晰、准确。③完整性。要求所构建的评估指标在基于评估目标的前提下要全面而完整地反映评估对象的特征，罗列出所有与评估对象有关的要素进行分析，建立完善的评估指标体系，以便在达到评估目标的同时使评估结果更准确而合理。④独立性。指所构建的指标与指标之间既要有一定的相关性又要有一定的独立性，也包括指标与指标之间不能相互包含，内容覆盖彼此的不明确现象。总体来说，指标的完整性和独立性并不矛盾，指标体系的完整性是对评估目标而言的，而指标的独立性是具体而言的。在实际工作中，评估指标之间的完全独立其实是很难实现的，绝对独立的一系列指标往往不能构成一个系统的整体，所以，指标的构建既要把握好整体又要把握好局部的问题。在实际评估工作中，为重点调查和评估某一个方面，往往需要根据不同的角度设计一些指标来互相补充。独立性是要求每个指标要内涵清晰、尽可能地相互独立，同一层次的指标间应尽可能地不相互重叠、不相互交叉、不互为因果、不相互矛盾，保持较好的独立性。对于多层级的综合评价指标体系，应根据指标的类别性与层次性，建立自上而下的递阶层次结构，上下级指标保持自上而下的隶属关系，指标集与指标集之间、指标集内部各指标间应避免存在相互反馈与相互依赖，保持良好的独立性。当然，对于某些复杂的综合评价问题，指标之间可能会存在相互依赖与相互反馈关系，对于该问题，美国工程院院士 Thomas L. Saaty 教授提出可采用网络层次分析法（Analytic Network Process，ANP）方法来解决。

六、系统性原则

高新技术企业的创新活动是一个多主体、多阶段、多投入、多产出的复杂过程，该过程包含多个环节，受多种因素影响和制约。在进行创新效率评价时，必须全方位考虑，保证创新评价的系统性。在构建企业创新能力的评估指标体系时必须考虑到企业的投入和产出的平衡，各评估指标之间构成了一个统一而完善的整体，既相互联系又相互独立，经历了从宏观到微观、从综合到分类的层层深入。一家企业创新能力评估指标体系能够反映企业各领域的创新能力，这些领域有机结合、协调统一，全面反映企业创新能力的水平。

高新技术企业创新是指经由技术构思、应用研究、试验开发或技术组合，形成新产品、新工艺，直至商业化的全过程。因此，高新技术企业创新效率的评价指标体系应包含着两方面的内容，既要重视创新初期开发高新技术的研发过程，也不能忽视新开发的高新技术在企业中的应用和转化过程，以防止制定宏观政策时出现重开发不重转化或者重转化不重开发的偏颇。

评价指标是对对象系统某一特征的描述和刻画，评价指标集则应该能较全面地反映被评价对象系统的整体性能和特征，能从多个维度和层面综合地衡量对象系统的属性。当然，这种系统性并不是要求评价指标体系能百分之百完整地表达出对象系统的全部特征。通常情况下，只要求评价指标体系能表达出评价对象的主要特征和主要信息即可。对于一个复杂的对象系统，在系统性的基础上构建的指标体系一般都具有一定的类别性和层次性。高新技术企业创新效率评价指标体系要坚持系统性与层次性相同统一的原则，指标的选取既要符合系统特点，尽可能地照顾到系统的主要方面，还要认识到系统指标不是简单堆砌，应有一定的层次性。因此，在综合评价指标体系的设计与构建过程中，可以根据对象系统特征的类别与层次进行完整性设计。

在构建具体的评价指标体系时，要整体把握，综合采用各种方法予以解剖和重组构建，使最终所构建的评价指标体系能全面地反映被评价对象的相关信息。既要科学、完整，又不能过于烦琐；既要使指标能够比较全面地涵盖高新技术企业创新效率的基本情况，又要抓住高新技术企业创新效率的本质特征，以突出重点方面。因此，指标设置的涵盖面不能过窄，指标内容不能过少，但也不是越多越好，关键是要抓住高新技术企业创新效率的实质内容加以反映。

指标设计要周密、合理、客观，要能涵盖高新技术企业创新效率的重要部分。为了提高评价的科学性、准确性，可以建立多级指标评价体系。例如，高新技术企业创新效率可评价采用了三级指标方法，每套指标体系由一、二、三级指标体系构成，一级指标从宏观上对企业的基本职能进行设计，二级指标是对一级指标的细化和拓展，三级指标是企业技术创新工作的具体内容。在指标体系中引入权重进行平衡结果，使评价结果更具客观性、准确性。由不同评价主体对同一对象的评价，一、二级指标体系基本一致，三级指标可有所不同，体现不同评价主体角度、偏好、信息掌握情况的不同。

第三节　高新技术企业创新效率评价指标体系的构建

本书主要从高新技术企业创新资源投入、产出及创新过程子系统间的关系三个视角，构建高新技术企业创新效率评价指标体系。

一、投入与产出分析的重要性

随着科学技术与经济全球化和一体化的迅速发展，市场竞争加剧对企业创新能力和效率提出了更高的要求。中国高新技术企业的竞争本质是技术、知识、创新效率和创新水平的竞争。高新技术企业相对于一般的公司而言，有较高的技术创新要求并且企业之间的竞争也更加激烈，积极采取各种手段和措施，不断提高企业的创新能力和创新效率是企业获得竞争优势的重要手段之一。因此，企业需要加快技术研发和创新成果转化。由于创新资源的投入受到企业发展水平和知识水平等客观条件的制约，在现有的投入规模条件下，如何提高企业创新效率已成为促进高新技术企业长期持续发展的关键问题。在提高企业创新效率的过程中，首先，要解决的是如何科学、公正、合理地评价高新技术企业创新效率的问题。其次，如果连企业创新效率的高低都无法区分开，就无法对企业创新中存在的问题进行识别和定位，无法找到企业利用创新资源但产出效果不理想的原因，更谈不上设定更高的目标以及快速踏入实现目标的路径。

本书认为效率是指企业在创新活动过程中形成的资源配置状态，是资源投入与产出效用之间的比例关系，即尽可能地有效运用经济资源以满足人们的需要或者说尽可能减少浪费。当这一概念用于高新技术企业的创新活动时，企业创新效率的评价是指综合考察企业投入与产出关系，比较企业在投入一定比率创新资源下获得的创新产出，或者在创新产出一定情况下需要的创新投入。对企业的创新投入与产出进行深入分析，可以找出企业当前产出与理想产出的差距，挖掘企业的创新潜力；也可以对企业目前的创新发展状况与上一年度的创新发展状况进行比较分析，进而能够公正客观地评价企业的创新效率，以激励企业注重投入要素的使用效率。因此，研究高新技术企业创新效率评价的投入与产出理论模型，系统地分析高新技术企业创新的投入与产出特征，建立基于投入产出分析的评价指标体系，并建立适合于创新效率评价的数学模型，对高新技术企业创新活动的投入与产出进行分析，是科学、公正、合理地评价高新技术企业创新效率的重要手段，无论是对企业寻找差距、挖掘潜力，还是制定高新技术企业创新政策和策略都具有重要的理论与现实意义。

投入产出分析的前提是确定投入与产出的指标体系和方法。合理的指标体系是在明确界定高新技术企业创新效率的概念，仔细考察高新技术企业创新活动的投入和产出要素基础上确定的。企业创新效率的高低，反映出企业利用投入要素的有效程度。因此，在评价高新技术企业创新效率时，首先要把握创新活动的过程，确定各投入要素和产出成果的具体形式。如果连创新活动的投入要素和产出成果都难以分清，这样的指标体系无疑是不合理的。将技术创新过程分解成技术开发阶段和技术转化阶段；其次分析每个阶段具体的投入要素和产出成果，给我们设定高新技术企业创新的投入与产出指标体系提供了新的思路。

二、投入产出要素分类

从投入产出角度而言，技术投入和技术转化两个阶段的投入要素和产出成果在形式和内容上具有明显的差异。

对于高新技术企业而言，首先，拥有专业知识技能的人才是企业发展的关键因素。其次，企业开展创新活动，研发资金也是必不可少的内容，同时，对相关设备、材料、物资进行管理，使其物尽其用，也能提高创新效率。因此，本书从人力、财力以及物力三个方面选取投入指标。在技术开发阶段，为了增强企业的技术知识储备，资金投入的形式主要是 R&D 的资金投入。在技术转化阶段，R&D 成果成为重要的投入要素，资金的投入主要以技术改造、引进、消化吸收的资金为主。人才是技术创新的另一种重要投入。在技术创新的不同阶段，参与创新活动的人员素质是有区别的，在技术开发阶段主要以研发人员和工程师为主，而在技术转化阶段则以其他科技活动人员为主。对于技术创新的物的投入，技术开发阶段以购买实验设备为主，技术转化阶段以购买生产设备为主。由于投入物的统计形式以购买的设备和基建的费用来表述，因此物的投入形式可以由资金形式来表示。需要指出的是，技术转化阶段还有一种重要投入——高技术。和一般的投入形式不同，技术是一种非物质投入，它既是技术开发的终点，又是技术转化的起点，因此，技术是一种中间产出。实际上，高新技术企业创新的两个阶段正是根据中间产出来划分的。

总的来说，高新技术企业创新投入主要从技术知识投入和创新资源投入两个方面构建（Marchiori & Franco，2020）。在技术知识方面。技术知识代表创新储备，可以分为三类：一是研发资金投入、研发人员等技术创新投入指标；二是技术创新投入，如产品出口、劳动产成率等；三是技术创新的本质、来源、时间、阶段成本和影响因素等指标（Franco & Landini，2022）。在创新资源方面。创新资源包括人力、物力及资金三种形式：人力资源包括专业技术人员、科学家工程师等，反映企业人员数量和素质；物力资源可用资本存量及固定资产衡量；资金资源可用于新产品开发经费支出、购买国内技术经费支出和技术引进进行测度。

创新产出的内容可以分为三大类。创新产出指标体系主要从经济效益、研发产出及环境产出三方面构建指标：①经济效益的测度。企业是追求利润的机器，技术创新只是企业更新产品和生产方式的手段，其根本目的是通过创新增强企业的竞争能力，获取更大的经济效益。在高新技术企业的技术创新活动中，所开发出的新产品在市场上被消费者认可后，企业获得产品销售收入和利润，政府获得税收，这些都体现了技术转化阶段的产出成果，是创新过程的最终产出。经济效益是凸显创新效率执行效果的直观变量，也是企业较为关注的创新产出之一，本书采用新产品产值、新产品销售收入、利润、新产品市场占有率等进行测度（Antunes & Pinheiro，2020）。②研发产出的测度。企业创新产出有相当的比例是知识积累性产出，通过创新活动改进了工艺、开发了新技术、增加了企业的技术储备。企业研发产出是创新过程的中间产出，在高新技术企业创新活动中，企业研发产出主要有专利和非专利技术两种形式，为了保证企业数据的可获得性，本书采用专利申请数及发明专利数对企业研发产出进行衡量（Namazi，2018）。③绿色产出的测度。绿色产出属于创新的社会效益类。由于技术可以向其他产业和部门溢出，因此高新技术企业的创新活动不仅促进了本企业的发展，同时也带动了其他企业和部门的发展。另外，高新技术的广泛应用能改善生态环境、工人工作条件等方面。因此，在提高创新产出的同时，必须考虑绿色环境产出，若不关注绿色创新，会造成绿色创新投入的增加，本书的绿色环境产出采用绿色专利申请量、绿色专利授权量、绿色技术应用率等进行测度（Smith，2005；Wang & Lam，2019）。

三、技术开发阶段的投入产出要素

（一）技术开发阶段的投入

技术开发活动是高新技术的研究与开发的过程，主要指高新技术企业的 R&D 活动。高新技术企业的 R&D 活动可以反映一家企业创新的规模和水平，它深刻地影响着高新技术企业的发展态势。作为创新活动的基本要素，高新技术企业的 R&D 资源在创新中起关键作用，决定了技术开发活动的规模、速度、能力和强度。长期以来，实现 R&D 资源有效投入，最大限度地发挥 R&D 资源的优势，促进企业创新能力和创新效率的持续提升，一直是各个高新技术企业普遍追求的目标。高新技术企业的 R&D 资源投入一般包括技术知识投入和创新资源投入两个方面。

1. 技术知识投入

技术知识代表创新储备，高新技术企业技术开发阶段的技术知识投入，指高新技术企业研究开发新产品、新工艺、新技术过程中所需要的购买各类技术知识的费用、研究人员的报酬及技术创新的本质、来源、时间、阶段成本和影响因素等所产生的费用。

2. 创新资源投入

创新资源包括人力、物力及资金三种形式。人力资源包括专业技术人员、科学家工程师等，反映企业人员数量和素质。高新技术企业技术开发阶段R&D 人员投入，指科技人力资源中直接从事研究与发展的所有人员以及为其提供直接服务的人员，如研究与发展经理、管理人员及全体办事人员。在统计上是指在报告年内，参与研究与发展项目研究、管理和辅助工作时间占全年工作时间 10% 及以上的人员，包括项目（课题）组人员，企业科技行政管理人员和直接为项目（课题）活动提供服务的辅助人员。在国际上，R&D 活动人员的比较主要用 R&D 全时人员进行比较。全时人员是指在报告年内参与研究与发展活动时间占全年工作时间 90% 及以上的人员，非全时人员折合成全时人员进行比较。加大 R&D 人力投入能使专利产出增加，但是这并不意味着单纯增加各种科技人员的数量就行，因为还存在人力投入的边际产出问题。知识经济时代的竞争更加重视异质型人力资源，高新技术企业需要努力提高 R&D 人力投入对技术开发成果产出的作用，因此，不能忽视人力资源素质的改善。一般而言，技术开发阶段的人员素质可以根据科学家和工程师在R&D 人员中所占的比例来反映。物力资源可用资本存量及固定资产衡量，主要包括仪器设备购买费、材料费、房产设施费以及其他费用。资金资源可用新产品开发经费支出、购买国内技术经费支出和技术引进费用来衡量。

（二）技术开发阶段的产出

技术开发阶段的产出即 R&D 成果，以知识技术类为主，主要有专利技术和非专利技术。

1. 专利技术

R&D 产出中最直接的就是专利产出，包括即外观设计、实用新型、发明性专利三种。企业在进行技术创新时，设计出能够比原先技术更加绿色环保，污染更少的成果，那么，绿色环境产出涉及绿色专利申请量、绿色专利授权量专利。专利可以在国内申请，也可以向其他国家申请。专利是将给予各种应用的科学技术知识的知识产权进行保护的法律形式，是受到正式承认的创新产出，但条件是必须将科学思想和诀窍公开。

2. 非专利技术

非专利技术是企业创新活动中产出的、却不希望公开的技术，也就是不用法律的形式保护自己的知识产权，而是以商业机密的形式进行自我保护。这些产出是企业自身的技术储备，用于面对变化的市场环境，保持自身的竞争优势。非专利技术具有三个特征，即技术性、秘密性和实用性。和专利一样，在高新技术企业里，非专利技术是技术创新活动的中间产出，其最终目的是利用非专利技术改善生产过程提高生产效率，或者涉及除具备新功能、新属性的新产品，满足消费者的某种消费需求，提高对顾客的服务质量。然而，由于非专利技术难以统计，在衡量技术开发阶段的产出成果时只能考虑专利水平。

四、技术转化阶段的投入产出要素

高新技术企业创新的技术转化阶段是指高新技术成果由知识性产品转化为供市场销售的物质性商品的全过程，是一种带有科技性质的经济行为。技术转化阶段既有技术投入，也有资金和人员投入，而产出则是面向市场的新产品，或者是提高生产效率的新的生产过程。

（一）技术转化阶段的投入

技术转化阶段的投入除了技术开发阶段的产出，还包括该阶段的其他资金和人员投入。

1. 技术投入

作为技术创新的中间产出，高新技术企业的 R&D 成果既是技术开发阶段的成果产出，又是技术转化阶段的技术投入，主要包括专利和非专利技术。当一项专利或非专利技术应用于新产品中时，其新的属性或新的功能能满足消费者新的需要，或者改善服务。当一项专利或者非专利技术应用于生产过程时，能改善生产过程，提高生产效率。因此，R&D成果的应用和推广一旦在市场上被消费者接受和认同，就能提高企业的竞争力，在经济上给企业带来丰厚的报酬。同样，由于非专利技术难以统计，在衡量技术转化阶段的技术投入时只能考虑专利水平。

2. 资金投入

技术转化阶段的资金投入主要是指利用高新技术成果从事生产经营所投入的经费，因此需要明确技术转化阶段资金投入的范围。本书所指的技术转化投入是一个广义的概念，它不是指高新技术企业为解决自主投入R&D阶段产生的新产品、新装置、新工艺、新技术、新方法等所进行的定型设计或适应性试验，而是指高新技术企业为形成现实的市场竞争力而采取引进、改进和使用高技术所发生的支出和费用的总和。

3. 人员投入

工程技术人员、科技活动人员的数量和水平决定了高新技术企业创新的水平和质量。新技术开发出来以后，在高新技术企业中应用和推广的过程中，科技活动人员的参与是技术得以成功转化的重要因素。和R&D人员投入不同，技术转化阶段的科技人员活动人员的工作内容不是开发新技术，而是将自主创新的高技术直接应用于新产品或者生产过程，或是吸收消化从国内外引进的新技术，并加以改造应用于新产品或者生产过程，从而达到提高企业竞争力和实现收益的目的。

（二）技术转化阶段的产出

技术转化阶段的产出，即高新技术企业创新的最终产出，包括工艺创新成果和产品创新成果。前者面向过程，反映高新技术企业生产过程的技术进步，属于技术性产出；后者面向结果，反映高新技术企业创新经济效益的实现，包括收益性产出和竞争性产出。

1. 工艺创新成果

工艺创新是产品创新的先导和前提条件，根本性工艺创新引发产品创新，渐进性工艺创新导致产品质量的提高和生产成本的下降，即在新技术应用于生产过程后，和原有的生产过程相比，新的生产过程可能降低了原有产品生产的时间成本和材料成本，改善了工人的工作环境，提高了产品的合格率，使生产过程等投入要素得以更加有效发挥，提高了生产效率。因此，工艺创新成果是一种面向过程的技术性产出，其成果难以量化。

2. 产品创新成果

产品创新成果是高新技术企业创新活动的最终成果，反映新产品或新技术通过市场实现经济效益的过程。产品创新成果包括收益性产出和竞争性产出两个方面。收益性产出包括出售新产品和新技术使企业获得的收益。竞争性产出是指企业通过技术创新而带来的企业竞争力变化，反映这一产出的指标通常有新产品市场占有率、质量提高率、能耗降低率等，因此，竞手性产出通常用于比较企业层面的创新成果，不适合在产业层面上研究技术创新的投入产出问题。

五、指标体系的构建

本书在分析高新技术企业创新活动的投入产出要素的基础上，按照指标体系设计的原则，分别确定技术开发阶段和技术转化阶段的投入产出指标。

（一）技术开发阶段的投入产出指标体系

1. 投入指标

根据对技术开发阶段的投入，主要有技术知识投入和创新资源投入两类。衡量技术开发阶段技术知识投入的指标有三类，主要选取研发资金投入、研发人员、产品出口、劳动产成率等对技术知识投入进行测度，同时考虑技术知识的本质、来源、时间、阶段成本和影响因素等。衡量技术开发阶段创新资源投入的指标有三类，包括人力、物力及资金三种形式，人力资源包括专业技术人员、科学家工程师数量等；物力资源可用资本存量及固定资产衡量；资金资源可用新产品开发经费支出、购买国内技术经费支出和技术引进测度。

2. 产出指标

根据对技术开发阶段的产出要素的分析，反映研发成果的要素有专利和非专利技术两类。非专利技术属于企业商业秘密，其数据无法获得，本书衡量技术开发阶段的产出成果指标只选用专利数据。由于专利申请数和专利授权数在衡量 R&D 成果时各有优缺点，在考察技术开发阶段的产出成果时两者同时考虑，其中专利申请数反映了技术发明活动是否活跃，以及发明人是否有谋求专利保护的积极性，拥有发明专利数反映了本产业的自有产权拥有量、市场竞争的能力和潜力。

具体的技术开发阶段的投入产出指标体系如表 8-1 所示。

表 8-1　技术开发阶段的投入产出指标体系

投入指标	技术知识投入	研发资金投入
		研发人员数
	创新资源投入	专业技术人员数、科学家工程师数
		资本存量、固定资产
		新产品开发经费支出、购买国内技术经费支出、技术引进费用
产出指标	研发产出	专利申请数
		拥有发明专利数
	绿色产出	绿色专利申请量
		绿色专利授权量
		绿色技术应用率

（二）技术转化段的投入产出指标体系

1. 投入指标

根据对技术转化阶段投入要素的分析，反映技术转化阶段的投入要素有技术投入、资金投入和人员投入三类。技术转化阶段的技术投入即技术创新活动的中间产出——R&D 成果，用专利申请数和拥有发明专利数来衡量。衡量技术转化阶段的资金投入有三项指标，分别是新产品开发经费支出、技术改造经费支出和消化吸收经费支出。新产品开发经费支出是高技术在新产品应用过程中的资金投入，而技术改造经费和消化吸收经费支出是高技术应用于生产工艺的资金投入。新产品开发经费支出主要指企业用于新产品研究开发的经费支出，包括研究、设计、模型研制、测试、试验等费用支出；技术改造经费主要指企业在坚持科技进步的前提下，将科技成果应用于生产的各个领域（产品、设备、工艺等）过程中发生的费用，包括利用先进技术改造落后技术，用先进工艺代替落后工艺、设备，从而实现以内涵为主的扩大再生产，从而提高产品质量、促进产品更新换代、节约能源、降低消耗，全面提高综合经济效益；消化吸收经费支出主要指企业对国外引进项目进行消化吸收所支付的经费，包括人员培训费，测绘费，参加消化吸收人员的工资、工装、工艺开发费，必备的配套设备费、翻版费等。由于技术应用和推广的过程中，除科学家和工程师的参与外，其他科技活动人员起到了相当大的作用，因此衡量技术转化阶段人员投入数量的指标用科技活动人员来表示，衡量技术转化阶段人员素质的指标用科技活动人员占企业从业人员比重来表示。科技活动人员指企业内直接从事（或参与）科技活动，以及专门从事科技活动管理和为科技活动提供直接服务的人员。

2. 产出指标

根据对技术转化阶段的产出要素分析，反映技术转化产出的经济效益有工艺创新成果和产品创新成果两个方面。工艺创新是面向过程的技术性产出，难以量化，却和产品创新成果关系紧密，是产品创新的先导和前提条件。根本性的工艺创新引发产品创新，渐进性的工艺创新导致产品质量的提高和生产成本的下降，其效益能从产品创新中反映出来。在新产品创新成果方面，由于我国现有的统计资料缺乏竞争性产出的数据，收益性产出中的技术出售数据也难以获得，只能通过新产品收益性产出分析来衡量技术转化阶段的产出情况，本书选取四个指标，分别是新产品产值、新产品销售收入、利润、新产品市场占有率来衡量。

具体的技术转化阶段的投入产出指标体系如表8-2所示。

表 8-2 技术转化阶段的投入产出指标体系

投入指标	技术投入	专利申请数
		拥有发明专利数
	资金投入	新产品开发经费支出
		技术改造经费
		消化吸收经费
	人员投入	科技活动人员数量
		科技活动人员占企业从业人员比重
产出指标	经济效益	新产品产值
		新产品销售收入
		利润
		新产品市场占有率

第九章 研究结论与对策建议

第一节 研究结论

本书以加快建设创新型国家为目标，以创新驱动战略为引领，以创新发展中的主要载体——高新技术企业为研究对象，运用创新管理理论、知识管理理论、新资源基础理论和资源约束理论，从组织冗余视角深入分析高新技术企业创新效率提升的影响因素、作用机制和有效路径，有助于构建高新技术企业创新效率理论框架，提升高新技术企业创新效率，加快实现建设创新型国家的目标。

一、组织冗余与高新技术企业创新效率的研究背景分析总结

通过对组织冗余与高新技术企业创新效率的研究背景进行分析，本书明确了创新发展的问题和中国高新技术企业创新效率提升研究的紧迫性。高新技术企业作为科技和经济紧密结合的主要载体，是我国国民经济的重要组成部分，对于推进创新驱动发展战略，促进我国经济实现高质量发展起着至关重要的作用。在技术研发阶段，冗余资源使企业有充足闲置资源进行研发，增加风险探索资本，促进创新效率提升。然而，冗余资源与企业结构不匹配会导致一系列问题，如财务、人力、设备等资源储备与创新战略匹配不足，

进而导致企业遭遇瓶颈危机，关系资源缺失会降低市场认可度，从而影响创新效率。在技术转化阶段，我国高新技术企业科技成果有70%闲置，没有得到转化和应用，财力、人力、关系、设备等冗余资源可协助科技成果的安全托管、转化与应用，以此提升创新产出。但人力资源过量也会造成信息管理安全等问题，给企业造成负面影响，从而影响创新效率。

因此，为保证创新效率有效提升，高新技术企业需探究创新过程中组织冗余成因、组成构成及影响因素，进一步将冗余资源转变为有价值的资源资本，以提升高新技术企业创新效率。知识转移动态过程在组织冗余与创新效率间存在一系列内部化过程，是冗余资源转变为高新技术企业资源资本的媒介与桥梁，对于高新技术企业创新效率提升具有显著的影响效应。环境动态性及环境适宜性均会影响企业发展理念，影响资源的利用效率及自主创新意识，基于以上背景，本书把知识转移和动态环境整合进组织冗余与高新技术企业创新效率的研究中。

二、组织冗余与高新技术企业创新效率相关文献总结

本书通过相关文献研究，以组织冗余与高新技术企业创新效率的概念、分类、评价方法与指标测度为基础，确定企业资源视角、知识管理视角和外部环境视角的高新技术企业创新效率影响因素。基于组织理论的研究基础上，组织冗余与企业创新效率的呈正相关关系、组织理论认为冗余是一种优势。企业的结构是一个分级控制系统，并不总是处于理想或更有效的状态。因此，消耗剩余资源可以帮助企业生存和发展，减少经济时间和成本，降低成本，最终获得竞争优势。基于代理理论的研究，组织冗余与企业创新效率的呈负相关关系，代理理论认为冗余是有害的，组织冗余是高层管理者决策行为的结果，是所得权与经营权的分离、利益产生冲突，迫使信息不对称产生的冗余。基于组织理论和代理理论的研究，组织冗余与创新效率呈非线性关系，可具体表现为U形关系、倒U形关系以及转置的S形关系。由于各领域之间

发展速度、资源需求、市场需求不一，从而产生不同的结论。

　　进一步探索知识转移和动态环境在组织冗余的创新效应中的作用，通过对知识转移相关研究的梳理，在明确知识转移概念的基础上，本书对组织冗余与知识转移的关系、知识转移对高新技术企业创新效率的关系以及知识转移对组织冗余与高新技术企业创新效率的中介效应的相关研究进行了综述，组织冗余是企业未充分利用资源，知识转移能够将资源充分利用，并应用于企业发展过程中，但冗余资源与知识转移能力并非存在正向或者负向的作用关系，两者间存在资源与能力匹配机制，一定量的冗余资源决定着一定程度的知识转移能力及效果，过少资源或过多资源都会对知识转移能力造成不同程度的影响，本书认为两者间存在匹配的非线性关系，需进一步探索。创新一直是管理领域的研究重点，知识转移对其产生的作用也是学者关注的焦点。知识转移是企业创新的重要决定变量，有效的知识转移是组织创新的前提。拥有卓越的跨组织知识转移，组织可以自由分享知识，建立有效的组织创新知识基础，从而提高企业创新效率。企业知识存量及资源投入量决定知识转移能力强弱，知识转移的获取和消化功能帮助获取竞争优势，知识转移是企业创新活动成功的关键过程之一，是企业获取外部优势知识资源的重要途径，知识转移在组织冗余与创新效率间具有重要的中介作用。目前学术界对知识转移的作用只是单纯研究其是否具有中介效应，而忽视该中介效应是如何运作，而本书基于现有文献提出资源与能力匹配机制，认为知识转移在组织冗余与创新质量间存在非线性中介效应的作用，组织冗余与创新质量的非线性关系是由于知识转移的非线性中介传导作用而产生，该观点具有一定创新性，是对我国高新技术企业经济转型阶段的预判，需要进一步探索。本书还就动态环境对组织冗余、知识转移与创新效率的调节作用的相关研究进行探讨，动态环境可表现为动态性及适宜性两种，环境动态性及适宜性不仅会影响闲置资源存储及利用率，同时对知识转移产生重要影响。当企业感知到环境动态性压力时，会倾向于主动采取措施提高知识资源在组织内部及联盟间的共享与转移创新，营造良好的创新氛围。企业可以在外部环境提供丰富资源的情况下，减少资源获取和选择的压力。企业通过对这些资源的整合和开发，形成独特的资源优势，从而在实施战略差异化市场差异化和产品差异化等方面加快步伐，获取超额收益，超过行业平均水平。当面临敌对或威胁较大的外部环境时，企业将对这些冗余资源进行充分利用和整合，为提高市场竞争能力和企业绩效而开展创新活动。在资源有限的环境下，企业将加快新产品的开发和设计，通过探索性创新，利用企业内部冗余资源，为企业带来新的发展机遇和更高的收益。

三、高新技术企业创新发展的困境和优势

我国高新技术企业的创新投入初具规模，进入快速扩张时期，但繁荣发展表象下呈现一系列粗放模式，高新技术企业创新效率的提升面临以下困境：我国高新技术企业的整体投资效率创新效率不高，主要原因是成本、公司治理结构和行业因素的制约，其中成本约束是重要原因，劳动力成本上升可能会拉大企业间的技术差距、改变企业最优生产方式，扩大生产可能性边界。同时高新技术企业也面临融资成本过高的问题，高新技术企业的研发周期长，在创新过程中需要持续稳定的创新投资。但当企业出现资金紧缺或流动性风险，寻求外部融资时，资金的使用成本高，挤占了有限的研发资金。在市场衰退时，高新技术企业的创新动力会受到影响，导致创新效率下降。

伴随着国家相应扶持政策的出台，我国高新技术企业创新效率的提升在面临困境的同时也具有一定的优势，高新技术企业创新效率的提升具有以下五个方面优势：

（1）提升高新技术企业技术创新效率是促进高新技术企业发展的必要手段和关键因素，对于我国的经济转型和产业升级也有重要影响。科技创新能够显著提高企业的生产效率和产品质量，帮助企业更好地适应市场变化和满足客户需求，增强企业的竞争力和投资价值。高新技术企业创新效率提升具有强大的市场优势，可以推出更具竞争力的产品，并擅长市场营销。企业技

术创新能力和市场拓展能力是企业竞争力的关键因素，通过技术突破和创新，高新技术企业能创造新的商机并增加收入，采用新的商业模式如共享经济和平台经济，实现资源优化配置和价值最大化。同时，高新技术企业还具有独特的竞争优势，更容易进入新兴市场并扩大市场份额。

（2）高新技术企业创新效率提升还具有人才引进优势，吸引科技人才并提供广阔的发展平台。高新技术企业作为知识密集型产业，可以吸引大量科技人才加入，并提供良好的培养和晋升机会，从而激励人才发挥最大潜力，推动企业发展。同时，创新的企业文化和良好的发展前景对许多技术人才具有吸引力，高素质人才为企业注入新的活力和动力，帮助实现持续创新。

（3）高新技术企业创新效率提升降低了创业成本。推动创业模式的不断发展，利用互联网平台，创业门槛降低，吸引更多有独特想法和技能的人加入创业大军。科技创新还提供了新的商业模式，如共享经济、分布式电子商务、社交电商等，为创业者提供了更大的发展空间和更多的商业机会。

（4）高新技术企业创新效率的提升对于经济效益、企业形象和声誉都有积极影响，吸引投资和上市等机会，具备更大的发展潜力和利润空间，对经济发展具有显著的促进作用。同时，科技创新提供了新的商业模式，为创业者提供了更大的发展空间和更多的商业机会。科技创新还能提升城市发展的智能化水平和加速城市交通的发展，对城市化进程起到重要促进作用。科技创新对于产业升级也有着显著的作用，传统产业需要科技创新的支持来实现产品结构、技术水平、管理模式、服务模式的改善。

（5）高新技术企业的创新效率和企业发展过程相辅相成，创新是推动企业发展的必要手段，优化创新环境是提升高新技术企业创新效率和核心竞争力的关键。中国的高新技术企业在技术创新、经营效率等方面具有较高的竞争力。这些企业通过不断的技术创新和优化产品、工艺、服务和管理方式，提高了竞争力和创新能力，实现了经济的快速发展。同时，我国高新技术企业在创新和保护知识产权方面也得到了鼓励和支持，对我国的经济发展起到了积极的推动作用。

四、组织冗余与高新技术企业创新效率关系的机理分析

高新技术企业在提升创新效率过程中需要大量的知识、信息、知识产权等外部资源，还需从企业内部寻找和挖掘有利于创新的组织冗余。组织冗余是为超出维持企业日常所需而保存在组织内部并被控制的资源，它可能是由于企业前一阶段的计划不周而产生的，能够在企业面对经济衰退等动态环境时，对企业的技术核心提供保护。如果高新技术企业仅仅重视搜寻与引进外部资源，不重视内部组织冗余的挖掘，容易陷入被资源浪费拖累的困境。组织冗余与企业创新效率存在较为显著的影响，当组织冗余为企业创新提供了额外可使用的资源，能够为企业起到缓冲的作用，可支撑管理层的战略举措，提升创新效率。相反，如果使用不当，组织冗余也会给企业带来负担和负面影响。过多的组织冗余导致管理者规避风险，不愿意开发和学习新知识，不去提升自身的创新探索能力，从而导致创新绩效下降和效率低下。不同维度组织冗余对高新技术企业创新呈不同的关系，并且企业的战略优势可在组织冗余中显现出来，组织冗余在该过程中起到缓冲作用。但在生产过程中，当组织冗余投入过多时将会产生资源过剩的情况，导致成本增加，企业运转效率过低，影响企业之后的创新发展。

因而，对于企业的发展而言，为提升其核心竞争力，需保持较高的价值性，进行深度创新活动，其中，冗余资源显得尤为重要。在企业的正常运转过程中，资源支持需求量较大。但由于企业进行创新活动存在信息资源不对等、回款周期长、运营风险高等特点，企业的创新活动无法寻求外部环境支持，这导致企业的创新资源由闲置冗余资源转换而来。就企业内部的组织冗余而言，存在的形式与类型丰富多样，在企业内部发挥不同的作用。而且，企业对于是否进行行业创新的决策周期较长，企业的内外部环境均会对创新活动产生影响。在该过程中，组织冗余能否发挥出积极作用主要受到各种情境因素的影响。通过对国内外组织冗余与企业创新之间关系的相关文献进行

梳理，本书归纳并总结组织冗余的基本定义、组织冗余与企业创新活动之间的关系、不同类型的组织冗余在企业内部所起作用等。

创新发展过程中均会存在没有被企业充分使用的、暂时闲置的资源，这些资源称为组织冗余或冗余资源，主要由财务、人力、关系网络、器械设备等组成。组织冗余对创新过程技术研发及转化两阶段产生重要影响。企业内部技术研发阶段的冗余资源，使企业的闲置资源较为充足，企业在进行风险探索时的资本投入较大，在一定程度上能推进企业的创新发展。但是，企业的内部结构与冗余资源的不匹配状况会导致企业在设备、人力、资金等方面面临一系列问题，这与企业的创新战略无法匹配，使企业面临一定的危机，相对资源的缺乏降低了市场接受率，进而影响创新效率。在技术转化阶段，我国高新技术企业科技成果有70%闲置，没有得到转化和应用，财力、人力、关系、设备等冗余资源可协助科技成果的安全托管、转化与应用，以此提升创新产出。但人力资源过量，也会造成信息管理安全等问题，给企业造成负面影响，从而影响创新。众多学者以代理理论与组织理论为切入口，研究企业创新与组织冗余之间的关系，并提出二者相关的 N 形、U 形、正负相关关系模型等，但并未形成统一定论。

在国内外的相关研究中，企业创新与组织冗余之间关系的研究脉络较为清晰且丰富，国内虽起步较晚，但紧跟国际研究步伐。当前的研究重点主要基于企业创新绩效、情境环境、组织冗余之间的关系，并将各国企业的实证研究纳入考察范围内，重点研究企业的环境因素，并未将研究重点置于组织能力的考察中；对基于财务数据的组织冗余的客观评估关注较多，主要集中在财务、人力资源、未吸收等方面，而对其他方面的组织冗余关注较少，主要集中在知识、关系、技术、物资等方面。此外，当前的研究大多集中于关注上市公司，其他企业的研究相对较少，需进一步探索研究较少领域，为协作经济、共享经济、创新与合作的发展提供大量机会，这应是相关研究者的关注重点。因此，为保证创新效率有效提升，高新技术企业需探究创新过程中组织冗余成因、组成构成及影响因素，进一步将冗余资源转变为有价值的资源资本，以提升高新技术企业创新效率。

关于组织冗余与企业创新，目前有三种不同的观点。组织行为理论认为，组织冗余为企业创新提供额外可使用的资源，管理者可以更自由地决定是否应该开展新项目。在企业面对环境剧烈变化时，组织冗余可以保护企业技术核心免受影响，从而提高创新效率。代理理论认为，组织冗余是资源的浪费，是低效率的根源，管理者可以利用组织冗余进行低风险活动，抑制管理者的冒险精神和创新。组织冗余会导致组织惰性，使管理者感受不到紧迫感。过多的组织冗余使管理者不愿意学习新知识来更新其现有的能力，从而抑制企业创新。把组织行为理论和代理理论全部纳入考量范围内的学者则认为组织冗余与企业创新存在非线性关系。以上三种不同分析结果的出现，表明组织冗余和企业创新之间的关系是极其复杂的，不同组织冗余对企业造成不同的影响，且其在不同时间对企业的影响也是不同的。创新是企业在不断变化的市场中维持竞争优势、促进企业不断前进和发展的不竭动力。从组织冗余的视角分析其对高新技术企业创新效率提升的影响机理，对于进一步丰富和完善资源利用理论和创新管理的相互作用机理，具有重要的理论价值。

组织冗余是企业可持续创新过程中的核心要素，企业创新实践过程分为技术研发和技术转化两个阶段，由于高新技术产品本身价值链条较长，组织冗余对创新过程技术研发及转化两阶段均产生重要影响。因此，为保证创新效率有效提升，高新技术企业需探究创新过程中组织冗余成因、组成构成及影响因素，进一步将冗余资源转变为有价值的资源资本，从而构建组织冗余对创新效率的提升路径，这对于进一步拓展资源利用理论，丰富和完善知识管理理论，具有重要的理论价值。我国对于经济高质量发展的追求离不开产业技术升级的支持，在产业技术升级成为业界共识的今天，技术创新对于我国企业的生存和发展都有着重要意义。对于我国企业而言，由于其在企业规模与资源储备等方面存在劣势，企业的创新活动往往受到创新资源不足的限制。此前学术界对于冗余资源的研究通常仅考虑到大企业情境，且对于组织冗余与创新效率的关系尚未达成共识。考虑到企业因资源局限性对于组织冗余存在充分的使用动机，同时其可以依靠组织灵活性实现对组织冗余的重组利用，因此有必要对组织冗余与高新技术企业创新效率的关系进行研究。鉴于此，本书探讨了组织冗余对高新技术企业技术创新效率的相关关系。

五、组织冗余对高新技术企业创新效率提升的机制研究结论

（一）知识转移对组织冗余与高新技术企业创新效率的研究

整合已有学者关于知识转移的定义，本书将知识转移理解为：知识接收方为了进一步提升自身经济效益，弥补自身的知识不足，积极寻求知识发出方（高校、科研机构、相关领域内优秀企业、专家等）的协助，通过前期充分的调研，选择恰当的转移对象、转移时间、转移地点以及转移方式，并在知识转移的过程中，知识接收方与知识发出方不断地进行沟通与协调，以保证尽可能减少知识遗漏，将所需的知识完整地转化为接收方的内在能力。基于知识转移的过程视角，可将知识转移细分为知识获取、知识内化、知识运用三个维度，这正是高新技术企业知识转移的三个阶段。高新技术企业在进行科技创新的过程中，团队成员随时会遇到各类困难，此时需要成员之间相互学习，于是产生了各种知识需求。知识内化阶段是高新技术企业知识转移的核心环节，知识接收方将分享的知识进行过滤、理解吸收后存储到自己的知识库中，用于企业内部创新做技术支撑，给企业带来新鲜的知识原动力，为后续研发新产品以及提供差异化服务打下基础。知识运用不单单是指知识接收方将知识成功转化为市场成果，也包含知识发出方之间的互动和信息反馈的过程。

知识转移能够帮助企业解决因资源冗余引发的大量矛盾，通过获得丰富的技术知识，将所拥有的资源利用最大化，增加产品或服务的吸引力，但知识转移需要较大的成本和较多的资源，而组织冗余恰好能够为其提供经费、人才资源、客户关系及技术设备，从而能有效促进企业知识转移顺利进行。然而，冗余资源与知识转移能力并非存在正向或者负向的作用关系，两者间

存在资源与能力匹配机制，过多的知识转移加大了企业从外部获取与内部冗余资源的互补性资源的难度，致使企业难以聚焦新产品、新技术的研发，从而降低创新效率，因而组织冗余对于高新技术企业知识转移存在非线性关系的影响，一定量的冗余资源决定着一定程度的知识转移能力及效果，过少资源或过多资源都会对知识转移能力造成不同程度的影响。知识转移在高新技术企业中扮演着促进资源整合、知识共享、跨部门合作以及技术转化等关键作用，从而提高组织的创新效率。知识转移能进一步激活企业闲置资源的再利用，同时随着企业知识转移的能力加强，企业研发进程得以加快，创新能力也得到提升，本书进一步从知识获取、知识内化、知识运用的一系列过程来分析其对组织冗余和创新效率的影响。

（二）动态环境对组织冗余与高新技术企业创新效率的研究

环境动态性反映的是企业市场环境变化的不可预见性和不确定性，随着经济全球化带来的市场变局愈演愈烈，越来越多的学者开始重视不同的外部环境对组织绩效带来的影响，环境动态变化给组织带来了更多的机遇和挑战。对于创业型的新兴企业，市场的动态变化能够让新兴企业有机会抓住创新机会，从而凭借自身的竞争优势占领一部分市场，而对于成熟的企业来说，环境动态性会导致企业原本生存的外部环境结构发生改变，当固有的经营方式受到外部变动的冲击时，企业会陷入生产风险中，甚至面临被快速发展的新兴企业所替代的危机，迫使这类成熟的企业为了维持现有的市场份额，不断地调整战略以适应外部环境。环境动态性在给企业带来机遇的同时也可能会给企业带来创新绩效的损失。

环境动态性对组织冗余与高新技术企业创新效率的作用机制从组织学习与知识积累、风险管理与缓冲以及动态能力三个角度来阐述，环境动态性对组织冗余与高新技术企业创新效率的调节机制是一个复杂且多变的过程，也可能受到行业特性、企业规模、地理位置等因素的影响。环境和环境的敌对性是两个对立的词，环境敌对性对应的是资源匮乏并且市场环境竞争非常激烈，这意味着企业内只能拥有维持企业生存的少量冗余资源，企业决策制定和实施的灵活性都受到限制，并且战略选择的范围很窄。而环境适宜性提供了企业所必需的闲置资源，这些闲置资源具有促进性。相反，合适的环境提供了产生企业创新活动所必需的闲置资源，这些闲置资源可以促进企业在合适的环境下加大人力、技术、知识等方面的投入，提高企业的创新效率，投资人力资本有助于企业知识库的扩充和员工技能的提高，打造高素质的员工团队。在技术和知识这类创新资本中的投资，可以作为壁垒阻碍竞争者进入该行业，促进创新转化为商品和服务，因而，环境的适宜性将正向调节组织冗余与企业创新绩效之间的关系，且环境适宜度较高的情况下，组织冗余和企业创新效率的关系将得到加强。本书从资源配置、创新能力以及创新合作与知识共享三个视角阐述了环境适宜性对组织冗余与高新技术企业创新效率的作用机制。

（三）高新技术企业创新效率、组织冗余、知识转移和动态环境关系

1. 高新技术企业创新效率、组织冗余、知识转移和动态环境四者之间是一个互为影响、彼此依赖的关系

动态环境是企业组织冗余与创新绩效之间的诱发因素，知识转移是企业应对环境变化进行对组织冗余资源利用的必要因素，组织冗余是企业提高创新绩效的重要条件。当前处于数字经济的时代背景下，企业所处的环境极为不稳定，企业不仅需要注重创新的投入，还需要注重创新的产出，在研究企业创新绩效时一般要考虑组织学习能力、吸收能力，但是组织冗余的资源也会对企业创新绩效产生影响，因此，本书主要研究组织冗余与企业创新绩效的关系，企业需要充分利用闲置的资源来提高企业创新绩效，并保证企业有对抗风险的能力，而组织冗余资源的有效利用又离不开企业的知识转移。

一方面，知识转移是一种关键的组织冗余获取机制，不同的冗余资源给企业提供了不同的利益，如果高新技术企业要在动态环境中获取技术和创新能力，那么需要战略性地重组和再利用冗余资源，环境与企业资源的任何不

匹配都会给创新效率带来严重的损害。在稳定的环境下，企业可以依赖现有的技术与知识基础开展创新活动，但在动态环境下，企业更需要知识转移能力来解锁组织冗余的利用性，给企业带来更多的创新可能性。另一方面，高新技术企业创新所需的知识往往是对原有技术知识较大程度的改变，或者需要整合不同领域的知识。企业会通过不断地向科研机构、高校以及同行企业寻求帮助，获取更多新知识，知识库的不断扩充会出现大量组织冗余，企业在聚焦创新活动过程中往往会忽略一些暂时无关紧要的资源，但当外部环境发生剧烈变化，企业不得不主动将知识库的全部技术和知识资源整合再利用，来寻求新的创新机会。

因此，高新技术企业创新效率、组织冗余、知识转移和动态环境四者之间是一个互为影响、彼此依赖的关系。四者之间的关系表现为从缓冲应对到动态调整再到逐步适应的关系，具体表现为：当企业所处的环境缺乏稳定性时，内部的组织冗余就会首先起到缓冲的作用。本书将企业冗余资源分为可利用冗余和潜在冗余。可利用冗余资源能够直接给企业提供缓冲作用，企业最先利用冗余资源通过知识转移来减少外部不利因素对企业造成的负面影响，该阶段的组织冗余主要表现为一种趋于被动的缓冲能力；初步缓冲过后企业将考虑对组织冗余采取一定的调整政策来积极适应外部环境的变化，该阶段的组织冗余则主要表现为一种积极的适应能力；紧接着企业会进一步抓住环境中对企业有利的部分，通过积极的战略调整，进行研发创新，提升企业的创新绩效。企业只有事先保留一定的组织冗余，才能在出现外部不利环境时进行应对，重组、利用组织的冗余资源，更主动地进行产品研发，从而提升企业的创新效率。

2. 知识转移在组织冗余与高新企业创新效率中起到中介作用

随着知识经济持续发展，企业外部环境日益变化，企业的管理及创新活动出现了一系列新的趋势或要求。作为一种重要的异质性资源，知识在企业成长中起到了重要作用，因此知识管理日益成为企业管理者和国内外学者共同关注的焦点。而知识转移作为知识管理活动过程的重要环节，正在成为企业的一项重要工作，企业从自主研发创新到实现产业化效益的过程离不开知识转移。如何开发和运用蕴藏在组织内部庞大的无形资源，促进知识在不同部门和人员之间转移是高新技术企业需要重点关注的内容。越来越多的高新技术企业通过知识转移来塑造自身可持续的竞争优势。从过程视角来看，知识转移的主要活动有知识获取、知识内化和知识运用。知识获取具有累积性，企业各项创新活动是基于知识积累而顺利开展的，所以知识获取是高新技术企业进行创新活动的基础。同时，知识获取为知识内化提供了更多可能性，知识内化是企业充分利用其吸收能力将所获取的新知识成功转化为组织内部知识库，这个过程是企业根据自身情况将所获取的新知识适当整合、更新再吸收的过程，知识经过内化之后更容易被企业运用到创新的产品研发和创新流程中，知识运用的过程是知识转移的结果，真正将新知识转化为创新成果。高新技术企业知识转移的过程是对组织冗余进行有效转换和利用的过程，一家企业知识转移能力越强，越能提高组织冗余利用效率，越能够实现服务与技术创新效益的提升，并提高企业的创新效率。

3. 动态环境在组织冗余与高新企业创新效率中起到调节作用

随着经济全球化和信息技术的迅速发展，高新技术企业所处的商业环境正经历着巨大变迁，充满动态性，本书从动态环境的环境动态性和适宜性两个角度探究其对组织冗余与创新效率的影响。当企业处于稳定的市场需求和技术发展环境中时，组织所面临的问题大多是结构性的，高新技术企业很少寻求新颖的方式解决这类问题，一般可以利用常规模式来维持企业正常的运转。相反，当市场表现出动态特征时，企业就会面对非结构性问题，原有知识的技术价值和作用会降低，而且环境的不确定性给创新活动的开展增加了难度。此时，环境动态性会刺激企业在现有经营模式和运营流程的基础上做出调整或改善，并对企业内现有的组织资源进行整理，组织内大量冗余资源被再次利用，组织冗余经过整合之后可以被用于企业研发新产品和更新技术等创新活动，为企业提供风险缓冲。同时，环境适宜性能有效提供人力、物力、财力资源支撑，加快组织创新进程，提升高新技术企业创新效率。

第二节　对策建议

一、政府层面建议

（一）完善国内专利和知识产权保护制度

1. 增强公民知识产权保护意识

普及知识产权保护相关国际公约和我国法律法规相关知识，组织开展知识产权保护的相关社会活动，在尊重他人知识产权的同时，也要重视对自己知识产权的保护。与各行各业共同促进知识产权健康发展，认真实施知识产权保护相关法律法规，遵循国际贸易通行规则，通过国际合作，为中国企业及企业家赢得荣誉和尊严。督促企业信守相互之间的有关保护知识产权的合同、承诺等各类正式及非正式协议。

2. 鼓励科研人员申请专利

政府应出台相关措施，鼓励科研工作者积极主动地申请专利，使其尽快转化为生产力，造福于民，尤其是对去国外申请专利的科研工作者应予以重视，更好地保护专利权。政府可为申请高价值专利的科研人员给予丰厚的政策及资金补贴，主要包括专利申请费的补贴、专利技术转化项目的资金支持等。政府通过财政资金的注入，帮助企业减轻了一部分负担，提高了专利申请的积极性，借此鼓励知识产权保护和企业创新。同时，为了企业能够更好地了解专利申请的流程和技术创新相关知识，政府可提供知识产权培训和咨询服务。企业可以通过参加政府组织的培训课程，了解专利申请的具体流程、注意事项及技巧。

3. 建立完善的专利转让机制

随着技术和知识产权的快速发展，专利转让市场的需求逐渐增加。专利转让市场的成熟度不仅与专利数量有关，还与国家相关法律制度和市场规则相关，专利转让市场的发展可以为科技创新和产业升级带来巨大的推动力，也可以为个人和企业的商业成功提供需要的支持。

4. 加大对侵犯知识产权行为的处罚力度

提高法定赔偿上限，通过探索建立对严重恶意侵占知识产权行为的惩罚赔偿制度，包括对专利权、著作权、权利人为其支付的合理费用等知识产权侵权行为进行惩罚并赔偿，提高侵权人知识产权侵占成本。建立收集侵犯知识产权行为的信息工作机制，进一步推进知识产权保护的专业化建设，将企业和个人故意侵犯知识产权行为计入征信，加大对知识产权侵权行为的行政处罚力度。及时发布典型案例，将案件信息公开，强化以案释法。完善知识产权审判工作机制，加强与行政机关和侦查机关等单位的协作，积极发挥法院监管作用，加大司法保护力度。健全涉外知识产权执法工作机制，加强刑事执法国际合作，加大涉外知识产权案件的查处力度。严厉打击企业及个人的不正当竞争行为，加强品牌名誉保护力度。将知识产权保护和运用相结合，加强保护机制和平台建设，加快知识产权转移及转化。

（二）促进企业间的知识转移和流动

1. 提供培训和技能提高机会

政府可以提供培训和技能提高机会，帮助企业提高技能水平，协助企业明确知识转移的对象和范围、对知识转移的目的、内容、时间、地点等方面做出明确的规划和安排。

2. 关注员工信息传递

政府可以关注员工的心理健康，提供心理咨询和辅导，帮助员工缓解压力，提高心理健康水平。同时鼓励员工积极参与知识转移工作。知识转移是一项复杂、长期的工作，需要政府协助企业向参与转移的员工提供全面的培训和指导，让他们能够逐步掌握知识转移的技巧。知识转移需要大量的信息和沟通工作，政府可以帮助企业拓宽沟通渠道，确保将转移的信息传递给相关人员，并及时采取反馈和处理措施。

3. 制定支持政策

政府可以针对新业态制定相应的支持政策，如税收优惠、资金扶持、人才引进等，减轻企业发展的负担，帮助企业快速进行知识转移和流动，促进新业态的快速发展。

（三）保持政策的连贯性与一致性

1. 政策连贯性

政策连贯性是指政府出台各项政策时，所采取的政策措施在前后环节上应保持一致性和协调性。也就是说，政策的制定、实施和监督评估等各个环节都应该相互关联和衔接，避免出现矛盾或冲突，保障政策的顺利实施。政策连贯性是一种较为基本的政策设计原则，在政府治理中起到了重要作用。它意味着政府在出台各项政策时需要考虑到长期的政策目标，综合各方面因素进行科学规划，并进行有效管理与协调。只有这样才能形成一个具有稳定性、可持续性和创新性的政策体系，从而更好地满足人民的需求，实现长期发展目标。

2. 政策一致性

政府颁行的政策在各个时期内保持一致，不得随意更改。政策的一致性增强了政府政策承诺的可信性。政府应与金融管理部门事先协调好对资本市场有重大影响的各项经济政策，保持政策预期的稳定性和一致性。金融机构必须坚定地考虑大局，支持实体经济持续稳定发展。

（四）降低政策环境和市场环境的动荡性

1. 对投资规模进行调控

政府要完善投资调控机制，财政、财税、物价等方面的调控，可以使投资规模总量保持在合理区间。同时，明确投资需求调控的对象，调控的主要措施是合理确定年度投资规模预期目标、信息引导等手段。如果预期经济走势过热，可采取控制投资规模、缓解经济波动的紧缩性政策。

2. 控制消费倾向

总需求主要受消费者实际需求影响，如果预计有效需求不足，可能会出现通货紧缩，就可以采取扩张性政策，如增加政府支出、减少税收和增发国债等扩张性财政政策，使需求和供给的差额缩小直至平衡或者采取降低存款准备金、降低再贴现率、在公开市场回购有价证券、降低利率和调控汇率等扩张性货币政策增加货币供应量，提高消费倾向，刺激经济增长。若预计有效需求过多，出现通货膨胀，则可采取减少政府支出、提高税收和发行国债等紧缩性财政政策或者减少货币发行、控制和调节对政府贷款、实施公开市场业务、提升存款准备金率和再贴现率等紧缩性货币政策，以抑制社会总需求增长。

3. 影响乘数和加速数

一国的乘数和加速数是相对稳定的，但并非完全不可改变。通过实施技术进步等措施，企业可以提高生产率，从而增加投资成数并减少加速数，有效缓解经济波动。

二、企业层面

（一）提升企业资源整合

企业进行战略调整、日常经营管理，整合资源是一种有效的手段。通过资源的优化配置，达到整体的最优程度。资源整合是指企业对不同来源、层次、结构和内容的各种资源进行识别、选择、吸收、配置、激活和有机整合，使这些杂乱无章的资源在此基础上呈现出柔性、条理性、系统性和价值性，并创造出新资源的过程。企业资源整合是为了长远的利益考虑。随着市场的变化，企业必须整合优化各种资源，这对战略协调能力要求极强。企业必须建立动态的战略综合指标，对企业的资源能力进行及时的调控，使企业的战略趋于完善。任何一家企业拥有的资源都是有限的，企业在拥有资源的同时也要有充分利用外部资源的能力，这样社会资源才能充分服务于自己企业的发展。从战略思维层面来看，整合资源是系统理论的一种思维模式。它通过组织协调的方式将企业内部的各种职能，以及与具有共同使命和独立经济目标的企业合作伙伴整合为一个系统，共同服务于顾客，以达到优于独立个体的效果。从战术选择层面来说，资源整合是一种优化配置的决策。根据企业发展战略和市场需求，重新配置企业资源，突出核心竞争力，寻求资源配置与客户需求的最佳结合点。其目的是通过组织安排和管理运营协调，增加企业的竞争优势，提高客户服务水平。企业可以从以下四个方面提升资源整合能力：

1. 加强组织内部协调

企业内部的组织协调一直都是一个难题，如果没有良好的内部协调机制，则无法实现对资源的整合。首先，企业需要建立更加完善的组织结构，明确职责划分，加强沟通协调，提高合作精神和创新能力，从而建立起协同协作的工作氛围，这对于资源整合具有重要意义。其次，企业要加强内部培训和引导，提高员工的专业技能和经验，从而实现资源的技术协调与整合。

2. 建立良好的合作关系

除内部组织协调以外，企业也需要建立起与外部供应商、客户和社会的良好合作关系。将两个处于一个价值链上的制造商联合成一个利益共同体，致力于产业价值链资源的整合和更大价值的创造。只有建立起合作关系，才能实现资源共享，提高整体效益。企业应该积极与供应商合作，优化供应链体系，降低成本。同时，与客户建立合作关系，为客户提供高品质的产品和服务，以客户满意度为核心，保持自身在市场上的优势。

3. 加强信息化建设

在全球化时代，信息化成为各个领域的关键词之一，企业也需要在信息化上跟进，才能更好地适应全球化竞争。企业可以加强 ERP、CRM、SAP 等信息化平台的建设，实现信息的集中管理与共享，以最优化的方式支持业务流程，从而提升企业运营效率。

4. 提高管理水平

制度建设是有效管理的关键，为了确保工作顺利展开，在制度建设过程中，坚持简捷有效和动态持续改进原则，促进制度落实，提升制度执行力。此外，企业内外部的协调、合作和信息化建设都需要有适合的管理者，管理者要为全局考虑，做好协调和决策。因此企业需要在培养和选拔管理人员时注重他们的素质，人才是第一竞争力，做好基础教育工作，通过提高员工的政治、文化和技术素质，加强管理人员的战略思维和决策能力，加强管理人员和员工之间的感情交流，形成和谐工作氛围，让员工与企业共进退。同时，企业还需要加强风险管理，通过树立突发事件的公关应对意识和组建专业公关团队，全面应对突发性事件，确保资源整合过程中的风险得到控制，避免出现不可控因素。

（二）提升企业创新能力

1. 领导者有强烈的技术创新意识

企业技术创新的功能有两个：首先，它能够创造充分的顾客价值，给客户带来根本性的效用和体验。市场需求是高新技术企业发展的重要推动力，如果没有市场需求，企业的供给将无处可施。其次，技术创新还能够创造充分的企业价值，通过降低交易成本，创造超过竞争对手的优势，提高企业的经济效益。在世界经济开放度日益提高的今天，企业的技术创新能力是决定企业生存和发展的关键要素。企业领导者必须将技术创新作为制定发展战略的基本依据，积极有效地组织企业的技术创新活动。为了实现这一目标，对人才的重视和激励至关重要。例如，高工资可以提高员工的积极性和创造力，从而促进创新能力和创新效率的双重提升。

2. 加大研发投入力度

随着市场竞争的加剧，科学技术的创新发展，顾客需求的不断变化，企业身处激烈的竞争环境，如果企业无法提高自身的技术实力和产品质量，不能及时跟进技术的发展，就无法满足顾客的需求，从而在激烈的竞争市场难以立足。

企业是技术创新决策和投资的主体，同时也是技术研究开发的主体。因此，企业必须高度重视技术研发的投入，并通过筹措资金来为企业的技术创新发展提供支持。除了将部分销售额用于技术创新资金，企业还可以利用国家技术创新支持政策，如申请政府技术创新基金、争取财政补贴以及享受各项税收优惠政策等各种方式来增加企业的技术创新资金。企业可以通过建立研发团队、引进高端人才及加强合作与交流等措施，加大研发投入。研发团队通过系统性的工作，形成协同效应，提高研发效率和质量。高端人才可以通过先进的技术和管理水平，为企业带来更多的新思路和新方向，给企业注入新活力。企业通过与机构和高校等共同进行研发工作，充分利用各方资源，提升研发效率。在行业市场需求稳定或高速增长时，高新技术企业通过加强生产和创新投入，形成螺旋上升结构，提高核心竞争力和创造高额利润。

3. 利用科技资源建立产学研合作平台

为了提高企业的研究开发水平，企业可以积极与国内外高校和科研院所合作，充分利用他们的技术和学科优势。通过成果转让、委托开发甚至共同组建技术开发机构和科技型企业实体等多种方式，与他们建立开放稳定的产学研合作关系。通过这样的合作，逐步形成以企业为主体，高等院校、科研院所积极参与的产学研联合体，发挥高等院校和科研院所的文化优势。

4. 制定人力资源政策

人才是企业进行技术创新的主体，优秀人才是企业的重要资源和核心资产，企业技术创新活动之所以能够取得成功，人才是关键。企业要建立有效吸引人才的晋升机制、分配机制、奖励机制等多方面的激励机制。结合自身经济实力，制定灵活的薪酬福利制度，通过提高奖金、股权赠与或者一些非物质条件吸引人才。同时，企业要营造良好的文化氛围，祥和、宽松、温馨的企业氛围更易吸引高素质人才。加强对具有创新精神和能力人才的培养和使用，创造优秀的工作条件吸引人才参与企业的技术创新工作。

5. 利用知识产权保护、促进企业技术创新

在当前国际贸易争端中，知识产权之争已经代替经济贸易之争。因此，在市场竞争中运用知识产权壁垒，成为企业增强核心竞争力的必要手段。企业必须充分认识和定位企业知识产权战略的重要性，既站在自身长远发展的角度，也站在国际市场竞争和全球化经营发展的战略高度。企业应将知识产权战略视为竞争、谋求生存与发展的关键因素，提高对知识产权战略的重视，并将提高创新能力、获取和保护知识产权的技能看作企业在未来知识经济时代生存与发展的关键所在。

6. 发展创新思维

面对激烈的全球化竞争，企业需要不断进行创新，从而破除旧有的经营模式和思维方式。创新意味着与时俱进，更好地适应和引领市场的变化。企业可以改变传统的经营方式，开拓新的市场，实现多元化发展，提高企业的整体竞争力。

（三）充分利用组织冗余资源

冗余的人力资源问题对企业发展的负面影响重大，必须引起高度关注。企业要采取科学有效的措施利用人力资源，必须建立完整的组织结构。一家企业组织结构不完整，职责分工不明确，不仅会导致内部管理效率低下，同时也会造成员工工作不确定和不满意的情况，影响员工的工作积极性和效率。因此，建立完整的企业组织结构是做好人力资源管理的第一步。同时，企业应注意员工的招聘和培训。招聘和培训是企业建设高效人力资源体系的第一步。在招聘时，应该从企业需求出发来寻找符合企业要求的优秀人才，并注重优化招聘，提高招聘质量和效率。在培训时，企业应该创造一个良好的员工培训环境，提高员工的工作技能和综合素质，充分发挥员工的个人优势，进而提高公司的整体效益。从实际情况来看，企业必须通过技术创新手段才能解决人力资源冗余问题，本书就如何处理好冗余和创新之间的关系进行如下详细分析：

1. 创新化发展是企业不断积累经验，在激烈的市场竞争环境中学习新技术的过程

这一过程直接决定了企业创新能力的提升，企业主要依靠员工自身的各种技能来实现公司的良性发展。因此，创新对员工个人能力提出了新的要求。为了更好地发展企业，必须适当投资人力资源，让人力资源与新技能的发展相适应。从而确保企业在市场中具有一定的竞争地位。但应该看到，在人力资源培养过程中，企业需坚持预见性和适度性的原则。根据企业发展需求，预测未来人力资源的发展需求，然后有针对性地培养人才，这样可以减少不必要的支出。

当企业没有正确把握自己的发展需要，按照自己的需要对人才进行投资时，企业内部就会出现人力资源过剩的问题。通常情况下，技术知识和创新能力也会随着人力资源的增加而增长，并且能够推动企业深入了解新技术的具体应用，从而有助于企业创新发展。但在人力资源冗余的情况下，原有的物质资源难以支撑整个人力资源冗余现状，从而带来消极作用。因此，在人力资源的冗余利用上要科学合理，必须坚持适度原则。在人力资源不足的情况下，及时有效地对员工进行培训，同时积极引进优秀的人才，加快资源的互补与更新，使人才资源的优势作用得以充分发挥，从而实现企业的创新发展。而当人力资源冗余过多时，就需要适度的裁减。

2. 实时动态监控人力资源冗余程度，根据具体冗余情况进行调整，最大限度地发挥冗余部分优势

我国企业的人力资源冗余状况基本合理，企业需要在保持这种合理状态的基础上，尽可能地发挥这部分冗余人力资源的创新作用。具体来说，可以通过完善的企业奖惩机制，挖掘员工潜力，并配合完善的企业管理机制、薪酬体系和员工福利制度等，更好地发挥冗余资源的作用。

（四）积极进行外部知识获取与知识的内化和应用

知识管理作为企业管理的新兴领域，近年来在学术研究方面和企业管理

方面均获得了快速发展。很多企业特别是知识型企业都在尝试接触知识管理理念、用知识管理方法来提升企业的竞争力。引进知识管理理念方法，做好知识管理工作，能为企业创造巨大的价值。企业能更快速地获取并储备内外部的知识，然后高效地传达给内部员工，从而提升员工的工作效率，避免重复错误的发生。此外，从业务层面来看，知识管理可以增强企业在市场中的适应性和灵活性。企业的成功又会进一步提高员工的满意度，并减少因人员流动而导致的知识流失，从而形成一个良性循环。知识管理的重要性不言而喻。

1. 知识获取

知识获取是企业知识储备和沉淀的基础和来源。企业应该通过内部、外部渠道多方面、分权重、分阶段地收集整理知识。为了保障知识收集的质量、使用价值，必须要有相应的配套激励措施和保障措施。企业发展、企业上市、新产品新市场开发、海外市场开拓、多样化经营等所需要的知识，因为企业以前没做过，大多会存在相应知识短缺，这种情况也有赖于外部知识的输入。

2. 知识内化

内化知识就是将企业内部个体隐性知识进行显性处理和整合，形成可视化的知识体系，再传播给企业员工，使他们也能掌握这些隐性知识。这个过程包括群体化、外部化、组合化和内化等一系列转化，以促进企业内部的知识传播和知识资产的形成。这种内化式的知识管理将随着越来越多的企业培训逐渐成熟而成为一种趋势。要加快知识内化，企业需要促进隐性知识的显性化、发挥非正式渠道的传播作用、促进知识的应用。

（五）提升环境适应性

1. 强化危机意识

随着时代的发展，社会竞争日益激烈，危机意识在企业管理中具有重要作用。企业若具备危机意识，能够在日常运营和管理中及时预防和化解潜在风险，为突发情况做好准备，从而确保企业的健康发展。危机意识使企业能够迅速、准确地认识到机遇与挑战，迅速把握机遇，迎难而上。因此，企业要把"居安思危"的思想贯彻整个运营管理过程中，督促员工高度重视工作进程。并通过自身示范作用带动员工树立正确的危机意识，以便在面临突发情况时企业的所有员工都能从容地处理问题，帮助企业提高应对危机的能力，减少损失。

企业应通过加强信息收集、反馈和决策，保持高度敏感，随时掌握市场趋势和国家产业政策的变化。此外，企业应及时采取针对国际形势和相关国家政策的对策，避免被动局面。为了应对外部环境的变化，企业还应重视改善外部环境，积极主动地进行对外协调和公共关系工作，并适时开展企业内部改革和创新。

2. 完善企业经营机制

经营策略是企业基于对外部环境和内部条件的深入了解而做出的长远规划，旨在求生存和求发展。经营战略着眼于宏观角度，重点考虑企业的长远的核心竞争力。与之相对应的是，项目管理聚焦的目标则相对微观并且局限于一定的时期，运用专门的技能和方法，使项目能够在有限条件下实现或者超额完成预期目标的过程。通过实施战略和项目管理，企业能够在迎接挑战和竞争时拥有明确清晰的方向，从而高效地开展企业的各项管理工作。

3. 提高产品质量，增强企业竞争力

产品质量是企业的生命。为了增强产品的市场适应能力和竞争实力，企业必须强化质量管理工作。这就意味着，企业需要在品质上对传统理念进行更新，不断丰富产品品质的内涵。企业要在不断提升产品内在品质、提升产品外观形态上下功夫。从一开始的产品形象设计，到生产制造、产品生产、销售服务等各个过程，都必须充分考虑消费者的不同需求，这样做才能提高商品消费者对企业产品的满意度和忠诚度。此外，企业还需要不断完善产品的质量保证体系，并建立健全的产品质量责任制。这样企业的质量管理工作就能实现制度化和科学化。企业能够通过这些措施在竞争中始终保持优势，在市场上立于不败之地。在市场竞争激烈的环境下，建立健全的质量保证体系，对于企业至关重要。为了增强产品的市场适应能力和竞争实力，企业需要强化质量管理工作。这包括更新传统的质量观念，丰富产品质量的内涵。此外，完善产品的质量保证体系和建立健全的质量责任制也是必不可少的。通过这些措施，企业能够保持竞争优势，在激烈的市场竞争环境下所向披靡，无往不胜。

4. 提高企业技术创新能力

企业提升竞争能力的核心是技术创新。新产品、新材料、新技术的引入可以重塑市场竞争格局。成功的技术创新能够为企业带来长期的竞争优势。在市场经济中，企业竞争更加聚焦于技术创新。因此，企业必须根据市场需求来设计和生产产品。不仅需要不断推出新品种，通过不同层次的产品性能和档次满足不同消费群体的需求，企业还应充分发挥技术创新力量，从市场需求出发开发独特的产品，力争独占市场并获得竞争优势。同时，注重对产品的技术调整，采用高新技术来改进旧产品，不断提升产品的技术含量和附加值。

5. 提高企业市场开拓能力

市场营销在企业与市场之间起着十分重要的作用，所以企业一定要高度重视市场营销工作。企业要做好营销工作，除建立完备的营销责任制和奖惩制度能够激发销售人员在市场开拓中的卓越销售能力外，还需要加强营销组织的建设，培养一支精干高效的营销队伍。此外，企业还要建立反应灵敏、布局合理、辐射范围足够广的营销网络体系，这样能够提高企业跟踪开拓市场的能力。巧妙利用"时间差"和"空间差"对市场销售工作至关重要，在开拓新用户的同时，可以帮助企业巩固原有的市场用户。任何一家企业在"服务营销"时代来临之际，都需要不断引入新的服务意识。做好产品的售后服务工作，维护企业的良好信誉，对促进企业长远发展将起到积极作用。

6. 优化企业形象，不断提高企业的综合素质

企业形象的优化是加强核心竞争力的有效方法。良好的企业形象是重要的无形资产，决定了企业在竞争激烈的发展潜力，能够提升企业对人才、资

金的吸引力，有利于企业获得政府机构、社会各界的广泛支持和帮助，所以企业形象是"无价之宝"。

企业要树立良好的形象，首先，良好的产品形象必不可少，企业要保证物美价廉的产品才是最重要的，产品质量影响用户的体验度和忠诚度，企业产品必须符合市场需求、卫生需求以及环保需求，可通过优化产品设计、强化产品质量、加强售后服务等手段提升企业形象。其次，企业要塑造良好的员工形象，员工是企业竞争的重要支撑，是企业发展的宝贵财富。企业必须在明确掌握自身人力资源现状的基础上，致力于完善现有人力资源管理制度，查漏补缺，对企业员工的价值取向和精神面貌等诸多方面进行全方位培养，加强员工关系建设，提高员工的忠诚度，在营造企业形象上形成集体意识。最后，企业要加强社会责任，企业作为社会成员，应发挥正面作用，积极承担社会责任，投身慈善事业，注重环境资源保护，为社会发展做出贡献。企业要把维护企业声誉放在第一位，增强自我约束力度。唯有如此，企业才能在如此复杂多变的激烈竞争环境中保持健康稳定的发展。

参考文献

［1］Ahmet Ş, Halil E İ, Burcu B. How important is corporate governance features and the lags on audit reports in firm performance: The case of Turkey ［J］. Studies in Business and Economics, 2022, 17 (1): 218-237.

［2］Aldrich, Howard E. Organizations and environments ［J］. Administrative Science Quarterly, 1979 (1): 320-326.

［3］Amit R, Schoemaker, P. J. H. Strategic assets and organizational rent ［J］. Strategic Management Journal, 1993 (1): 33-46.

［4］Antunes H, Pinheiro P G. Linking knowledge management, organizational learning and memory ［J］. Journal of Innovation & Knowledge, 2020, 5 (2): 140-149.

［5］Argote L, Ingram P. Knowledge transfer: A basis for competitive advantage in firms ［J］. Organizational Behaviorand Human Decision Processes, 2000, 82 (1): 150-169.

［6］Arrow K J. The economic implications of learning by doing ［J］. The Review of Economic Studies, 1962, 29 (3): 155-173.

［7］Baburoglu R K, Tellis G J. The incumbent's curse? Incumbency, size, and radical product innovation ［J］. Journal of Marketing, 1990 (64): 1-17.

［8］Battese G E, Coelli T J. Frontier production functions, technical efficiency and panel data: With application to paddy farmers in India ［J］. Journal of Productivity Analysis, 1992 (3): 153-169.

［9］ Bao G, Zhang W, Xiao Z, et al. Slack resources and growth perform-ance: The mediating roles of product and process innovation capabilities ［J］. Asian Journal of Technology Innovation, 2020, 28 （1）: 60-76.

［10］ Belloc F. Corporate governance and innovation: A survey ［J］. Journal of Economic Surveys, 2012, 26 （5）: 835- 864.

［11］ Bourgeois Iii L J. On the measurement of organizational slack ［J］. Academy of Management Review, 1981, 6 （1）: 29-39.

［12］ Bradley S W, Shepherd D A, Wiklund J. The importance of slack for new organizations facing "tough" environments ［J］. Journal of Management Studies, 2010, 48 （5）: 1071-1097.

［13］ Bromiley P. Testing a causal model of corporate risk taking and perform-ance ［J］. Academy of Management Journal, 1991 （34）.

［14］ Bruneel J, d' Este P, Salter A. Investigating the factors that diminish the barriers to university-industry collaboration ［J］. Research Policy, 2010, 39 （7）: 858-868.

［15］ Carnes C M, Xu K, Sirmon D G, et al. How competitive action medi-ates the resource slack-performance relationship: A meta-analytic approach ［J］. Journal of Management Studies, 2019, 56 （1）: 57-90.

［16］ Carter E E. The behavioral theory of the firm and top-level corporate decisions ［J］. Administrative Science Quarterly, 1971 （1）: 413-429.

［17］ Cassiman B , Veugelers R . Complementarity in the innovation strategy: Internal R&D, external technology acquisition and cooperation ［A］. CEPR Dis-cussion Papers, 2002.

［18］ Camisón C. On how to measure managerial and organizational capabili-ties: Multi-item models for measuring distinctive competences ［J］. Management Research: Journal of the Iberoamerican Academy of Management, 2005, 3 （1）: 27-48.

［19］Charmjuree T, Badir Y F, Safdar U. External technology acquisition, exploitation and process innovation performance in emerging market small and medium sized enterprises: The moderating role of organizational slack ［J］. European Journal of Innovation Management, 2021, 25 (2): 545-566.

［20］Chandler D, Bailey A S, Tatchell G M, et al. The development, regulation and use of biopesticides for integrated pest management ［J］. Philosophical Transactions of the Royal Society B: Biological Sciences, 2011, 366 (1573): 1987-1998.

［21］Chen J, Chen Y, Vanhaverbeke W. The influence of scope, depth, and orientation of external technology sources on the innovative performance of Chinese firms ［J］. Technovation, 2011, 31 (8): 362-373.

［22］Chen, C. J., Huang, Y. F. Creative workforce density, organizational slack, and innovation performance ［J］. Journal of Business Research, 2010 (4): 411-417.

［23］Chen, Y., Miller, G. Fit, diversity, and the creation of value ［J］. Journal of Management. 2007, 33 (2): 218-229.

［24］Cheng J L, Kesner I F. Organizational slack and response to environmental shifts: The impact of resource allocation patterns ［J］. Journal of Management, 1997, 23 (1): 1-18.

［25］Chiara D E, Gonsalez A V, Maria A C. Using machine learning and analytics for efficient manufacturing process: A case study of South American economies ［J］. International Journal of Data Science and Advanced Analytics, 2022, 4 (4): 131-139.

［26］Child, J. Organizational structure, environment and performance: The role of strategic choice ［J］. Sociology, 1972, 6 (1): 1-22.

［27］Cyert R M, March J G. A behavioral theory of the firm ［J］. Englewood Cliffs, NJ, 1963, 2 (4): 169-187.

［28］ Cyert R, March J. A Behavioral theory of the firm ［M］. Englewood Cliffs, NJ: Prentice-Hall, 1963.

［29］ Cyert R M, March J G. A behavioral theory of the firm ［M］. Prentice hall Englewood Cliffs, 1963: 237-252.

［30］ D'Aveni, R. A. Hypercompetition: Managing the dynamics of strategic maneuvering ［M］. Free Press, 1994.

［31］ Daghfous A. An empirical investigation of the roles of prior knowledge and learning activities in technology transfer ［J］. Technovation, 2004, 24 （12）: 939-953.

［32］ Davis G F, Stout S K. Organization theory and the market for corporate control: A dynamic analysis of the characteristics of Large takeover targets, 1980-1990 ［J］. Administrative Science Quarterly, 1992, 37 （4）: 605-633.

［33］ Dess G G, Beard D W. Dimensions of organizational task environments ［J］. Administrative Science Quarterly, 1984, 29 （1）: 52-73.

［34］ Dixon N M. Common knowledge: How companies thrive by sharing what they know ［M］. Boston: Harvard Business School Press, 2000.

［35］ Ducan N Farley J U, Hoenig S. Determinants of financial performance: A meta-analysis ［J］. Management Science, 1972 （36）: 1143-1159.

［36］ Duncan R B. Characteristics of perceived environment and perceived environment uncertainty ［J］. Administrative Science Quarterly, 1972, 17 （3）: 313-327.

［37］ Dutton J E. Interpretations on automatic: A different view of strategic issue diagnosis ［J］. Journal of Management Studies, 2010, 30 （3）: 339-357.

［38］ Duguet E, Monjon, S. Creative destructionand the innovative core: Is innovation persistent atthe firm level? ［R］. London: Department of Economics University College London, 2002: 2-7.

［39］ Howells J. Intermediation and the role of intermediaries in innovation. Research policy [J]. 2006, 35 (5): 715-28.

[40] Fama E F. Agency problems and the theory of the firm [J]. Journal of Political Economy, 1980 (2): 288-307.

[41] Franco C, Landini F. Organizational drivers of innovation: The role of workforce agility [J]. Research Policy, 2022, 51 (2): 104423.

[42] Freeman C. The Economics of Industrial Innovation [J]. General, 1982, 7 (2): 215-219.

[43] Frosch R A. The Customer for R&D is Always Wrong [J]. Research Technology Management, 1996, 39 (6): 432-448.

[44] Troilo G, De Luca L M, Atuahene-Gima K. More innovation with less? A strategic contingency view of slack resources, information search, and radical innovation [J]. Journal of Product Innovation Management, 2014, 31 (2): 259-277.

[45] Galibraith J R. Designing Complex Organizations [D]. New Jersey: Addison-Wesley, 1973.

[46] Garavelli A C, Gorgoglione, M, Scozzi B. Managing knowledge transfer by knowledge technologies [J]. Technovation, 2002, 22 (5): 269-279.

[47] Geiger S, Cashen L. A multinational examination of slack and its impact on innovation [J]. Journal of Managerial Issues, 2002, 14 (1) : 68-84.

[48] George G. Slack resources and the performance of privately held firms [J]. Academy of Management Journal, 2005, 48 (4): 661-676.

[49] Griffith D A, Harvey M G. A resource perspective of global dynamic capabilities [J]. Journal of International Business Studies, 2001, 32 (3): 597-606.

[50] Griliches Z. R&D and productivity: Measurement issues and econometric results [J]. Science, 1987, 237 (4810): 31-35.

[51] Guo L X, Chen C M. Research on the relationship between organizational slack and enterprises technological innovation performance-An empirical anal-

ysis based on the panel data of the Chinese listed companies sample in China [J]. Science of Science and Management of Science and Technology, 2010, 31 (11): 52-60.

[52] Hamdoun M, Chiappetta Jabbour C J, Ben Othman H. Knowledge transfer and organizational innovation: Impacts of quality and environmental management [J]. Journal of Cleaner Production, 2018 (193): 759-770.

[53] Haschka R E, Herwartz H. Innovation efficiency in European high-tech industries: Evidence from a Bayesian stochastic frontier approach [J]. Research Policy. 2020, 49 (8): 104054.

[54] Hedlund. A model of knowledge management and the n-form corporation [J]. Strategic Management Journal, 1994 (15): 73-90.

[55] Helfat C E, Peteraf M A. The dynamic resource-based view: Capability lifecycles [J]. Strategic Management Journal, 2003, 24 (10): 997-1010.

[56] Herold D M, Jayaraman N, Narayanaswamy C R. What is the relationship between organizational slack and innovation? [J]. Journal of Managerial Issues, 2006 (3).

[57] Hrebiniak L G, Joyce W F. Organizational adaptation: Strategic choice and environmental determinism [J]. Administrative Science Quarterly, 1985 (1): 336-349.

[58] Howells J. Intermediation and the role of intermediaries in innovation [J]. Research Policy, 2006, 35 (5): 715-28.

[59] Hong S, Shin H D. Organizational slack and innovativeness: Institutional change from South Korean financial crisis [C] //Academy of Management Proceedings. Briarcliff Manor, NY 10510: Academy of Management, 2016 (1): 13296.

[60] Hong J T. The impact of supply chain quality management practices and knowledge transfer on organisational performance: an empirical investigation from China [J]. International Journal of Logistics Research and Applications, 2018,

21 (3): 259-278.

[61] Huang J, Li Y. Slack resources in team learning and project performance [J]. Journal of Business Research, 2012, 65 (3): 381-388.

[62] Jansen J J P, Van Den Bosch F A J, Volberda H W. Exploratory innovation, exploitative innovation and performance: Eeffects of organizational antecedents and environmental moderators [J]. Management Science, 2006, 52 (11): 1661-1674.

[63] Jalworski. Speeding products to market: Waiting time to first product introduction in new firms [J]. Administrative Sci. Q, 1993 (35): 177-207.

[64] Jensen M C, Meckling W H. Theory of the firm: Managerial behavior, agency costs, and ownership structure [J]. Journal of Financial Economics, 1976, 3 (4): 305-360.

[65] Josep M, Josep G, Diego R, et al. An empirical analysis of the curvilinear relationship between slack and firm performance [J]. Journal of Management Control, 2018, 29 (3-4): 361-397.

[66] Keupp M M, Gassmann O. Resource constraints as triggers of radical innovation: Longitudinal evidence from the manufacturing sector [J]. Research Policy, 2013, 42 (8): 1457-1468.

[67] Khan S J, Mir A A. Ambidextrous culture, contextual ambidexterity and new product innovations: The role of organizational slack and environmental factors [J]. Business Strategy and the Environment, 2019, 28 (4): 652-663.

[68] Khandwalla D, Phaalb R, Probert D. Understanding technology management as a dynamic capability: A framework for technology management activities [J]. Technovation, 1990 (29): 237-246.

[69] Khandwalla P N. The style of corporate management, goals, strategy structure and performance [R]. IIMA Working Papers, Indian Institute of Management Ahmedabad, Research and Publication Department, 1977.

［70］Kim L. Crisis construction and organizational learning：Capability building in catching-up at Hyundai Motor ［J］. Organization Science, 1998, 9（4）：506-521.

［71］Kim H, Kim H, Lee P M. Ownership structure and the relationship between financial slack and R&D investments：Evidence from Korean firms ［J］. Organization Science, 2008, 19（3）：404-418.

［72］Knudsen M P, Zedtwitz M. Transferring capacity：The flipside of absorptive capacity ［C］. The DRUID Summer Conference, 2003：12-14.

［73］Ko D G, Kirsch L J, King W R. Antecedents of knowledge transfer from consultants to clients in enterprise system implementations ［J］. MIS Quarterly, 2005, 29（1）：59-85.

［74］Kogut B, Zande U. Knowledge of the firm, combinative capabilties, and the replication of technology ［J］. Organization Science, 1992, 3（3）：383-397.

［75］Koschatzky K. Networking and knowledge transfer between research and industry in transition countries：empirical evidence from the slovenian innovation system ［J］. Journal of Technology Transfer, 2002, 27（1）：27-38.

［76］Kraatz M, Zajac E. How organizational resources affect strategic change and performance in turbulent environments：Theory and evidence ［J］. Organization Science, 2001, 12（5）：632-657.

［77］Laffranchini G, Braun M. Slack in Family Firms：Evidence from Italy （2006-2010）［J］. Journal of Family Business Management, 2014, 4（2）：171-193.

［78］Lane P J, Koka B R, Pathak S. The reification of absorptive capacity：A critical review and rejuvenation of the construct ［J］. Academy of management review, 2006, 31（4）：833-863.

［79］Lane P J, LubatKin M. Relative absorptive capacity and interogranizational learning in international joint ventures ［J］. Strategic Management Jounal, 1998, 19（1）：461-477.

［80］ Leibenstein H . Microeconomics and x－efficiency theory ［J］. The Public Interest, 1980（1）: 97－110.

［81］ Leibenstein H. Organizational or frictional equilibria, x－efficiency, and the rate of innovation ［J］. The Quarterly Journal of Economics, 1969（83）.

［82］ Leyva－de la Hiz D I, Ferron－Vilchez V, Aragon－Correa J A. Do firms' slack resources influence the relationship between focused environmental innovations and financial performance? More is not always better ［J］. Journal of Business Ethics, 2019（159）: 1215－1227.

［83］ Li Y, Vanhaverbeke W, Schoenmakers W. Exploration and exploitation in innovation: Reframing the interpretation ［J］. Creativity Innovation Management, 2008, 17（2）: 107－126.

［84］ Jia L Q. A quantitative analysis of Chinese industrial structure and technological change: Production functions for aggregate industry, sectoral industries and small scale industry ［J］. Applied Economics, 1991, 23（11）: 1733－1740.

［85］ Luo Q, Miao C, Sun L, Meng X and Duan M. Efficiency evaluation of green technology innovation of China's strategic emerging industries: An empirical analysis based on Malmquist－data envelopment analysis index ［J］. Journal of Cleaner Production, 2019（238）: 117－782.

［86］ Lundvall B. Why study national systems and national styles of innovation? ［J］. Technology Analysis & Strategic Management, 1998, 10（4）: 403－ 422.

［87］ Marchiori D, Franco M. Knowledge transfer in the context of inter－organizational networks: Foundations and intellectual structures ［J］. Journal of Innovation & Knowledge, 2020, 5（2）: 130－139.

［88］ Meyer M, Leitner J. Slack and innovation: The role of human resources in nonprofits ［J］. Nonprofit Man－agement and Leadership, 2018, 29（10）: 1－21.

［89］ Miller D, Friesen P H. Innovation in conservative and entrepreneurial firms：Two models of strategic momentum [J]. Strategic Management Journal, 1982, 3（1）: 1-25.

[90] Mishina Y, Pollock T G, Porac J F. Are more resources always better for growth? Resource stickiness in market and product expansion [J]. Strategic Management Journal, 2004, 25（12）: 1179-1197.

[91] Morrow J L. Creating value in the face of declining performance：Firm strategies and organizational recovery [J]. Strategic Management Journal, 2007（28）: 271-283.

[92] Mousa F T, Chowdhury J. Organizational slack effects on innovation：The moderating roles of CEO tenure and compensation [J]. Journal of Business Economics and Management, 2014, 15（2）: 369-383.

[93] Namazi M, Mohammadi E. Natural resource dependence and economic growth：A TOPSIS/DEA analysis of innovation efficiency [J]. Resources Policy, 2018（59）: 544-552.

[94] Ngamkroeckjoti C, Speece M. Technology turbulence and environmental scanning in Thai food new product development [J]. Asia Pacific Journal of Marketing & Logistics, 2008, 20（4）: 413-432.

[95] Nohria N, Gulati R. Is slack good or bad for innovation [J]. Academy of Management Journal, 1996, 39（5）: 305-360.

[96] Nonaka I, Von Krogh G, Voelpel S. Organizational knowledge creation theory：Evolutionary paths and future advances [J]. Organization Studies, 2006, 27（8）: 1179-1208.

[97] Nonaka I. The knowledge creating company [M]. Harvard Business Review, 1991（96）.

[98] Omerzel D G, Antoncic B. Critical entrepreneur knowledge dimensions for the SME performance [J]. Industrial Management+Data Systems, 2008, 108（9）: 1182-1199.

［99］ Pan X, Zhang J, Song M, et al. Innovation resources integration pattern in high-tech entrepreneurial enter-prises ［J］. International Entrepreneurship and Management Journal, 2018, 14 （3）: 51- 66.

［100］ Pfeffer, Salancik G. The external control of organizations: A resource dependence perspective ［J］. American Journal of Sociology, 1978 （1）.

［101］ Ranchhod A . Advertising into the next millennium ［J］. International Journal of Advertising, 1998, 17 （4）: 427-446.

［102］ Sharfman M P, Wolf G, Chase R B, Tansik D A. Antecedents of organizational slack ［J］. Academy of Management Review, 1988, 13 （4）: 601-614.

［103］ Shannon C E, Weaver W. The mathematical theory of communication ［M］. Urbana: The University of IIinois Press, 1949.

［104］ Shen H, Li Y. A research on the effect of alliance relationship and environmental dynamics on innovation performance ［J］. Science Research Management, 2010, 31 （1）: 77-85.

［105］ Singh J V. Performance, slack, and risk taking in organizational decision making ［J］. Academy of Management Journal, 1986, 29 （3）: 562-585.

［106］ Simonin B L. An empirical investigation of the process of knowledge transfer in international strategic alliances ［J］. Journal of International Business Studies, 2004 （35）: 407-427.

［107］ Smith K, Collins C J, Clark K D. Existing knowledge, knowledge creation capability, and the rate of new product introduction in high-technology firms ［J］. Academy of Management Journal, 2005, 48 （2）: 346-357.

［108］ Soetanto D, Jack S L. Slack resources, exploratory and exploitative innovation and the performance of small technology-based firms at incubators ［J］. Journal of Technology Transfer, 2016, 43 （5） : 1213-1231.

［109］ Starbuck W H. Organizations and their environments (Handbook of Industrial and Organizational Psychology) ［R］. Illinois: Rand McNally, 1976.

［110］Sueyoshi T, Yuan Y, Goto M. A literature study for DEA applied to energy and environment ［J］. Energy Economics, 2017（62）：104-124.

［111］Suzuki Osamu. Enabling or constraining? Unraveling the influence of organizational slack on innovation ［J］. Industrial and Corporate Change, 2018, 27（3）：555-575.

［112］Suarez F F, Lanzolia G. The Role of Environmental Dynamics in Building a First Mover Advantage Theory ［J］. Academy of Management Review, 2007, 32（2）：377-392.

［113］Szulank G. Exploing intemal stickiness: Impediments to theransfer of best practice within the fim ［J］ Strategic Management Journal, 1996（17）：27-44.

［114］Szulanski G. The process of knowledge transfer: A diachronic analysis of stickness ［J］. Organizational Behavior and Human Decision Processes, 2000, 82（1）：9-27.

［115］Tan J, Peng M W. Organizational slack and firm performance during economic transitions: Two studies from an emerging economy ［J］. Strategic Management Journal, 2003, 24（13）：1249-1263.

［116］Tan J, Tan D. Environment-strategy co-evolution and co-alignment: A staged model of Chinese SOEs under transition ［J］. Strategic Management Journal, 2005, 26（2）：141-157.

［117］Teece D J, Pisano G, Shuen A. Dynamic capabilities and strategic management ［J］. Strategic Management Journal, 1997, 18（7）：509-533.

［118］Teece D J, Pisano G. The dynamic capabilitics of firms: An introduction ［J］. Industrial and Corporate Change, 1994, 3（3）：537-556.

［119］Teece D. Technology transfer by multinational firms: The re-source cost of transferring technological know-how ［J］. The Economic Journal, 1977（87）：242-261.

[120] Todorova G, Durisin B. Absorptive capacity: Valuing a reconceptualization [J]. Academy of Management review, 2007, 32 (3): 774-786.

[121] Vanacker T , Collewaert V , Zahra S A .Slack resources, firm performance, and the institutional context: Evidence from privately held european firms [M]. Wiley, 2017.

[122] Vega – Jurado J, Gutiérrez – Gracia A, Fernández – de – Lucio I. Analyzing the determinants of firm's absorptive capacity: beyond R&D [J]. Rd Management, 2008, 38 (4): 392-405.

[123] Velásquez S, Viana N, Franco F, Pino A. Model of technology and knowledge transfer of the center for enterprise services and management [J]. A Case Study. Entre Ciencia e Ingeniería, 2019, 13 (25): 100-106.

[124] Volberda H, Sego D J. The role of organizational citizenship behavior in turnover: Conceptualization and preliminary tests of key hypotheses [J]. Journal of Applied Psychology , 1998 (83): 922-931.

[125] Voss G B, Sirdeshmukh D, Voss Z G. The effects of slack resources and environmental threat on product ex–ploration and exploitation [J]. Academy of Management Journal, 2008, 51 (1): 147-164.

[126] Wang D, Lam K C. Relationship between ambidexterity learning and innovation performance: The moderating effect of redundant resources [J]. The Journal of Asian Finance, Economics Business, 2019, 6 (1): 205-215.

[127] Williamson O E. Managerial discretion and business behavior [J]. The American Economic Review, 1963, 53 (5): 1032-1057.

[128] Wu Y, Zhang H, Yi C. Slack resources and firm growth: the mediator role of organizational legitimacy [J]. IEEE, 2010 (1).

[129] Yang M, Wang M, Cheng K. The impact of quality of is information and budget slack on innovation per – formance [J]. Technovation, 2009, 29 (8): 527-536.

［130］Zahra S A, George G. Absorptive capacity: A review, reconceptualization, and extension ［J］. Academy of Management Review, 2002, 27（2）: 185-203.

［131］包凤耐. 关系型社会资本如何影响企业创新绩效——基于知识转移的路径解析 ［J］. 企业经济, 2020, 39（1）: 129-135.

［132］陈春花. 至关重要的信任: 如何实现巨变环境下的组织成长 ［J］. 清华管理评论, 2016（6）: 81-83.

［133］陈国权, 王晓辉. 组织学习与组织绩效: 环境动态性的调节作用 ［J］. 研究与发展管理, 2012, 24（1）: 52-59.

［134］陈力田. 企业技术创新能力对环境适应性重构的实证研究——基于 376 家高新技术企业的证据 ［J］. 科研管理, 2015, 36（8）: 1-9.

［135］陈爽英, 杨晨秀, 邵云飞. 组织冗余与企业研发投资强度的非线性关系研究——基于中国上市公司面板数据的实证 ［J］. 研究与发展管理, 2016, 28（5）: 55-62.

［136］陈伟, 杨佳宁, 康鑫. 企业技术创新过程中知识转移研究——基于信息论视角 ［J］. 情报杂志, 2011, 30（12）: 120-124+76.

［137］陈晓红, 王艳, 关勇军. 财务冗余、制度环境与中小企业研发投资 ［J］. 科学学研究, 2012, 30（10）: 1537-1545.

［138］陈晓静, 芮明杰. 隐性知识创新影响因素的实证研究 ［J］. 统计与决策, 2007, 249（21）: 85-90.

［139］陈志军, 徐鹏, 唐贵瑶. 企业动态能力的形成机制与影响研究——基于环境动态性的调节作用 ［J］. 软科学, 2015, 29（5）: 59-62+86.

［140］崔金栋, 徐宝祥, 王欣. 知识生态视角下产学研联盟中知识转移机理研究 ［J］. 情报理论与实践, 2013, 36（11）: 36-40.

［141］戴维奇. 组织冗余、公司创业与成长: 解析不同冗余的异质影响 ［J］科学学与科学技术管理, 2012, 33（6）: 156-64.

［142］杜俊义, 熊胜绪, 王霞. 中小企业动态能力对创新绩效的影

响——基于环境动态性的调节效应 [J]. 科技管理研究，2017，37（1）：25-31.

[143] 方润生，李雄诒. 组织冗余的利用对中国企业创新产出的影响 [J]. 管理工程学报，2005（3）：15-20.

[144] 郭立新，陈传明. 组织冗余与企业技术创新绩效的关系研究——基于中国制造业上市公司面板数据的实证分析 [J]. 科学学与科学技术管理，2010，31（11）：52-60.

[145] 郭立新，陈传明. 高科技企业的营销能力对创新的影响——创新过程的视角 [J]. 技术经济与管理研究，2020（2）：47-54.

[146] 郭韬，邢璐，黄瑶. 创新网络知识转移对企业创新绩效的影响——双元创新的中介作用 [J]. 科技进步与对策，2017，34（15）：114-119.

[147] 郭伟，王灿，叶子兰. 高新区知识创新能力影响因素的实证研究 [J]. 武汉理工大学学报（信息与管理工程版），2010，32（3）：446-449+452.

[148] 韩兵，苏屹，李彤，万民. 基于两阶段 DEA 的高新技术企业技术创新绩效研究 [J]. 科研管理，2018，39（3）：11-19.

[149] 黄江圳，谭力文. 从能力到动态能力：企业战略观的转变 [J]. 经济管理，2002（22）：13-17.

[150] 黄静，游士兵. 企业文化对企业环境适应性数量模型研究 [J]. 统计与决策，1998（6）：9-10.

[151] 黄艳，陶秋燕，朱福林. 关系强度、知识转移与科技型中小企业创新绩效 [J]. 企业经济，2017，36（12）：88-94.

[152] 贾兴平，刘益. 外部环境、内部资源与企业社会责任 [J]. 南开管理评论，2014，17（6）：13-18+52.

[153] 蒋春燕，赵曙明. 组织冗余与绩效的关系：中国上市公司的时间序列实证研究 [J]. 管理世界，2004（5）：108-115.

［154］蒋天颖，王峥燕，张一青．网络强度、知识转移对集群企业创新绩效的影响［J］．科研管理，2013，34（8）：27-34.

［155］解维敏，魏化倩．市场竞争、组织冗余与企业研发投入［J］．中国软科学，2016（8）：102-111.

［156］鞠晓生，卢荻，虞义华．融资约束、营运资本管理与企业创新可持续性［J］．经济研究，2013（1）：4-16.

［157］李冬伟，汪克夷．智力资本与高科技企业绩效关系研究——环境的调节作用［J］．科学学研究，2009，27（11）：1700-1707+1640.

［158］李季鹏，徐榕徽．数字金融对企业创新的影响——基于组织冗余的视角［J］．海峡科技与产业，2023，36（5）：45-49+53.

［159］李金生，李晏墅．高新技术企业原始创新风险传递效应模型研究［J］．中国工业经济，2012（1）：110-119.

［160］李康林．企业冗余资源的功能及作用——理论综述与未来研究展望［J］．中国管理信息化，2014，17（9）：22-24.

［161］李林杰，张晓慧．成本粘性、组织冗余与公司绩效［J］．财会通讯，2019（15）：59-62.

［162］李妹，高山行．企业家导向、未吸收冗余与自主创新关系研究［J］．科学学研究，2011（11）：1720-1727.

［163］李宁娟，高山行．未吸收冗余、环境扫描、探索式创新——基于企业内外部因素调节作用的研究［J］．科学学与科学技术管理，2017，38（1）：108-119.

［164］李晓翔，霍国庆．中小企业沉淀冗余对产品创新的影响机制——基于跨界搜索和环境特征的视角［J］．经济管理，2013，35（1）：171-185.

［165］李晓翔，霍国庆．组织冗余对产品创新的作用机制研究［J］．科研管理，2015，36（9）：72-79.

［166］李晓翔，刘春林．高流动性冗余资源还是低流动性冗余资源——一项关于组织冗余结构的经验研究［J］．中国工业经济，2010（7）：94-103.

[167] 李晓翔，刘春林．冗余资源与企业绩效关系的情境研究——兼谈冗余资源的数量变化 [J]．南开管理评论，2011（3）：4-14．

[168] 李子叶，冯根福．组织内部知识转移机制、组织结构与创新绩效的关系 [J]．经济管理，2013，35（1）：130-141．

[169] 刘冰．冗余资源流动性与企业绩效——一项基于旅游及相关服务业企业的实证研究 [J]．旅游科学，2015，29（3）：69-79．

[170] 刘刚，刘静．动态能力对企业绩效影响的实证研究——基于环境动态性的视角 [J]．经济理论与经济管理，2013（3）：83-94．

[171] 刘永松，王婉楠，施君然．组织冗余对高技术企业创新质量的影响：基于吸收能力的调节效应 [J]．云南财经大学学报，2023，39（6）：94-110．

[172] 刘追，郑倩，孔令英．不确定性规避与员工创新绩效——知识转移的中介作用 [J]．软科学，2016，30（10）：113-117．

[173] 伦蕊，高新技术企业研发投入的收益——风险退耦研究 [J]．研究与发展管理，2016（5）：109-118．

[174] 马浩．战略管理研究：40 年纵览 [J]．外国经济与管理，2019，41（12）：19-49．

[175] 彭张林，张爱萍，王素凤等．综合评价指标体系的设计原则与构建流程 [J]．科研管理，2017，38（S1）：209-215．

[176] 秦在东，祁君．新时代高校思想政治工作体系建设质量评价的原则、指标体系探赜 [J]．思想教育研究，2021（8）：143-148．

[177] 沈渊，漆世雄．企业技术创新投资与风险管理 [J]．中国高新技术企业，2014（18）：168-170．

[178] 盛小平．信息共享空间中的知识流与知识转移机制 [J]．图书情报工作，2010，54（2）：16-20．

[179] 孙世强，陶秋燕．网络嵌入、组织合法性与创新绩效的关系 [J]．科技管理研究，2020，40（6）：171-179．

［180］谈琦．企业外部环境对组织冗余和企业绩效关系的影响［D］．南京师范大学，2011．

［181］唐健雄，王国顺，周勇．动态环境下的企业战略转型动因与阻力研究［J］．矿冶工程，2008（1）：100-104．

［182］唐明凤．创业板民营企业组织冗余对研发投入的影响研究［C］//中国软科学研究会．第十三届中国软科学学术年会论文集．中国软科学研究会：中国软科学研究会，2017：9．

［183］陶洋，海龙．基于网络的知识转移机制［J］．科技进步与对策，2008（2）：168-171．

［184］田虹，田佳卉，张亚秋．顾客参与价值共创、顾客知识转移与企业双元创新［J］．科技进步与对策，2022，39（8）：121-130．

［185］王斌．知识网络中知识转移路径演化机理的研究［J］．图书馆理论与实践，2014（9）：51-55．

［186］王凤彬，陈建勋．动态环境下变革型领导行为对探索式技术创新和组织绩效的影响［J］．南开管理评论，2011，14（1）：4-16．

［187］王开明，万君康．论知识的转移与扩散［J］．外国经济与管理，2000（10）：2-7．

［188］王双盈．高技术产业技术创新效率研究综述［J］．中国高新技术企业，2009（8）：3-4．

［189］王婷，杨建君．组织控制协同使用、知识转移与新产品创造力——被调节的中介研究［J］．科学学与科学技术管理，2018，39（3）：34-49．

［190］王亚妮，程新生．环境不确定性、沉淀性冗余资源与企业创新——基于中国制造业上市公司的经验证据［J］．科学学研究，2014，32（8）：1242-1250．

［191］王艳，贺新闻，梁莱歆．不同产权性质下企业组织冗余与自主创新投入关系研究——来自中国上市公司的经验数据［J］．科学学与科学技术